看图学驾驶

新手上路全攻略

主编 邹枫

插图 邹旭 邹斌

主审 梁来增

机械工业出版社

本书对上路前的技术、安全准备，识别信号与标志，培养车感、驾车上路，加减速、加减档技巧，停车、转弯与变更车道方法，倒车、会车、超车、让车、跟车技巧与方法，以及特殊路况、路段、时段、气候下的驾驶技巧与方法等，都作了翔实的介绍。对驾车朋友在各种复杂、特殊的条件与情况下安全驾驶，及时排除故障、险情，及时急救，解决驾驶中可能遇到的问题，掌握各种复杂情况下的驾驶技巧和急救方法都很有帮助。全书内容实用、形式活泼、图文并茂、语言简要、易读易懂，能帮助驾驶员尽快提高技术。

本书可作为各类中职院校汽车专业学生学习用书，同时也可作为各类驾驶培训班学员用书，也是广大即将上路的新手驾驶员的实用参考书。

图书在版编目（CIP）数据

看图学驾驶：新手上路全攻略/邹枫主编. —北京：机械工业出版社，2010.8（2021.8 重印）
ISBN 978-7-111-31511-7

Ⅰ.①看… Ⅱ.①邹… Ⅲ.①汽车–驾驶术–图解 Ⅳ.①U471.1-64

中国版本图书馆 CIP 数据核字（2010）第 151866 号

机械工业出版社（北京市百万庄大街 22 号　邮政编码 100037）
策划编辑：宋学敏　责任编辑：蔡　岩　版式设计：霍永明
责任校对：纪　敬　封面设计：路恩中　责任印制：常天培
固安县铭成印刷有限公司印刷
2021 年 8 月第 1 版第 10 次印刷
184mm×260mm · 13 印张 · 305 千字
标准书号：ISBN 978-7-111-31511-7
定价：42.00 元

电话服务　　　　　　　　网络服务
客服电话：010-88361066　机　工　官　网：www.cmpbook.com
　　　　　010-88379833　机　工　官　博：weibo.com/cmp1952
　　　　　010-68326294　金　书　网：www.golden-book.com
封底无防伪标均为盗版　机工教育服务网：www.cmpedu.com

前　言

车是人类文明和进步的结晶。随着人们生活水平的提高，越来越多的汽车进入寻常百姓家，但是汽车在给人们带来便捷和舒适的同时，也给人们带来了危险。

驾驶汽车不能有任何的粗心大意或侥幸心理，一旦发生意外事故，就会带来财产和生命损失，给自己和他人留下终生的痛苦和遗憾。安全驾驶是每个驾驶员的心愿和追求，也是亲人和朋友的共同期盼。而熟练的驾驶技术是安全驾驶的最根本保障。

在驾车之前，每个人都必须到驾校学习，拿到驾照后才能驾车上路。驾校教学只是在驾校的小场地里教会怎么开车，按规定、标记练车合格，即可毕业。可一到交错复杂的路面，一遇到滚滚车流和人流，一遇到瞬间出现的紧急情况或复杂情况，就可能会手足无措了。会开车不能等于开好车、开安全车。因此说，从驾校拿到驾照，只是拿证毕业，还应有一个实习深造过程，才能真正到路上独立、安全驾驶。尤其是全国"有证无车族"（有驾照无车者）超过一亿人，这些有证无车族中有相当一部分人应该说必须靠陪练来维持自己的"车技"。现在，不少驾驶陪练学校（公司）应运而生，这为取得驾照但上路经验不足或练车太少的朋友，提供了实习和完善驾驶知识、提升驾驶技能的机会。

本书对上路前的技术、安全准备，识别信号与标线，培养车感、驾车上路，加减速、停车、变更车道、加减档技巧、转弯、倒车、会车、超车、让车、跟车技巧与方法，以及特殊路况、路段、时段、气候下的驾驶技巧与方法等，都作了翔实的介绍。对驾车朋友在各种复杂、特殊的条件与情况下安全驾驶，解决驾驶中可能遇到的问题，掌握各种复杂情况下的驾驶技巧。

本书内容实用，图文并茂，语言简要，能即学即用，是驾驶员必备读物，也是驾驶学校或其他开设汽车驾驶类课程的机构不可或缺的教材。

在编写此书的过程中，我们参阅了大量书籍资料，在此谨向原作者及给予关心的老师、朋友们表示衷心的感谢！书中若有不当之处，敬请读者批评指正。

最后，希望我们的经验和努力能使使用本书的您受益匪浅！

编　者

目　录

上路前的技术准备

转向盘的操作

转向盘操作技法根据操作形式分为双手操作法和单手操作法。

1. 转向盘的正确握法

双手分别握稳转向盘的左右侧，四指由外向内握，拇指在内沿盘缘自然伸直。

如果把转向盘比作一个钟表，左手握在时钟9、10点的位置，右手握在3、4点的位置，如图1-1所示。

2. 双手操作法

双手操作的3种方式：

（1）推拉法（修正法）

适用于直线行驶，操作时以左手为主，右手为辅，少打少回，随时修正方向保证直线行驶。在直线上行驶，发现方向偏离时，稍微调整转向盘即可。需要改变车道时，轻轻推拉转向盘即可。车速较高时，切忌猛打猛回，如图1-2所示。

> **提醒您**
>
> 汽车调头或大转弯时，不要把手伸进转向盘内侧打方向，以免转向车轮遇较大凹凸障碍造成转向盘回转，手不能及时抽回来，造成伤害。

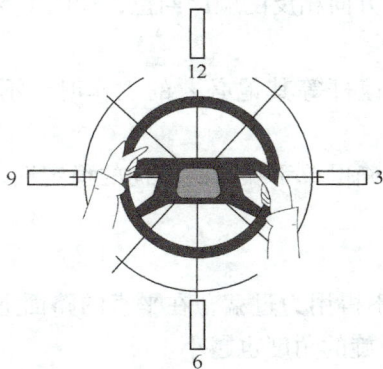

图 1-1

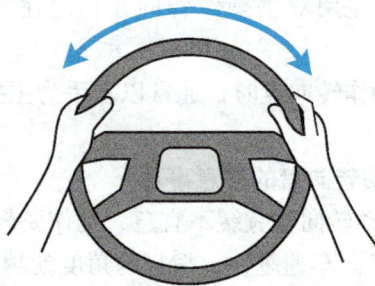

图 1-2

（2）传递法（半把法）

适用于一般转弯。汽车转弯需连续转动转向盘时，应整打整回，用力均匀。两手在转动转向盘时要接应配合，遇大半径的弯道时，一手轻推，一手回拉接应，两手在推拉时，一般不超过各自的左右半圈，这样一传一递协调进行，经过2、3次即可完成转向，如图1-3所示。

（3）交叉法（全把法）

适用于急转弯或调头等需要快速转向时。如向左转弯，右手推左手拉，两手交叉后左手松开转向盘，迅速移到转向盘右上方接转向盘下拉，右手在下方翻手，继续上推；回方向或向右转时按相反方向进行，如图1-4所示。

图 1-3

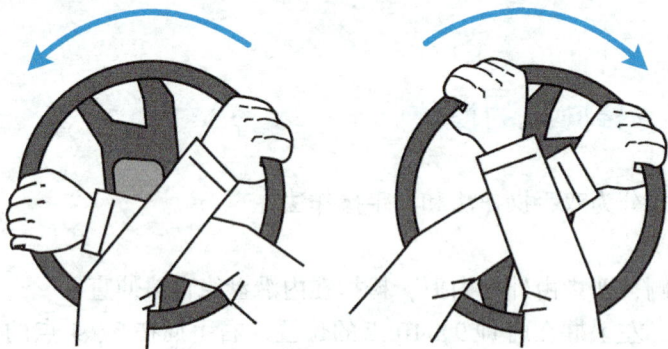

图 1-4

具体操作步骤（以右转为例）：

第一步：左手为主用力开始向右转，右手辅助下拉转动，如图1-5a所示。

第二步：左手转动转向盘，右手松开转向盘，如图1-5b所示。

第三步：右手握住转向盘左上方，左手继续转动转向盘，如图1-5c所示。

第四步：转动到一定位置时，左手翻手握住转向盘右下方继续向上推送，右手继续向下拉动转向盘，如图1-5d所示。

第五步：采用与以上转动转向盘方法相同，方向相反的顺序回位，如图1-5e所示。

3. 单手操纵法

原则上是用双手操作转向盘，但在操作变速杆等其他必要的工作时，不得不单手操作。

单手操作转向盘时，通常以左手为主握实，确保单手操作时方向的稳定性，如图1-6所示。

4. 转动转向盘的注意事项

1）转动转向盘宜缓不宜急，动作要轻柔，不得用力过猛，在平直的路面上行驶更要"少打少回"。车速越快，拨打的角度就越小，回旋的角度也越小。

2）在有快慢车道的城市道路或高速公路上行驶时，无论超车还是改变车道，都要小心谨慎。在转动转向盘前，先做观察，再开转向灯，看准时机后才转动转向盘，如图1-7所示。

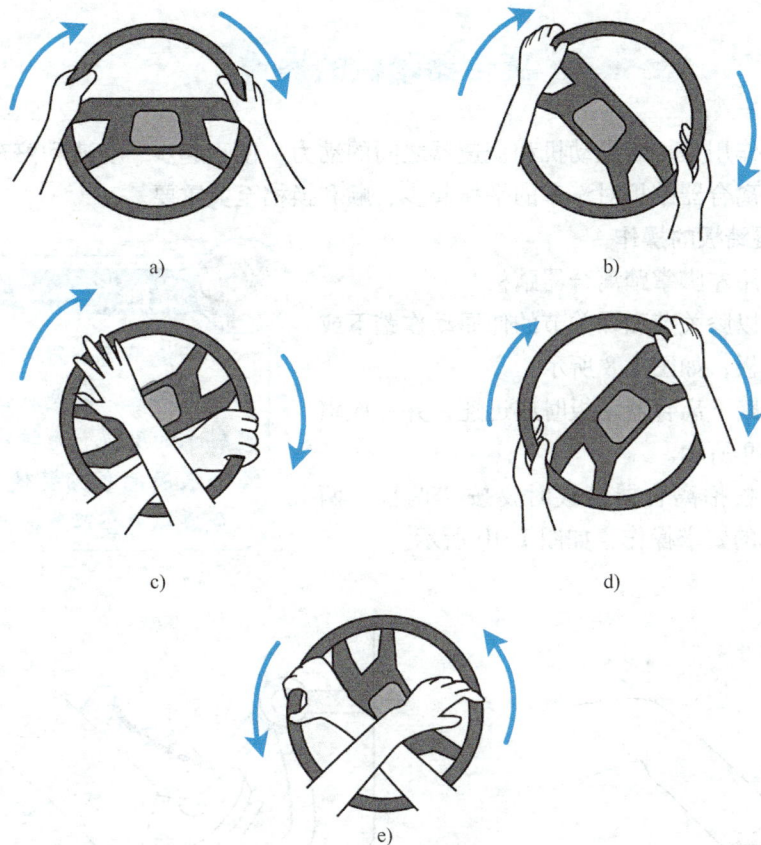

图 1-5　转向盘双手操作技法

图 1-6　单手操纵法

图　1-7

快车道　　慢车道　　自行车道

3）在调头和急转弯时，转动转向盘的速度要快（当然要在侧方无车的情况下）。

4）行驶中，严禁双手同时脱离转向盘、单手操纵转向盘或两手集中在一起掌握转向盘，除非有时必须一手操作或调整其他机件。

5）停车后，尽量不要原地转动转向盘。

离合器踏板的操作

离合器的作用是切断发动机和变速器之间的动力，便于起步、变速和停车。

正确使用离合器踏板对汽车的平稳起步、顺利换档至关重要。

1. 离合器踏板的操作

第一步：用左脚掌踏离合器踏板。

第二步：以膝关节和踝关节的伸屈动作踏下或抬起离合器踏板，如图1-8所示。

第三步：踏下离合器踏板时应迅速，并一次踏到底，如图1-9所示。

第四步：松抬离合器踏板时要按"两快、两慢、一停顿"的要求操作，如图1-10所示。

提醒您：

不使用离合器时，脚要离开离合器踏板，以免加快离合器分离轴承的磨损。无特殊情况，不得较长时间或频繁使用半联动，以免烧坏离合器摩擦片。

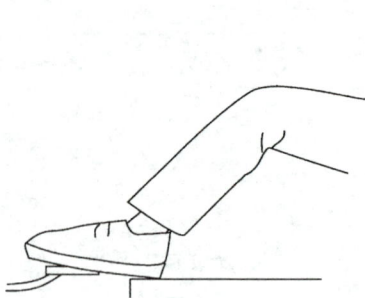

图 1-8

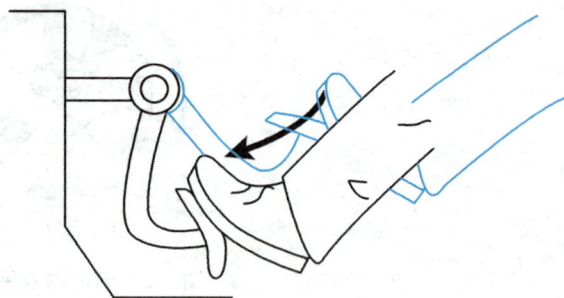

图 1-9

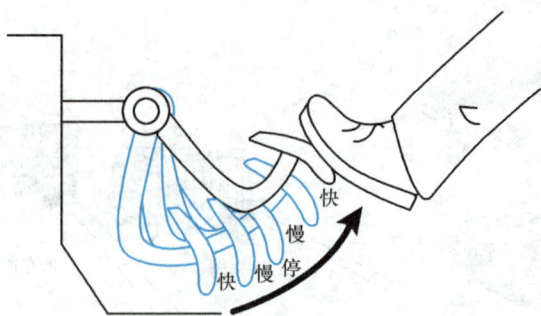

图 1-10

2. 离合器半联动的操作

离合器半联动指动力不完全传递状态，汽车起步时，经过半联动状态，才可以平稳起步，如图1-11所示。

3. 踏离合器踏板的注意事项

1）起步时或换档后，不得猛抬离合器踏板。

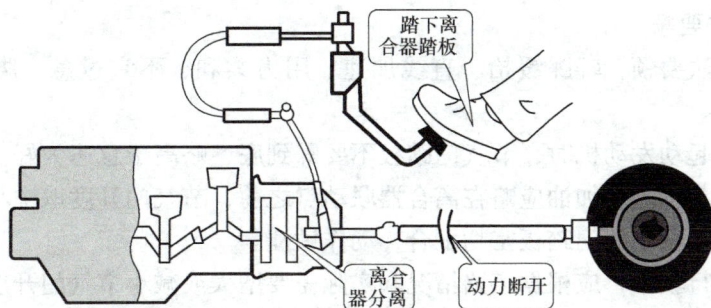

踏下离合器踏板

离合器分离   动力断开

图 1-11

2）行驶中，将脚长时间放在离合器踏板上，不要踏下离合器踏板滑行。

3）停车使用制动时，除紧急情况外，必须在将近停车时（10km/h 以下），踏下离合器踏板。

节气门（加速）踏板的操作

节气门（加速）踏板的作用：①提高和降低发动机的转速；②增加和减小发动机的输出功率。

1. 找准加速踏板的踏位

将右脚脚跟置于驾驶室地面上作为支点。脚掌轻踏在加速踏板上，用踝关节的伸屈踏下或放松，如图 1-12 所示。

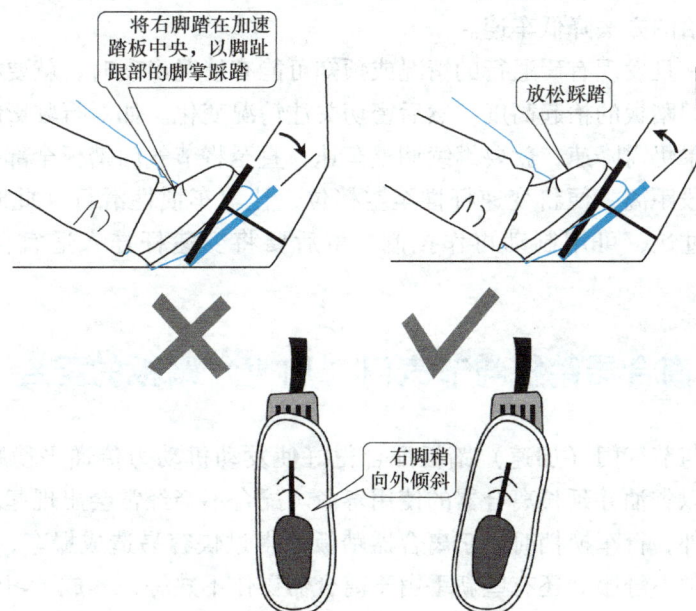

将右脚踏在加速踏板中央，以脚趾跟部的脚掌踩踏

放松踩踏

右脚稍向外倾斜

图 1-12

2. 牢记踏法要领

加速踏板踏法要领：轻踩缓抬、直线加速、用力柔和、不宜过急、脚尖功夫、不可忽抖。

轻踩缓抬：起动发动机时，节气门踏板不要踩到底，略高于怠速为好。

直线加速：起步时，加油应略在离合器联动点之前，节气门开度取中小程度为佳。放松离合器踏板要与踩节气门踏板密切配合，动作敏捷。

用力柔和：行驶中，应根据道路情况和实际需要增大或减小节气门开度。选择的档位要适当，使发动机大部分时间运行在中等转速，以节省燃料。若节气门踏板踏下 3/4 而发动机仍不能相应增加转速时，应换入低一级档位，再踏下节气门踏板进行加速。

不宜过急：上坡时，不得踏死节气门踏板，用低速档时，节气门踏板一般应踏下一半为宜。

脚尖功夫：冲坡时，也不得将节气门踏板踏到底。

不可忽抖：汽车停驶、熄火前，应先松节气门踏板，不得猛轰空节气门。

3. 牢记回位要领

加速踏板回位要领：脚跟不动，将脚尖抬起，如图 1-13 所示。

刚开始不熟练时，踩空和踩急都是很危险的，要边听发动机声音边动脚掌。

4. 掌握控速技巧

不用踩踏制动踏板的方法来降低车速，而是用减小或关闭节气门踏板，也就是降低或切断发动机动力供给的方法降低车速。

图 1-13

在行驶中，一旦发现有碍通行的情况或预知可能有情况出现时，就要根据情况的轻重缓急来控制节气门踏板的抬起高度，然后密切关注情况变化。如对行驶影响不大，便可继续加速前进；如果仍需降速，就要继续调整车速，直至将节气门踏板全部抬起；如果距情况发生点还有一段距离，便将变速杆推至空档位，让汽车惯性滑行（此时发动机处于怠速状态），若仍过快，可用制动再作控制，事后要将变速杆挂入适宜档位，加速继续前进。

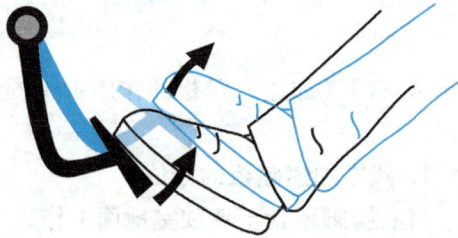

离合器踏板与节气门（加速）踏板的配合

离合器踏板与节气门（加速）踏板配合得好使发动机动力传递平稳顺畅，便于汽车平稳起步，还可以省油并延长离合器的使用寿命。配合不当经常会出现起步时熄火或车身抖动的情况。另外，行车换档时由于离合器踏板松得过快容易造成撮车，这样不但毁车，而且驾乘感觉非常不舒服。还有些新手由于离合器操作不熟练，养成了习惯性踩踏离合器踏板的毛病，造成离合器长期处于半离合状态，不但容易加速离合器的损坏，还增加油耗。正确的油离配合要结合车速进行调整。

正确操作步骤为：

第一步：起步阶段将档位置于空档，起动发动机后踩下离合器踏板，将变速杆挂入一档，快抬离合器踏板到发动机声音变低时（此时压盘与从动盘开始摩擦），即刻放慢松抬离合器踏板的速度。

第二步：在缓慢松抬离合器踏板的过程中感觉车身的抖动和移动趋势，当汽车有轻微抖动（离合器处于半联动）并出现移动的趋势后，稍停顿离合器踏板，同时迅速少许加油配合，以免发动机熄火。

第三步：再慢抬离合器踏板，同时右脚继续逐渐加油，使车辆平稳起步。当左脚感觉轻松时再较快地完全抬开。

随着车速的增加，换档时油离配合的过程要缩短，离合器踏板的松开速度要加快。但不要一下把离合器踏板完全抬起，也要有慢和停的短暂过程，以便动力传递平顺。为了保证换档过程顺畅，节气门踏板也要轻接渐踏合理配合，不要猛踩。比较理想的状态是在换档过程中汽车运行平稳，速度变化平缓，感觉不出明显的瞬时减速和加速。

制动踏板的操作

制动踏板用于减速、停车。用力踩制动效果大，轻踩则效果小。

正常行驶，少用制动控制车速。用制动过多，会增加油耗，也不利于延长轮胎等机件的使用寿命。

1. 正确的踏位

将右脚前掌置于在制动踏板中央，踏下或松开踏板。

2. 踩踏制动踏板的要领

踩制动踏板时决不能看踏板，必须是条件反射式地迅速操作。

在平路上行车，停车前，有预见地适时抬起节气门，挂入空档，利用轮胎的滚动摩擦力和空气阻力克服汽车的惯性，结合轻踩制动踏板使汽车停在预定的位置上。

在冰雪、泥泞等滑溜的路面上行车，以利用发动机的牵阻的作用控制车速为主，视情况轻踩制动踏板，不要随便使用紧急制动，以防止车轮发生侧向滑移和汽车"打横"。

3. 其他情况下，制动踏板的运用技巧

机动车在行驶中，要视不同情况，采取不同的制动方法。

（1）在抬起节气门后仍嫌车速过快，可轻踩制动踏板降低车速

没有 ABS 装置的车辆遇湿滑道路时，在不分离汽车离合器的情况下，适当轻轻地点一下制动踏板，再及时放掉踏板。重复多次断续地进行，使汽车的车速降低。点刹能防止由于车轮被抱死而出现方向失控。

（2）没有 ABS 装置的车辆遇停车距离较短时，应使用间歇性制动

汽车在行驶中，遇到道路的前方是交叉路口或有障碍物等时，应使用间歇制动。

操作方法：

提醒您:

制动用力要适当，不要过猛。如果听到制动拖胎的声音时，说明制动用力过大，应适量放松制动踏板。

快速踩下制动踏板，当踩下踏板自由行程 1/2 ~ 3/4 时，又迅速放回 1/4 的行程。

如此间断地、迅速而短促地踩下和放松制动踏板 2 ~ 3 次，并且配合离合器的使用，直至汽车停住。

（3）汽车在下陡坡时，利用发动机制动

汽车在下陡坡时，为防止制动失灵，保持储气筒内有足够的气体供制动时使用，必须利用发动机制动。

操作方法：

放松加速踏板，但不分离离合器，变速器不脱档，发动机不熄火，依靠发动机运转的牵阻作用，迫使汽车降低速度，达到制动的目的。坡度越大，档位越低。

提醒您：

汽车下陡坡时，严禁空档滑行。因为下坡时，制动力不足以克服巨大的下冲惯性力，空档滑行容易使车速失控而发生事故。

手动档变速杆的操作

1. 熟悉档位（见图1-14）

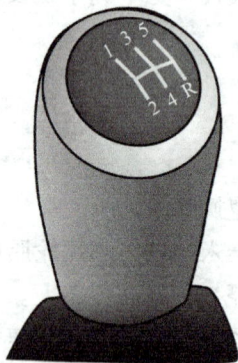

图 1-14

提醒您：

原地换档时，如果挂不上档，在一次踩下离合器踏板后，再次踩下离合器踏板换档，一般会顺利挂入档位。

表1-1 为手动档汽车在不同档位时的作用。

表1-1 手动档汽车在不同档位时的作用

数字、字母	档 位	作 用
-	空档	不与任何齿轮接触状态，不转递动力
1	低速档	动力最大，速度最慢，一般用于起动、慢行或爬陡坡
2	二档	比低速档动力小，但速度快
3	三档	比二档的动力小，速度更快
4	高速档	比三档动力小，速度最快。通过用于高速行驶
5	超速档	比高速档动力小，速度快，在高速公路上高速行驶时使用
R	倒档	倒车时使用

从表1-1能看出，前进档按由上至下，先左后右的顺序递增；倒档在左上或右下角位置。

2. 变速杆的操作步骤

1）两眼注视前方，左手稳握转向盘，右手手掌握住变速器操纵杆球头，五指自然握向手心，如图1-15所示。

2）左脚踩下离合器踏板，用右手肘和手腕的适当力量，柔和地进行推、拉及转换档位的操作。切忌右手握得太紧和手臂推拉力量过猛，如图1-16所示。

图　1-15

图　1-16

3）确认是否为空档。变速杆只有在横线位置时才是空档（见图1-17），在横线位置时左右摆动的幅度最大，挂上任何一个档后，摆动的幅度明显变小（见图1-18）。

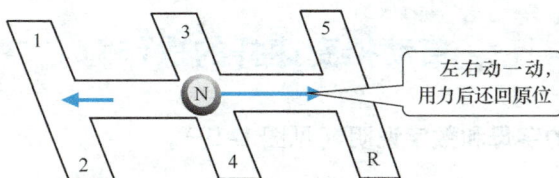

图　1-17

挂入一档，如图1-18a所示。

从一档到二档，如图1-18b所示。

从二档到三档，如图1-18c所示。

从三档到四档，如图1-18d所示。

挂倒档（在停车时用），如图1-18e所示。

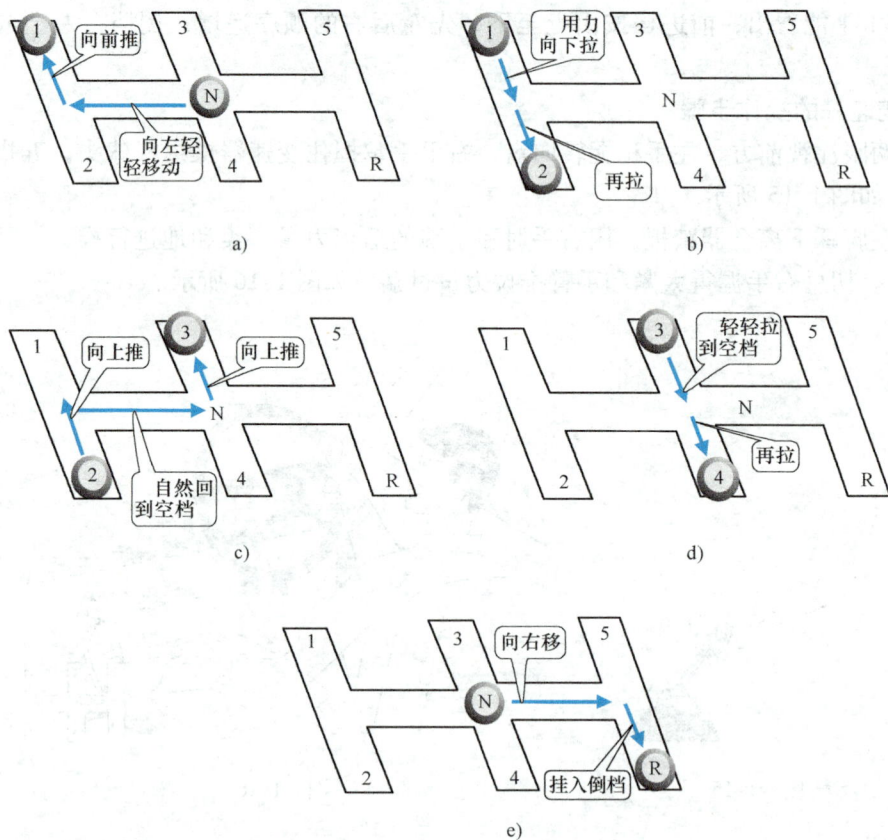

图　1-18

自动档变速杆的操作

1. 自动档变速杆的字母和数字说明（见图1-19）。

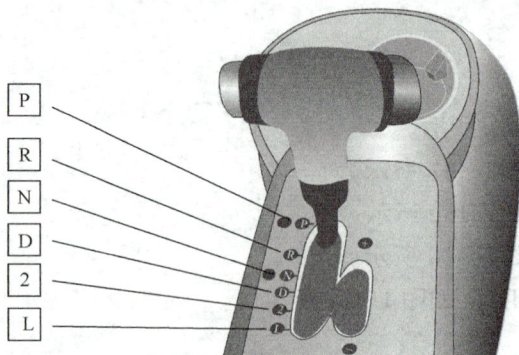

图　1-19

表1-2为自动档汽车在不同档位的作用。

表1-2　自动档汽车在不同档位的作用

字　母	档　位	作　用
P	停车档	停车和起动发动机时使用
R	倒车档	倒车时使用
N	空档	可在起动时或拖车和暂时停车时使用
D	3档	通常行驶时使用
2	低速前进档	上、下斜坡使用
L	低速档	需要强力发动机制动时使用

2. 自动档变速杆的用法

1）P到其他位置。踩制动踏板，按下变速杆按钮往下拨，如图1-20a所示。

2）N位到D位。踩制动踏板，不按按钮往下拨，（D位到2位，有的车型按按钮），如图1-20b所示。

3）D位或2位到L位。按下按钮往下拨，如图1-20c所示。

4）D位到2位或N位。不按按钮操作（D位到2位，有的车型按按钮），如图1-20d所示。

5）N位到R位或D位（踩制动踏板，按下按钮往前推），如图1-20e所示。

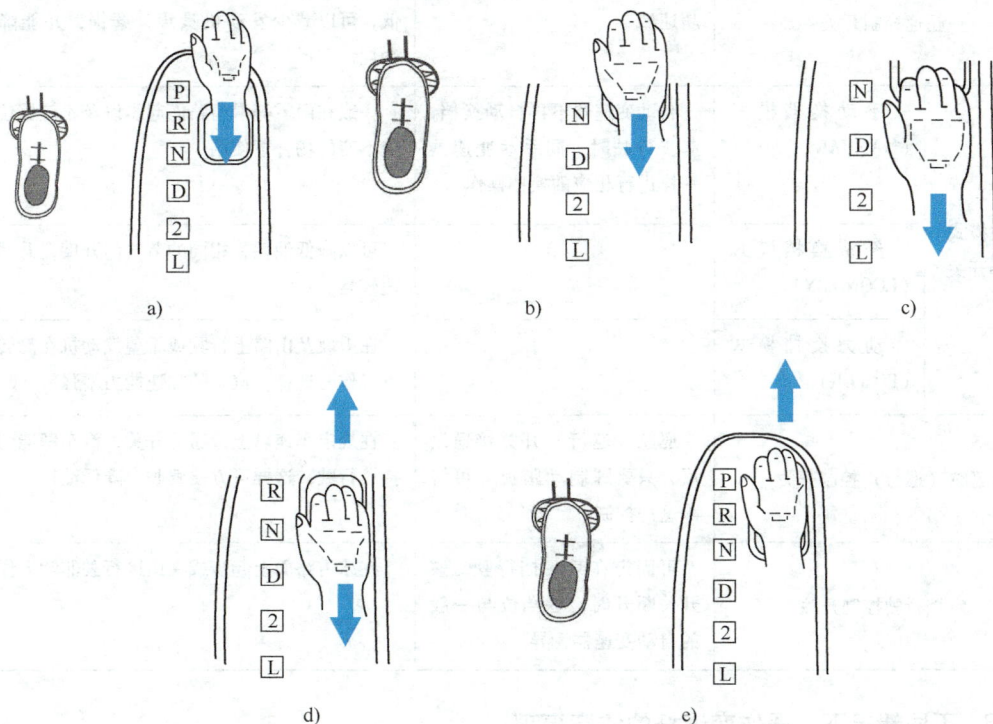

图　1-20

注：有的车型由 D 位到 2 位需要按变速杆按钮，如图 1-21 所示。

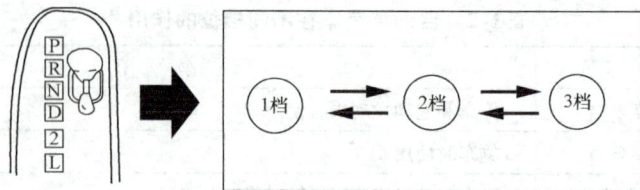

图　1-21

注：有的车型 D 位可在 1～4 档自动转换。

说明：

① 自动变速器的档位通常有 4 个前进档。如果挂到"D"，最高可以自动升到 4 档；如果挂到"3"，最高自动升到 3 档；挂到"2"，最高升至 2 档；"1"就只能在 1 档工作。

② 各种车型上都装有许多控制开关，正确地掌握和使用这些控制开关（见表 1-3），是驾驶自动档车的重要环节。

表 1-3　控制开关的说明及功效

控 制 开 关		说　　明	功　　效
超速控制开关		自动变速器的 4 档通常是超速档	平坦道路上用此档行驶时，发动机转速较低，可以减少发动机噪声、磨损，并能降低油耗
档位模式选择开关	手动换档模式（MANUAL）	自动变速器不再自动换档，起步行驶时，同手动变速器一样进行相应的换档操作	一般在雨雪等滑溜路面起步以及希望档位固定不变的场合下使用
	经济换档模式（ECONOMY）		可以降低油耗，相同的节气门开度，升档车速较高
	动力换档模式（POWER）		在上坡及山路上行驶或希望发动机在高转速下工作时选择，汽车的加速能力增强
巡航（巡行）控制开关		巡航（巡行）开关接通以后，只要踩制动踏板即可解除这一控制	在规定车速以上接此开关，汽车即能匀速持续行驶，这样可方便驾驶，降低油耗
定档行驶控制开关		可固定在某一档行驶，该开关断开时，各档位与一般的自动变速器无异	在冰雪路面上起步或在山区行驶非常方便

3. 不同情况下，操作变速杆的注意事项

1）汽车停止时，操作变速杆必须保持踩制动踏板。

2）前进时用 D 位、2 位、L（1）位，倒车用 R 位。

3）汽车完全停止后，才能进 R 位或 P 位。

4）发动机运转时，变速杆进任何档位都要先踩制动踏板。

5）时速不超过 60km 时，要用低于 D 位的档位，可使加速灵活，避免发动机产生积炭；而当车速超过 60km 时，要使用 D 位行驶，不但省油而且具有良好的加速性。

6）下长坡路时，不要选择 D 位行驶（不具备发动机制动功能）。如果使用 D 位行驶，会在汽车下坡时随着车速的增加不断向高速档位变换，使车速越来越快，必须不停地使用制动来控制车速，很容易使制动因过度使用产生高热而失效，会有非常危险的后果。

7）出现故障时，要特别注意将驱动轮抬起后再拖动，否则极有可能造成变速器损坏。在拖车的过程中，一定要注意时速不应超过 35km，而且拖车的距离也最好控制在 65km 以内。

驻车制动器（手刹）的操作

1. 驻车制动器的作用（见图 1-22）

1）使汽车停驶后，可靠地停放在原地不动。

2）在紧急情况下，配合行车制动增大制动效果。

3）在坡道上，配合离合器踏板、加速踏板使用，便于汽车起步。

2. 驻车制动器的操作方法（见图 1-23）

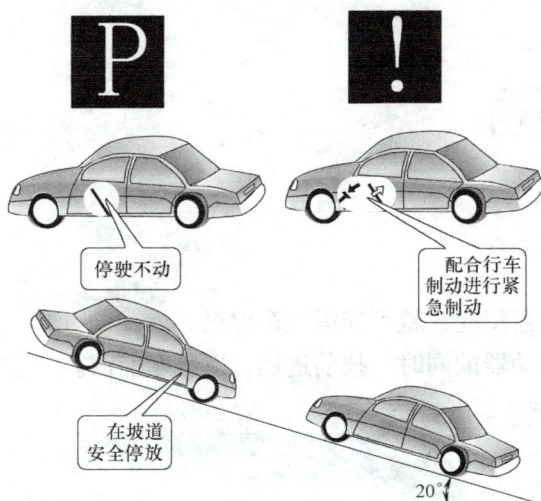

图 1-22

图 1-23

1）拉紧驻车制动器：四指并拢，大拇指需按在杆顶的按钮上将杆向后（上）接紧，否则会溜车，拉上驻车制动器后警告灯亮，如图 1-24 所示。

2）松开驻车制动器：先将杆向后（上）拉，同时用拇指按下按钮，将杆向前（下）推到底，驻车制动器松开，警告灯熄灭，如图 1-25 所示。

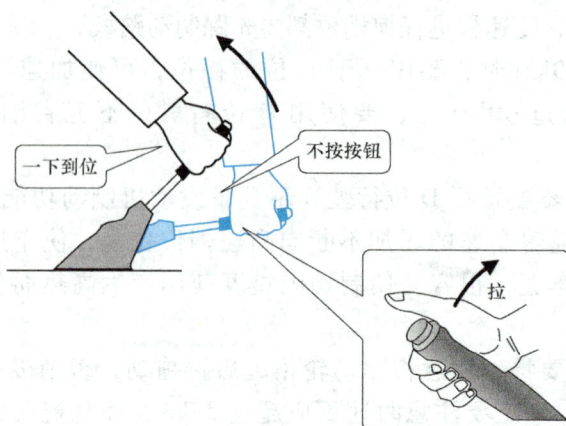

一下到位

不按按钮

拉

图　1-24

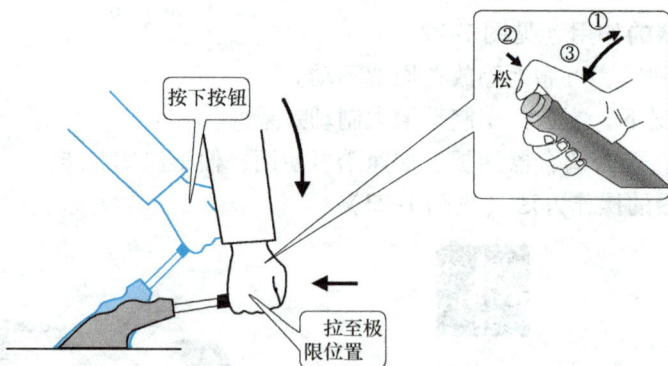

按下按钮

松

②　①

③

拉至极
限位置

图　1-25

3. 不同路况下的驻车措施（见图1-26）

1）在平坦的地点停车，只要把驻车制动器拉起，就可获得驻车效果。

2）在上坡道路段停车，要在拉紧驻车制动器的同时，挂前进档，以防车前溜。

3）在下坡道路段停车，也要拉紧驻车制动器，并挂上倒档，以防车前溜。

4）坡道的坡度较大，应在采取以上措施的同时，还要在轮胎的前后"打点"。具体操作：找好两块垫木或石头，遇上坡道时，将其支在两后轮的后面；遇下坡时，如是轿车，将其支在两前轮的前面；如是载物的货车，将其支在两后轮的前面。

提醒您

下车前，别忘了采取驻车措施。

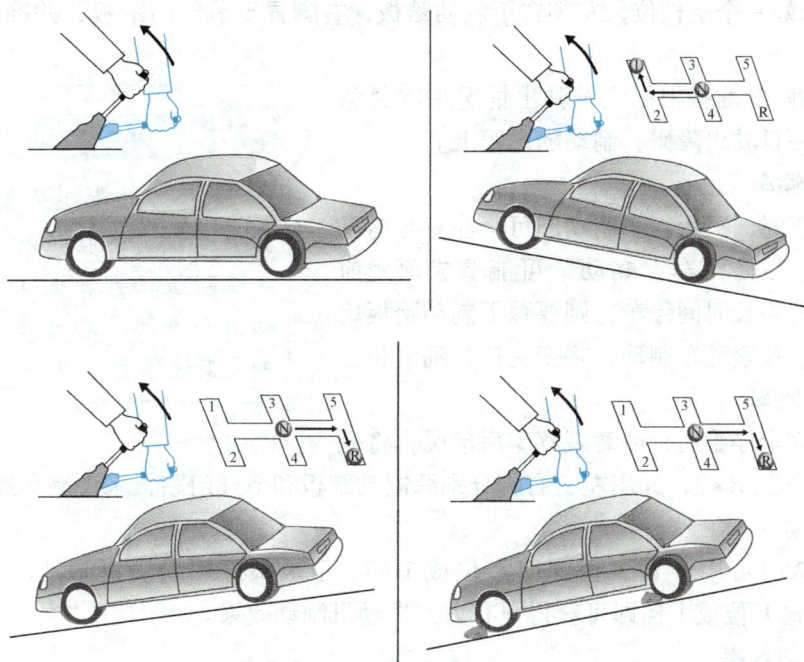

图 1-26

自动变速器汽车的驾驶技巧

1. 汽车起步

在停放状态下起动时，必须拉紧驻车制动，把变速杆移到 P 位，踩下制动踏板，然后起动发动机，准备起步。汽车前进用 D 位，倒车用 R 位。选好档位后放松驻车制动，然后平稳地放松制动踏板，使汽车缓慢起步。

当途中发动机熄火在 D 位时，发动机即不能起动，应必须将变速杆移到 P 位或 N 位，用 N 位起动发动机安全。

2. 正确换档

在行驶过程中，变速杆可以从 D 位直接拉至 2 位或 1 位。

换档时，要将车速降至适合 2 位或 1 位的速度时方可进行。否则，车速将出现骤降现象，不但会影响乘坐的舒适性，还会加速各工作器件磨损。除非在下坡路段，因情况紧急，需要"强制降档"才可采取此方法。

倒车时，应将车停稳，拉紧驻车制动，并踏下制动踏板，方可将档位从 D 位换入 R 位，然后放开制动踏板，右脚将加速踏板缓缓踏下，车便开始倒退。

3. 两脚并用

当自动档汽车的后轮跌入路基下或陷入凹坑时，需要强劲动力驶出，但又要防止因突然驶出时速度过快与其他汽车相撞，在车刚一驶出，应立即采取控速措施。

操作步骤：

1）先选好一个空档位，左脚置于制动踏板，右脚置于节气门踏板，并准备实施瞬间加速。

2）左脚随时准备根据汽车驶出情况采取紧急制动，汽车一旦驶出障碍，制动随之跟上。

4. 临时停车

临时停车时，只用行车制动即可。注意与前车之间的距离，以防汽车"蠕动"可能造成顶碰前车的现象。若需长时间停车，则要踩下制动踏板熄火，同时必须拉紧驻车制动，将变速杆移到 P 位。

5. 汽车倒车

等汽车完全停稳后，注意观察车后情况，将变速杆从 D 位移到 R 位，并用左、右脚分别踩制动踏板和节气门踏板来控制车速。

6. 上下坡

坡度不大时可用 D 位，否则用 L 位或 1 档。下坡最好用发动机制动，车速应低于 30km/h，若选 L 位或 1 档即可获得强有力的发动机制动效果。

7. 停放和入库

任何情况下停放，都必须将变速杆移到 P 位。汽车入库时，一般需要多次重复进、退操作，这意味着需要多次变换变速杆的位置，同时还要操纵转向盘和加速踏板。

在汽车入库操作中，节气门开度不能过大，同时利用行车制动控制好汽车速度，并注意一定要在汽车停稳后，再从前进档换到倒档或从倒档换到前进档，以免导致自动变速器损坏。

汽车入库停放好后，要踩下制动踏板才能熄火，然后拉紧驻车制动器，并将变速杆移到 P 位。

提醒您

无论在起步还是在行进中，需要变换前进档位时，须先将加速踏板松开，也即在发动机动力全部解除后进行，否则会加大变速器的磨损。

上路前的安全准备

行车前检查

1）检查散热器内的水量、水泵等有无松动漏水，并关好放水开关，如图 2-1 所示。

冷却液

上限

下限

图 2-1

2）检查转向机构、灯光和制动等是否完好。

3）发动机润滑系内的油面必须保持适当高度。检查油面高度时，应把车停在平坦的地方。

4）在发动机未起动之前检查风扇传动带的松紧度。用拇指以约 2kg 的压力按下传动带，其挠度一般为 10～15cm，如图 2-2 所示。

5）起动发动机，听查发动机有无异响，各部位工作是否正常，有故障应及时排除。

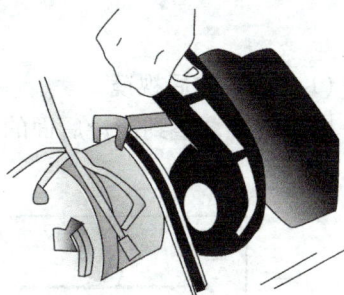

图 2-2

调 好 座 位

驾驶员进入驾驶室后，要做好驾驶准备，首先要调整好座位和后视镜。

（1）调整座椅高低

头部离车顶部至少有一个拳头高的距离。

（2）调整座椅前后

脚向下踩住制动踏板至最深处时，腿部仍要有一定弯曲。调整时，向上拉座椅右下方调节杆，座椅可以前后移动，如图2-3所示。位置调好后，松开调节杆固定座椅。

（3）调整腰部支撑

座椅高低、前后调整好后，向后靠时，要保持座椅支撑住腰。如果向后靠时，腰部悬空，可以放个小垫子在腰后。

（4）调整头枕高度和角度

调整时，提起座椅左侧的调节把柄，根据自己的身材进行调节，以背部的力量调节背倾角，调节至手掌能按住转向盘上端为宜。向上拉出头枕，向下释放头枕，如图2-4所示。

左手握住转向盘

右手抬高调节杆

左脚踩离合器

图 2-3 　　　　　　　　　　　　　　　　图 2-4

（5）戴好安全带

安全带要放在肩胛骨位置，不要太靠近脖子。男士开车时，把领带放在安全带的外面。

调整后视镜

（1）调整内后视镜

内后视镜调整到能让后面的车完整出现在内后视镜内为佳，如图2-5所示。

右手调整到转眼能看到汽车后面的全部情况

1/2

手握转向盘

图 2-5

夜间行车时，为防止后面车灯灯光炫目，可调节内视镜下方调节钮，使其处于防炫位置，如图2-6所示。

调整要领：让远方的水平线横置于中央后视镜的中线位置，然后再移动左、右，把自己右耳的影像刚好放在镜面的左边缘。

（2）调整外后视镜

端正坐姿，把后视镜调整到能看到本车的后门把手为佳，如图2-7所示。

1）左侧后视镜：上、下位置是把远处的地平线置于中央，左、右位置则调整至镜中车身占据镜面范围的1/4。

2）右侧后视镜：调整上、下位置时，地面面积要较大，约占镜面的2/3，左、右位置则同样调整到车身占1/4面积即可。

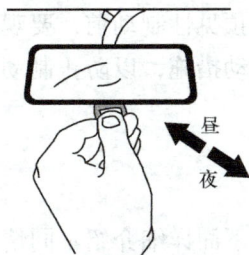

图 2-6

提醒您：

不要在汽车后窗附近放置大件物品，以免影响后视镜的观察效果。

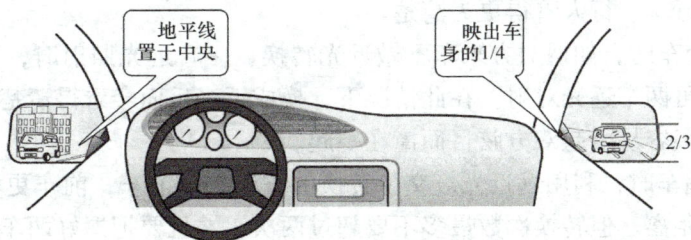

地平线置于中央

映出车身的1/4

2/3

图 2-7

后视镜的使用

行车前，要调整好后视镜的位置和角度。行车中，由于汽车的行驶震动，易引起后视镜的位置和角度变化，对此应注意观察并及时调整。驾驶过程中，驾驶员既要注意前方的交通情况，又要通过后视镜观察车两侧和后面的交通情况，防止出现突然情况时措手不及，造成交通事故。

通过集市、交叉路口等车辆、行人较多的地方，要缓慢行驶，每隔8～10s要看下后视镜，观察周围的情况。在改换车道前，一定要回头迅速扫视一下车后的盲点。

通过两边有非机动车或行人的窄路、窄桥时，要减速慢行，注意后视镜；要和非机动车或行人保持安全的距离。

通过交叉路口时，交通冲突较多，要降低车速，注意观察两侧行人和汽车的情况，确认安全后通过。

在高速公路上行车时，不仅要和前车保持安全距离，还要通过后视镜观察、判断后面汽车的跟车距离，在处理情况时做到心中有数，以免发生追尾事故。

预见性制动前，要观察车后视镜，注意后面汽车的位置和相对行驶速度，再决定采取的制动措施，以防止制动时追尾。

前照灯的使用

下面详细介绍不同情况下，前照灯的使用方法：

1）有遇对面来车时，应关闭远光灯改用近光灯。

2）在黄昏行车时，打开前照灯的时间宜迟不宜早。如果提前打开远光灯或近光灯，都会给对方来车造成眩目，而且还影响自己的视觉。但是在较为颠簸的路段行驶，则宜提前打开前照灯，这样，路面坑洼会看得更清楚一些。

3）夜间通过弯路、驼峰路等视线盲区看不到对方时，一定要用转换远近光灯的方法，做1~2次闪烁，以提醒盲区行进的人、车做好避让准备。

4）夜间行车遇有对方汽车占道行驶而没有按规定变换远、近灯光时，可变换远、近灯光、发信号提示。

5）夜路前方如遇自行车、行人较多时，一要减速慢行，二要增加远近光灯转换的次数，这样会将自行车、行人看得更为清楚。

6）在夜晚会车时，如遇对方来车不做近光转换，一直远光照射时，自己车应当立即换成近光，切不可两车远光对射。在此情况下，换成近光反而会看得清楚，互相对射将对人对己都不利，很容易引起双方眩目而撞在一起。

7）在夜路超车时，利用远近光灯交替转换的方法警示前车，前车更容易感知被超时两车之间的实际距离。但转换次数最多不要超过两次，并且要把握好两车之间较为适宜的距离。

8）遇大雨和大雾时，宜将远光及时转换为近光，这样将会对路面看得更清楚一些。同时，还要将雾灯打开，以提示过往来车。

9）在黎明行车时，关闭前照灯宜早不宜迟。因为通过一段时间的夜路行车，眼睛已经有了较强的暗适应能力，黎明较早关闭前照灯不但不会影响观察，而且会对路上的物体看得更清楚。

10）白天行车时，提拉前照灯变光开关，既可以作为暂借对方"路权"行驶，请求合作的信号，也可以作为防止对方汽车穿插、占道的提示信号。

11）行车中遇到熟人驾驶的汽车打招呼时，通常是在两车接近时，鸣一声短笛，而白天在禁止鸣喇叭的区域行驶，也可改为闪一下大灯以示问候。

12）在白天超车、遇有汽车噪声较大或封闭较好且开音响的小型汽车，听不到喇叭声音时，后车还可在能够看到前车左侧后视镜时，提拉前照灯变光开关，发信号提示。此时，在前车的左侧后视镜中，会出现后车前照灯的亮点，能够收到较好的提示效果。

13）白天在城市禁止鸣喇叭的街道上行驶时，遇有左右车道的汽车企图强行变线插入本车前方时（特别是本车位于侧方前车的视线盲区时），也可将前照灯的光线打到前车的尾部，利用其反光作用加以提示。

5 种信号灯的使用

1. 示宽信号灯（小灯）的使用

汽车的示宽灯又称小灯，是用以显示汽车宽度和所在位置的信号装置。一般在汽车的前部设置于大灯两侧一边一个白色小灯。在汽车的尾部是设置在车体两侧的红色小灯与牌照灯同亮。其主要用途有以下几种：

1）汽车在夜间路灯照明良好时，进入市区后，即便是在路灯很亮的街区行驶或靠路边暂时停放，不要把所有灯光全部关掉，应保留示宽灯，如图2-8所示。

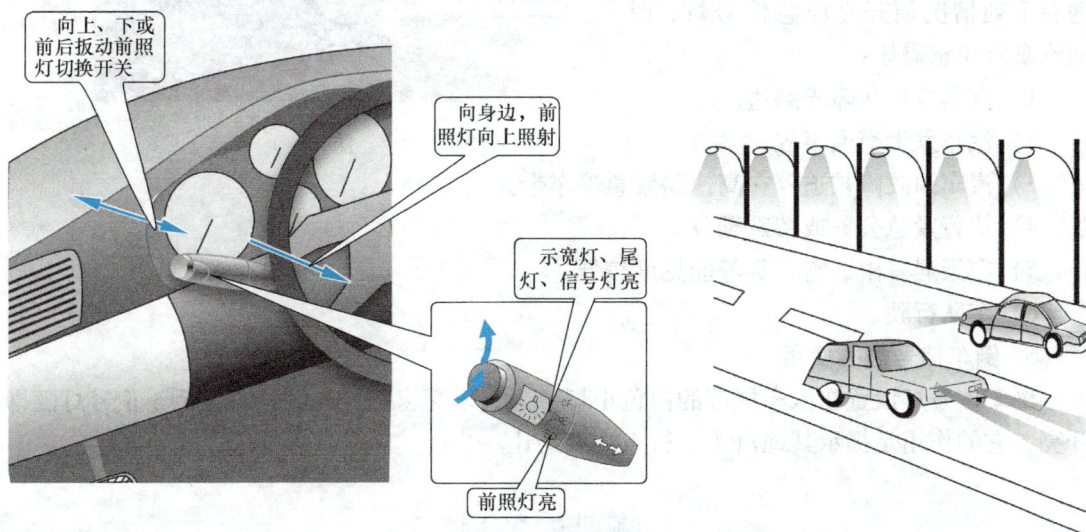

向上、下或前后扳动前照灯切换开关

向身边，前照灯向上照射

示宽灯、尾灯、信号灯亮

前照灯亮

图 2-8

2）在白天，下雨、下雪、起雾或傍晚等光线较暗时，应打开示宽灯行驶，用以提示过往的汽车、行人本车所占道路的宽度。

3）夜间在公路边停车，特别是雨后，整个车尾被后轮卷起的泥水覆盖，与地面的颜色接近时，更应打开示宽灯或应急灯，给过往的汽车、行人发信号，以免发生刮碰或相撞。

2. 转向信号灯的使用 （见图2-9）

转向信号灯是用以指示汽车行驶方向的信号装置。通常是在汽车前、后两端的左、右两侧分别设置的黄色小灯，其用途如下：

1）汽车起步上路或靠边停车。

2）汽车向左或向右转弯。

3）汽车超车前及超车后。

4）汽车在变更车道前及变更车道后。

提醒您：

禁止开转向灯和打转向盘同时操作，或不开转向灯就直接转向。转向时，开转向灯一定要有所提前，车速越快提前应越大。转弯后及时关闭转向灯。

5）汽车调头或调车。

3. 制动信号灯的使用

制动信号灯是用以提示后车减速的红色信号装置，有的设置在汽车尾部的左右两侧，有的同尾灯设置一起，当驾驶员踩制动踏板时尾灯亮度增强。

4. 应急信号灯的使用

应急信号灯的工作状态，前后四个转向灯同时闪亮，驾驶员在行车中遇有下列情况须开亮应急信号灯，其他汽车应注意避让：

向上扳动表示向右

手不要离开转向盘

向下扳动表示向左

图 2-9

1）汽车发生故障于路边。

2）汽车发生交通事故。

3）汽车因故障被迫停在高速路紧急停车带。

4）执行紧急公务或特殊勤务。

5）白天遇有雨、雪、雾等能见度较低。

6）车队行驶。

5. 倒车信号灯的使用

倒车信号灯设置在汽车尾部的白色小灯，当汽车变速杆挂入倒档时，倒车信号灯随即开亮，它的作用是提示其他汽车、行人注意避让。

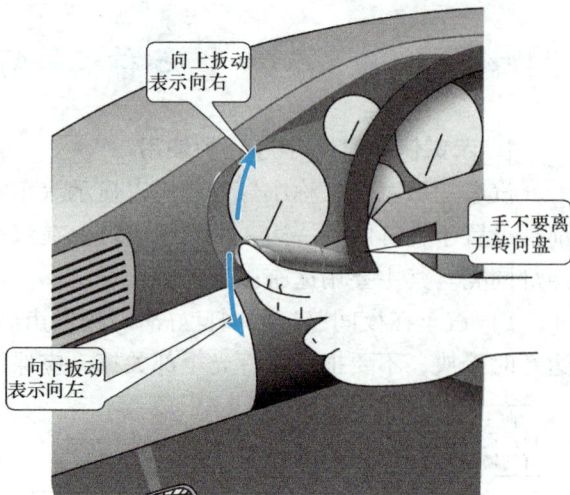

喇叭的使用

汽车的喇叭应选择在其他汽车行人即将接近车通道，影响本车行驶时使用。使用时应根据对象不同选择适当时机区别对待。

1）遇行人时，应轻按一声，按鸣时机以行人有足够的时间作出反应，离开行车通道为准。

2）遇到非机动车时，如自行车、脚踏三轮车等，鸣喇叭的时机应以非机动车能够顺利完成避让操作所需的时间为准。

3）超车时，要在前车可以听到自己车发出的喇叭声的距离范围内（约20m），鸣喇叭，表示要超车，请避让。并等待前车做出让行表示后，方可超车。

4）超车时，如遇有封闭性能较好的小型汽车或噪声较大的货车、农用三轮、拖拉机等机动车时，应跟近按鸣，距离的远近以前车能够听清为准。

5）通过视觉盲区时，比如通过弯道、窄巷、有障蔽物的交叉路口、路侧停放的大型客货车等这些无法预测盲区交通情况的路段，应提前进行鸣号，至少连续按两次喇叭，以此告知盲区的汽车和行人，要注意安全。

6）通过视线模糊不清的路段时，比如通过起雾的路段、扬尘严重的路段、黄昏黎明时分两种光线交替的路段时，要用鸣号引起对方警惕，做出避让准备。

7）遇到畜力车时，应长鸣提醒赶车人提前把牲口控制住。当汽车靠近畜力车时，不要再鸣喇叭，以免牲畜受惊吓与汽车发生剐碰。

刮水器的使用

（1）及时检查

注意刮水器在工作中是否会产生大的震动或者发出异常响声，同时注意刮水时是否会出现速度与摆动不均匀，甚至出现漏刮的现象。如果有这些情况，则要及时更换刮水器或橡胶条。

（2）故障应急

在天晴时，很多车主都不会注意检查刮水器，一旦遇上雨天，才发现刮水器出现了问题，这就对行车产生了安全隐患。

（3）刮水器故障先查熔丝

刮水器有了故障不能动时，大多是熔丝烧掉了，只要打开熔丝盒，更换新熔丝即可。熔丝主要有片式熔丝和玻璃管式熔丝。片式熔丝烧断了如果没有预备的，又行驶在雨中，可以用其他次要线路上的熔丝来代替。如借用喇叭的熔丝，白天还可以借用前灯的熔丝。玻璃管式的熔丝烧断后，可以用香烟盒内的锡箔纸来代替（但不能用铝箔代替），将锡箔纸朝外在玻璃管上包几圈即可。

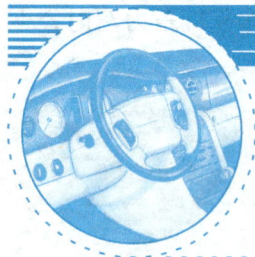

三、 识别交通信号

识别交通信号灯

城市交叉路口和丁字路口普遍用交通信号灯疏导和禁行人流、车流，通过用灯光信号控制的交叉路口时，驾驶员要精力集中，时刻注意灯光转换，严格按照信号指示来驾驶汽车。

1）绿灯亮时，准许汽车和行人通过，但转弯的汽车不准妨碍直行的汽车通行。放行汽车应对还未驶出路口的汽车和正在通过人行道的行人做出避让，让他们优先通过，如图3-1所示。

图 3-1

2）黄灯亮时，位于停止线以外的汽车禁止通行，但已驶入停止线以内的汽车可以继续行驶，如图3-2所示。

图 3-2

3）红灯亮时，不准汽车和行人通行，禁行汽车须依次停在停止线以外，等待灯光转换。等待时，驾驶人不得离开汽车。

4）黄灯连续闪烁，一般为交叉路口夜间指示信号，用以警示汽车和行人，注意安全，谨慎通过。

5）箭头指示灯一般与红绿黄三种灯配合使用，使分流、指向更加可视明了。绿色箭头灯亮时，准许该车道的汽车按箭头指示方向通行；红色箭头灯亮时，该车道内的汽车禁止通行。

预测信号灯的变化

从远处观察信号灯时，应预测下一个信号灯的变化，如图3-3所示。

绿色信号灯亮：不一定能通过，随时都要准备减速或停车。

黄色信号灯亮：减速准备停车。

红色信号灯亮：看到红灯亮时，预测变成绿灯的时间，以控制适当的速度。

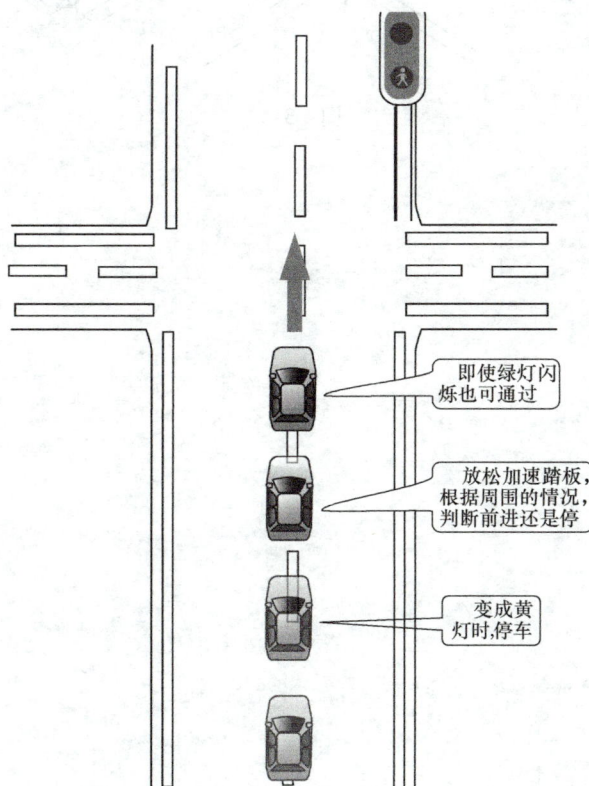

即使绿灯闪烁也可通过

放松加速踏板，根据周围的情况，判断前进还是停

变成黄灯时,停车

图　3-3

等待信号灯的注意事项

　　在等待信号灯的过程中，要注意观察交叉路口正面、侧面的信号灯以及行人和其他汽车的动态情况。即使绿灯亮了，通行时也须注意人行横道上的行人以及违法通行的汽车，如图 3-4 所示。

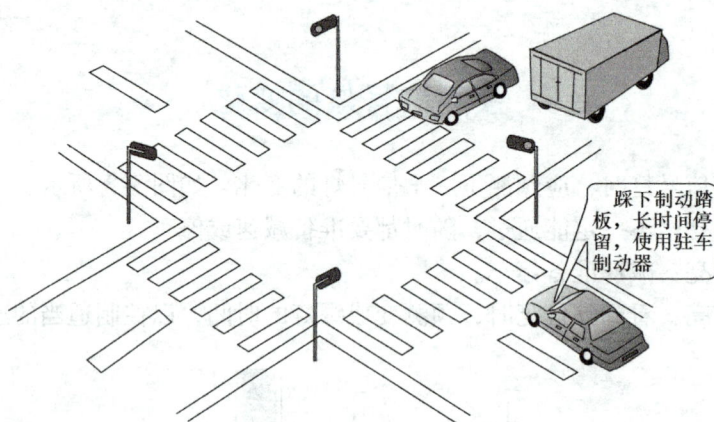

踩下制动踏板，长时间停留，使用驻车制动器

图　3-4

四、识别公路标线

直行、转弯路段的标线

1）双向两车道路面中心线（中心连续黄色虚线）：用于分隔对向行驶的交通流。对向车辆双方在保证安全的前提下，可以越线左转弯或越线超车，如图4-1所示。

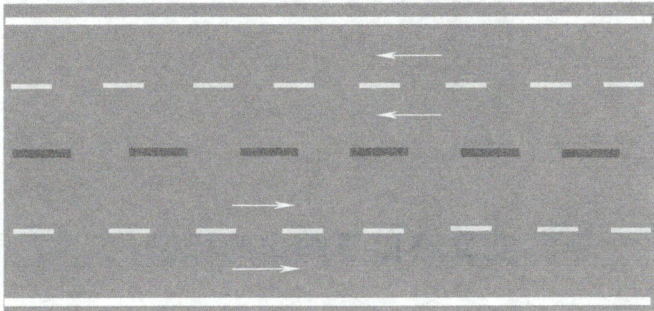

图 4-1

2）车行道分界线（白色虚线）：表示分隔同向行驶的交通流。车辆可以跨越车道或变更车道。

3）中心黄色虚实线：表示虚线一方可以越线左转弯或者超车，实线一方则不准越线，如图4-2所示。

图 4-2

4）中心黄色双实线：表示对向车双方都不准越线左转弯或者超车，如图4-3所示。

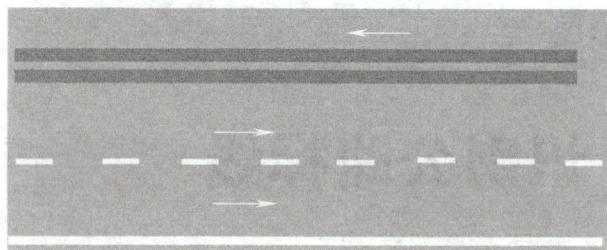

图 4-3

5）弯道处黄色实线：表示对向车双方都不许占用对方车道，如图4-4所示。

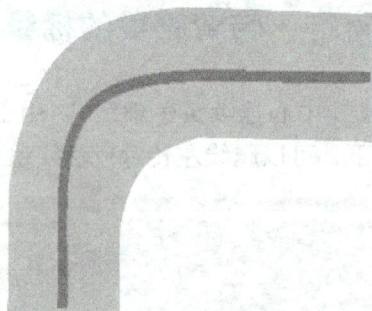

图 4-4

交叉路口及周边的标线

1）路口停车让行、减速让行标线：设在交叉路口处，停车让行标线为白色实线，与立于路侧的停车让行标志配合使用；减速让行标线为白色双虚线，也有标志加以提示，表示路口汽车应让干线汽车先行，如图4-5所示。

2）交叉路口导向车道线：设在各个交叉路口前方，用白色单实线分隔直行和转弯车道，并与导向箭头配合使用。凡进入导向车道内的车辆，不准变更车道，如图4-6所示。

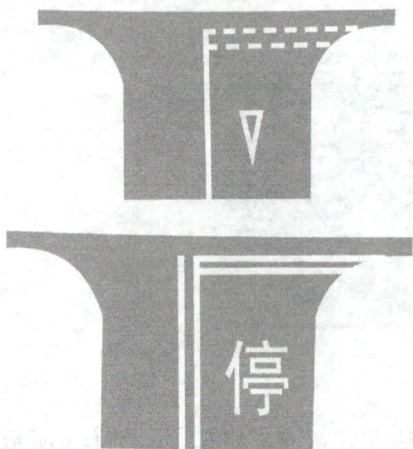

图 4-5

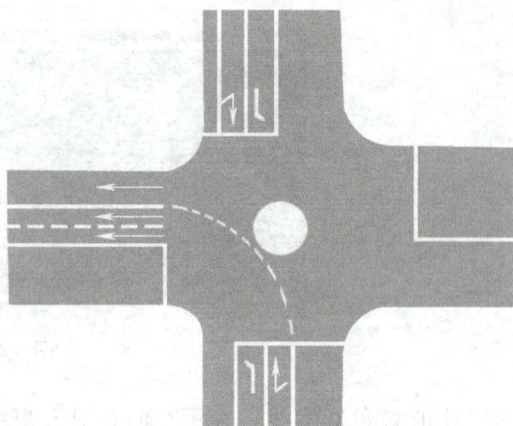

图 4-6

3）交叉路口人行横道线（也称斑马线）：设在停止线以外，供行人通行，如图4-7所示。

图　4-7

4）交叉路口中心圆：分圆形和菱形两种，图形中间划有白色实线，用以区分车辆大、小转弯，即交叉路口车辆左右转弯的指示。不准车辆压线或越线行驶，如图4-8所示。

图　4-8

5）左转弯待转区线：设于左转弯专用车道前端。用来指示左转弯车辆可在直行时段进入等待左转，如图4-9所示。

6）导向箭头：多与交叉路口的导向车道线配合使用，指示车行方向，如图4-10所示。

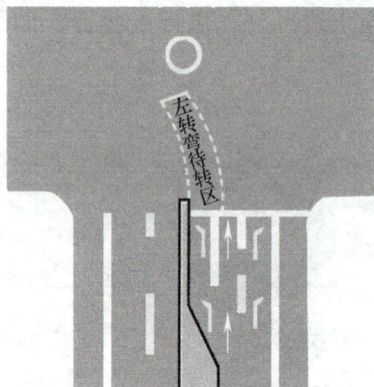

图 4-9

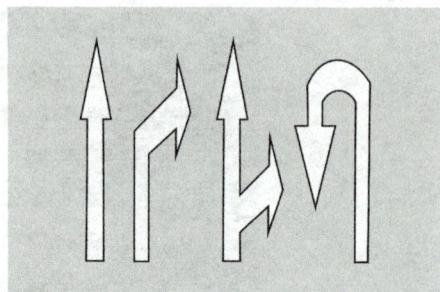

图 4-10

丁字路口、Y 形路口及不规则岔道口附近的标线

这些岔道口的标线多用导流线和导向箭头配合使用，导流线是根据地形用白色实线画在路面的区域，表示不准压线、不准进入，只准汽车沿导向箭头指示的路径行驶。

1）丁字路口标线：导流线和导向箭头较为对称、工整，便于识别，如图 4-11 所示。

图 4-11

2）Y 形路口标线：导流线和导流箭头也有规律可循，但比丁字路口复杂，通过时要注意观察，如图 4-12 所示。

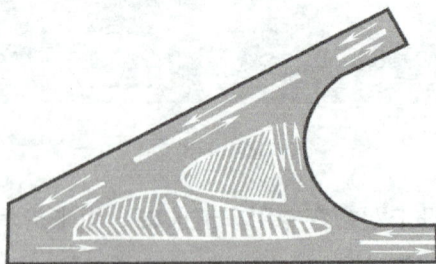

图 4-12

3）不规则岔道口标线：导流线和导流箭头依地形和具体需要而画，无规律可循，通过时要放慢车速，注意辨别，如图 4-13 所示。

图　4-13

停车位标线

线为白色实线，表示汽车的停放位置。

1）平行线车位：一般设在广场周边或公路边缘处，如图4-14所示。

图　4-14

2）倾斜式车位：在较窄的停车场使用较多，如图4-15所示。

图　4-15

3）垂直式车位：在火车站、汽车站专设的大型停车场较为多见，如图4-16所示。

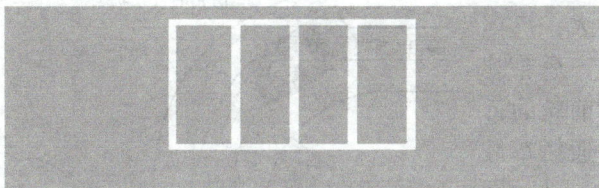

图　4-16

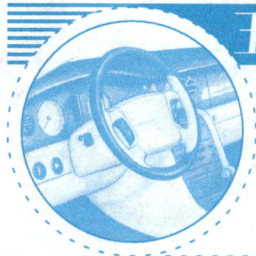

培 养 车 感

车感——车体的感觉

车感指在驾驶汽车时，对所驾汽车的长度、宽度、高度、离地间隙、前后轮距、轮胎位置，以及汽车的动力性能、转向性能、制动性能等与汽车性能有关的一系列问题的反应能力与水准。

图 5-1

1. 对汽车静止状态的感觉（见图5-1）

体验右侧车体的感觉。驾驶员视线通过车体前部中间位置至车体右边线的任一位置延伸到地面的交汇点，必在右侧轮的运行轨迹之外。驾驶员对左侧车体的感觉与右侧不同，一般来讲，驾驶员视线通过汽车前部距离车体左侧边线 15~20cm 和一方延伸到地面的交汇点就是左侧车轮将要到达的地方。

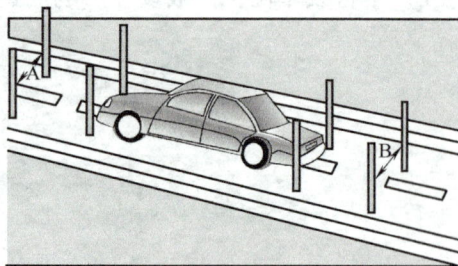

2. 对汽车运动状态的感觉

（1）内外轮差的感觉

汽车在曲线行驶时，同侧车轮的行驶轨迹是不一样的，后轮的行驶轨迹总是偏离于前轮的行驶轨迹。汽车左转时，左（右）后轮行驶轨迹位于左（右）前轮的行驶轨迹的左侧。汽车行驶曲线的曲率越大，后轮的行驶轨迹偏离于同侧前轮的行驶轨迹越大；汽车行驶曲线的曲率越小，后轮的行驶轨迹偏离于同侧前轮的行驶轨迹越小。一般普通轿车最大的内轮差约为 0.8~0.9m，外轮差约为 0.7m，如图 5-2 所示。

由于汽车曲线行驶时，轮差的存在，所以驾驶人在驾驶汽车行驶时，既要防止内后轮

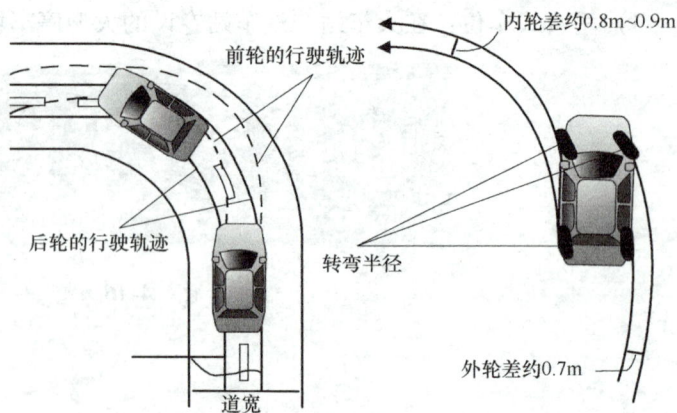

图 5-2

碰及障碍物，又要防止外前轮越出路外或障碍物。

（2）车轮在行驶中的位置

驾驶时，需要确认车轮在路面的位置。由于存在视线盲区，初学者难以准确把握车轮在路面的横向位置和纵向位置，通常利用车体的某些部位加以参照。

对车轮横向位置的感觉：可通过压左侧标志线或右侧标志线、靠路边行驶来确定，如图 5-3 所示。

图　5-3

对车轮纵向位置的感觉：可利用左侧车窗底线与路面相对位置来确定，如对车轮横向位置的感觉也可利用车身的部位作参照，一般左腿向前的延长线是左前轮的行驶轨迹，右腿的位置是汽车车身的中心线，驾驶时，只要保证右腿经常对正车道中心，就可以保证汽车在车道中间行驶，如图 5-4 所示。

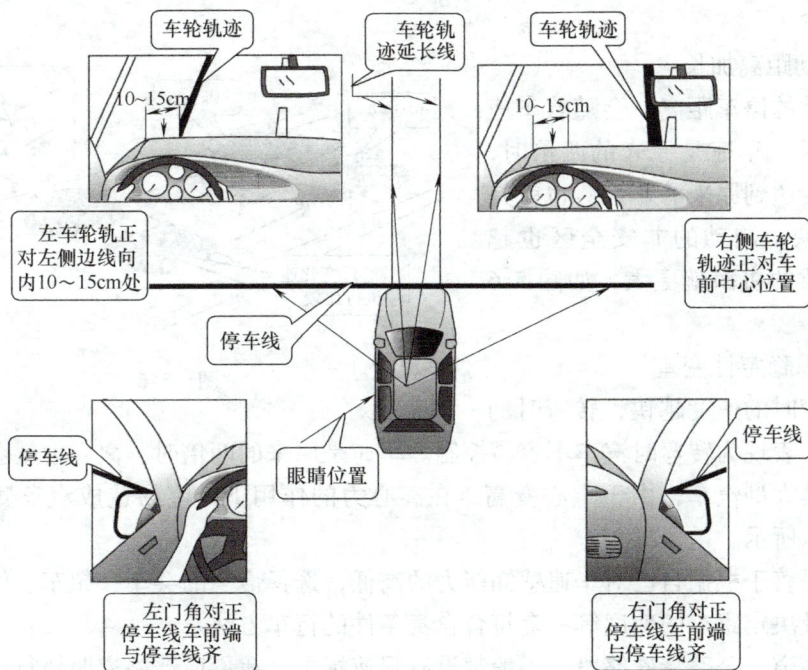

图　5-4

速感——车速的感觉

速感指能否正确地判断出自己所驾的汽车，与周围其他汽车与障碍物之间，在到达时的速度如何的一种能力。车速变快时，对驾驶有什么影响呢？

（1）视野变窄（见图5-5）

人的视野会随着速度的提高而变窄，因为车速越快视点就会越远。车速为40km/h时，视野范围可达90°～100°；车速为95km/h时，视野范围只有40°，形成"隧道视野"。也就是说，速度越快，所观察到的道路两侧的目标越不清楚，而且在单位时间内所遇到的情况也越多，行驶的危险性也越大。

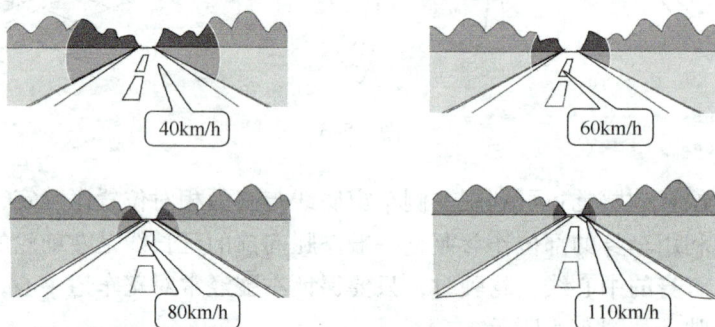

图 5-5

（2）制动距离加长

汽车制动的停车距离，会随着车速的提高而加长。车速是原来的两倍时，制动距离就会达到原来的4倍。也就是说，速度越快，制动的非安全区也越大，发生事故的机率就更大，如图5-6所示。

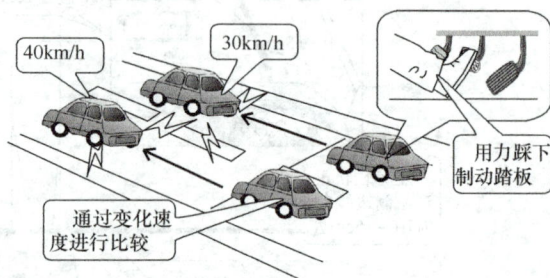

图 5-6

（3）操纵稳定性变差

汽车转弯时的速度越快，转弯时的离心力越大，表现为转弯时汽车不容易控制。车速是原来的两倍时，离心力就会达到原来的4倍。尤其大型汽车，由于重心变高，在离心力的作用下，容易造成汽车侧滑甚至倒翻，如图5-7所示。

驾驶员要善于根据自己对车速感知能力的高低，选择恰当的会车、超车、停车的时机与地点，以及决定跟车的速度等一套符合自身条件的行车方法。

在城市街道、公路特殊路段，一般都设有限速标志，我们应严格遵照执行。普通公路的速度要求：小车不超过80km/h，大型客、货车不超过60km/h；高速公路最高限速为120km/h，最低限速为60km/h。

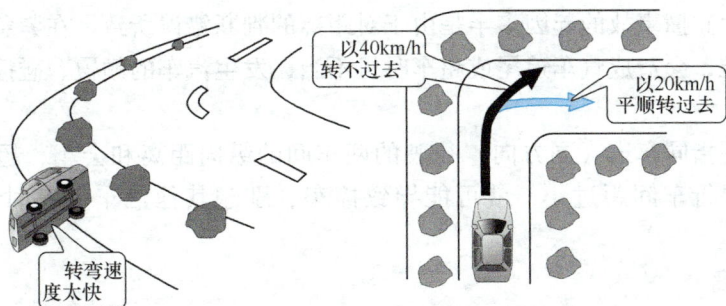

图 5-7

路感——对道路的感觉

路感是指驾驶员在不同道路上行驶时，对道路状况的识别能力，它直接关系到行车安全。

路感的基本内容主要有：

1）对空间的感知：即对路面的宽度、净空的高度的判断能力，有了这种感知，才能安全地使汽车通过隧道、涵洞、横穿线等地段和安全进行处理会车与超车等问题。

2）对路面的感知：如承重力、附着力、平整度等，有了这种感知才能判断汽车能否安全通过该路段，而不至于出现轮胎下陷、车体倾斜等危险。

3）对方向的感知：行驶的过程中，对道路方向变化、支路、岔口和弯度等情况的感知，有了这种感知，才不会在弯路密集的地方以及交叉路口感到束手无策，出现转弯速度过快、过急等危及安全的情况。

4）对视线不良区域的感知：其内容包括对所要经过的弯道、坡道、支路、凹凸地形，以及经过各种不同类型的障碍物等视线不良位置时，可能会发生情况的预见能力。有了这种感觉，才能从容不迫地应付在不规则路段、特殊路段行驶时随机出现的复杂情况，如图5-8所示。

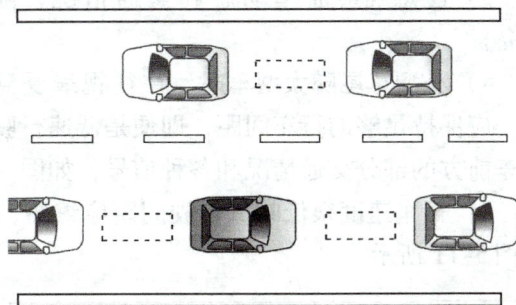

图 5-8　汽车左、右、前、后保留的空间

距离感——确定汽车行驶时的安全间距

距离感是指在汽车的运行中，准确预测所驾驶汽车与其他汽车与行人之间应该保持的安全间距方面的能力。

驾驶员通过双眼的视差来感知物体的相对距离。实验表明，通常在心理因素的作用下，驾驶员所判断出的车距往往比实际情况要大。随着车速的提高，判断的误差还会不断地增大，而发生碰撞事故的起因多半是由于对距离的判断错误所致。在紧急情况下对安全距离的预测不准，会造成汽车追尾或超车时机不当，发生汽车的颠覆、碰撞、剐蹭等方面的事故。

行驶间距是指同车道（同方向）行驶的两车间的纵向距离和会车、超车时两车间的侧向距离。如果行车间距过小，就可能导致撞车、剐碰其他汽车（有时也有行人）等事故。

1. 前方距离

汽车在行驶中与前车之间所保留的距离长短应满足：制动距离＋a。汽车的制动距离长短与驾驶员的反应时间、动作时间、车速、路面状况以及路面附着系数、轮胎花纹磨损程度等因素有关，作为汽车驾驶员，应该对自己车的制动距离做到心中有数。这样才能使汽车前方的距离有效。

汽车行驶中应注意：

1）根据汽车行驶速度来确定跟车距离，一般情况下，行驶时速有多少 km/h，就应与前车至少保持多少米的距离，如图5-9所示。

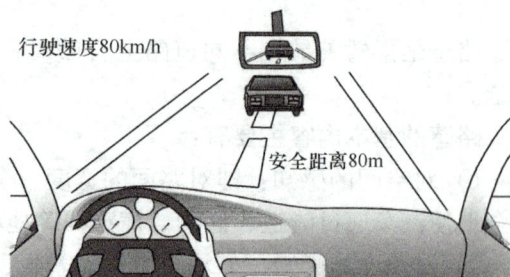

图 5-9

2）行驶在路面较滑的道路、坡路、弯路以及风、雪、雨、雾、沙尘天气和各种视线不清的情况时，均应增大与前车的间距。

3）注意观察前车动态和交通情况，随时做好加速、减速、避让、停车及应急准备。

4）小型车尾随大型车时，往往视线受到影响，给观察道路交通情况带来困难。因此，应保持足够的行车间距，即便是低速行驶时，行驶间距也不宜太小，至少保持能看到前车前方的部分交通情况和各种信号，如图5-10所示。

5）行车速度很低时，行驶间距应缩短，一般能看到前车后轮着地位置为极限间距，如图5-11所示。

图 5-10

图 5-11

6）汽车行驶中，应注意观察后方有无尾随汽车，应尽量避免紧急制动，防止尾随汽车因制动不及时造成追尾事故，如图5-12所示。

2. 后方距离

汽车行驶中的后方距离虽然是由尾随车来决定和保持的，即对于尾随车来说相当于前方距离。但是，前车在行驶时，要注意设法不要使尾随车跟行距离太近，以免发生危险。特别是装载货物等大型车，车体较宽，若尾随车是小型车，跟行太近，不易看清尾随车的动向，同时尾随车也会受大型车阻挡前方的视野，彼此都受影响。

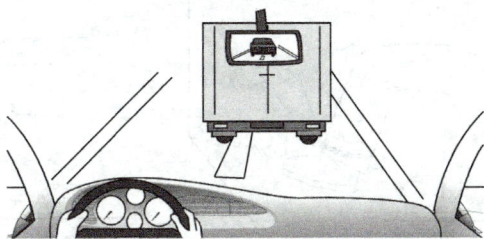

图 5-12

3. 左、右距离

当汽车行驶在视线不清或道路较窄以及转弯的路段时，一定要降低车速，并注意与其他汽车间的侧向安全间距，尤其要注意与右侧非机动车的间距是否得当，以防非机动车因躲避障碍向左突然转向或因失去平衡而向左摔倒。

汽车间的左、右最小安全间距，通常情况下：

1）车速在 40~60km/h 时，同向行驶的汽车应保持在 1~1.4m。逆向行驶的汽车应保持在 1.2~1.4m。汽车与车行道边缘应保持在 0.5~0.8m。

2）车速在 30km/h 时，汽车间的侧向最小安全间距应保持在 0.7m 以上。如条件不允许保持足够的侧向安全间距时，则应降低车速缓慢通过，以确保行车安全，如图 5-13 所示。

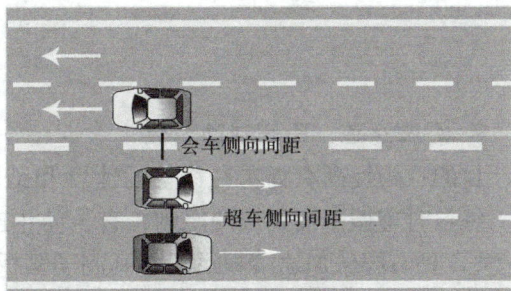

图 5-13

原地练习距离感

1. 左脚踩踏、离开离合器踏板

目的：能够提高左脚的灵活性，便于即时找准离合器踏板位置，以免处理情况时出现脚找不着踏板的现象。

身体坐正、坐直，两眼前视，右脚踏在加速踏板上不动，左脚踏在离合器踏板舒适的位置，并固定下来，开始练习，速度要放慢，动作要分别进行，待熟练后慢慢加快速度，直至形成连贯动作，具体如下：

1）左脚从离合器踏板左下方的位置抬起踏到离合器踏板上，如图 5-14a 所示。

2）脚放在离合器踏板后，迅速踩下至分离位置，如图 5-14b 所示。

3）迅速将左脚抬起到离合器踏板半结合的位置，稍做停顿，如图 5-14c 所示。

4）慢慢抬脚使踏板复位，如图 5-14d 所示。

5）脚掌离开离合器踏板回到原位，如图 5-14e 所示。

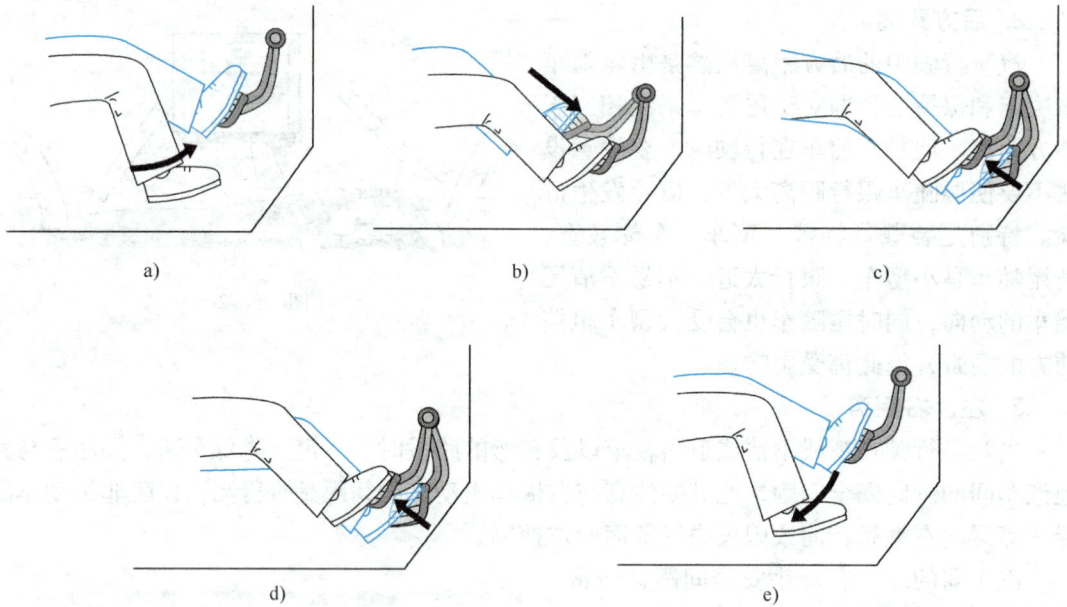

图　5-14

2. 右脚踩踏、离开制动踏板

目的：为提高右脚左右移动的速度和踏踩制动踏板的准确性、及时制动打下良好基础。练习时遵循由慢到快的原则，直至动作连贯为止，具体如下：

1）将右脚从加速踏板迅速移到制动踏板上，如图 5-15a 所示。

2）将制动踏板迅速踏下，如图 5-15b 所示。

3）抬起制动踏板使其复位，如图 5-15c 所示。

4）将右脚收回到加速踏板上，如图 5-15d 所示。

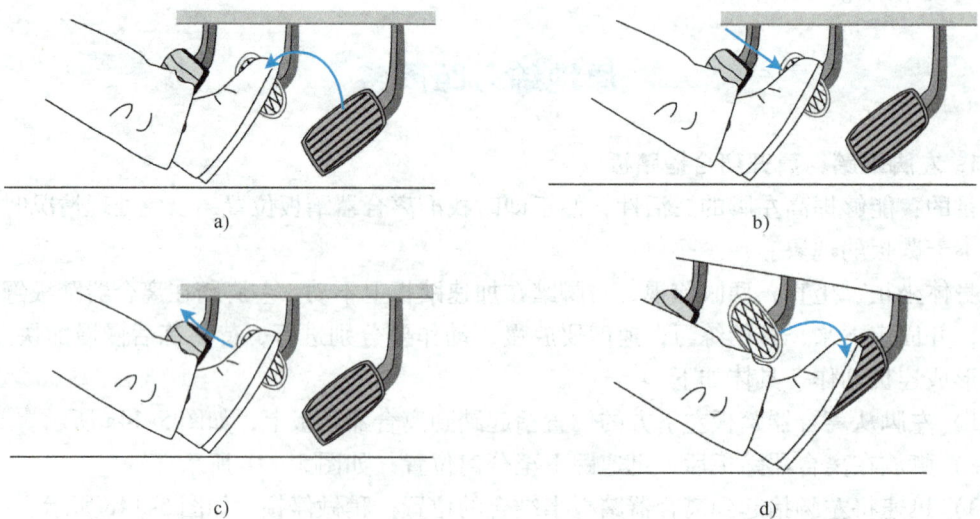

图　5-15

3. 手摸变速杆球头

目的：可以增强从转向盘至变速杆的距离感，以提高反应、操作的速度，还可以养成握转向盘、按喇叭的正确方法和姿势。

1）身体坐正，眼看前方，将右手迅速放到变速杆球头上，如图 5-16a 所示。

2）右手做一个摘档动作。

3）将摘下的档拨入下一个档位，如图 5-16b 所示。

4）将右手回到转向盘，如图 5-16c 所示。

5）用右手拇指按压一下转向盘盖上的喇叭按键，如此反复练习，越熟练越好，如图 5-16d 所示。

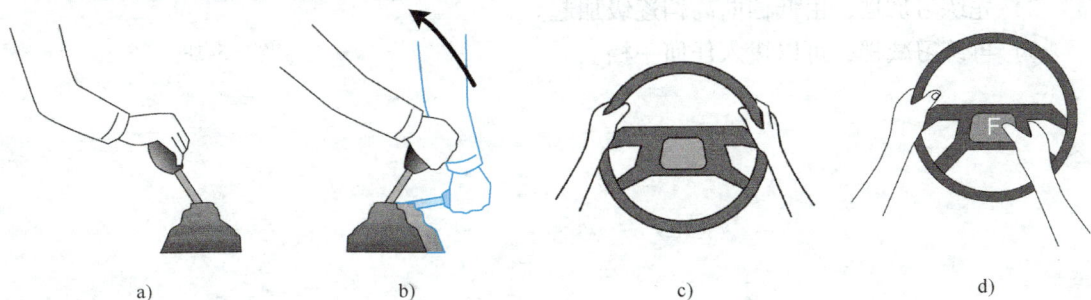

a)　　　　　　　b)　　　　　　　c)　　　　　　　d)

图　5-16

4. 左右脚一上一下

左脚（离合器踏板）抬起时，右脚（加速踏板）开始踏下；右脚抬起时，左脚随之踏下或准备踏下，简称"抬踩"。

目的：油、离配合娴熟，应在上路前反复练习，要先分解进行，动作熟练后便可自然、连贯起来。

1）右脚踏下加速踏板，加速到可换高一档的速度时将右脚迅速抬起，左脚随之踏下，右手将档摘下，如图 5-17a 所示。

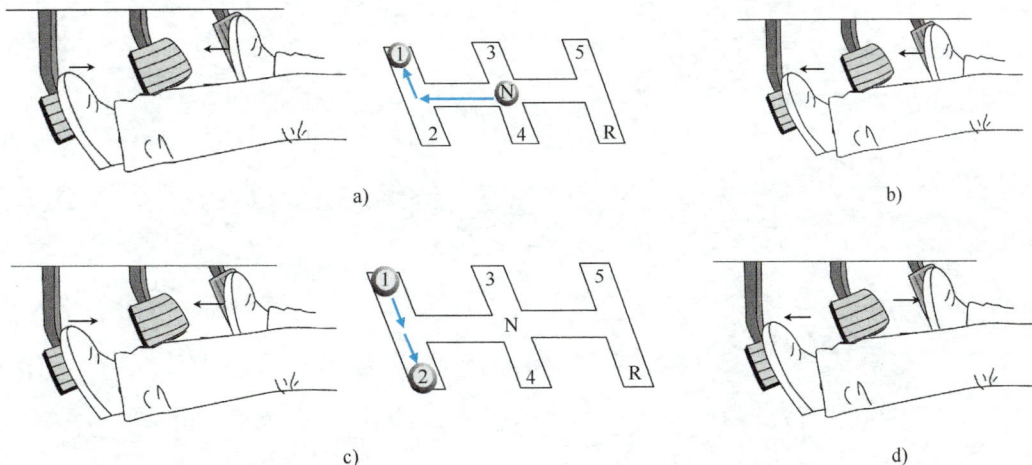

a)　　　　　　　　　　　　　　　　　　b)

c)　　　　　　　　　　　　　　　　　　d)

图　5-17

2）右脚抬着不动（如果是减档时，对于没有同步器的汽车，右脚还须踏下轰油，左脚二次踏下离合器踏板），如图5-17b所示。

3）右手将空档拨入另一个档位，如图5-17c所示。

4）左脚抬起至离合器踏板结合位置稍做停顿，右脚踏下加速踏板，左脚慢慢离开离合器踏板，将左脚放到离合器踏板左下方位置，如图5-17d所示。

5. 加减换档练习

目的：让左右脚与右手的配合更加默契，使练习更具有实驾的感受，如图5-18所示。

1）将左右驱动轮支起，起动汽车。

2）先练习加档，由低档向高档逐级加起。

3）再练习减档，可以拨入任何一档。

图 5-18

六、

驾 车 上 路

发动机的起动与熄火

发动机的起动与停熄是驾驶基本操作内容之一，也是经常性的工作。

1. 发动机的起动

1）作为安全措施，首先应拉紧驻车制动。

2）为便于发动机顺利运转，将离合器踏板踩到底。

3）将变速杆放在空档位置。

4）将加速踏板稍向下踩至 1/3 左右，电喷车起动不需踩加速踏板。

5）将发动机开关向右转至 START（开始）位置，听到发动机的起动声音后即可放手。

6）轻轻调节加速踏板直到发动机运转流畅位置。

7）待发动机运转平稳后，匀速地松开离合器的踏板，保持低速运转，严禁猛踏加速踏板，如图 6-1 所示。

> **提醒您**
>
> 切忌发动机停熄前轰"空油"，以免造成燃料浪费和排放污染。

打开转向灯

左脚松抬离合器踏板

右脚适当踏下加速踏板

图 6-1

2. 发动机的停熄

正常情况下，停熄发动机只需将点火开关关闭，同时察看发动机转速表指针的摆动情况，以判明电路是否已经切断。

起步操作顺序

起步应做到平稳，否则容易损坏机件，并使乘员感到不舒服。

保持正确的驾驶姿势，注意前方道路的各种交通情况，不得低头下看。其操作顺序：

1）起动发动机后。系好安全带，观察车前方、车左侧、车左后方及右两侧后视镜内的情况，确认安全，如图6-2所示。

2）起步后，靠道路右侧行驶一段时间，通过后视镜再次确认无汽车超越时，再逐渐驶入正常行驶道路。

3）进入正常车道后，关闭转向灯、回正转向盘，然后再提速加档。

提醒您：

汽车起步平稳，无冲动、抖动，不后倒，发动机不发生高速空转与熄火现象。操作不当造成发动机熄火时，必须拉紧驻车制动器操纵杆，并将变速杆放入空档，重新起动发动机。

车辆起步

图 6-2

上坡起步的操作步骤

坡道起步除按一般道路起步程序、要领操作外，关键是加速踏板、离合器踏板的配合和放松驻车制动器操纵杆的时机，以达到平稳、迅速起步、不后溜。

汽车上坡行驶时（见图6-3），比平路行驶时需要更大的动力，驾驶员要掌握好档位和速度的关系：

提高档位：速度提高，动力减小。

降低档位：速度降低，动力增大。

上坡起步操作步骤：

1）拉紧驻车制动器，左手握稳转

图 6-3

向盘，两眼注视前方，踏下离合器踏板，挂入低速档。适当提高发动机转速，左脚松抬（先快后慢）离合器踏板至半联动状态（车身抖动、发动机声音变得沉闷。此时可使发动

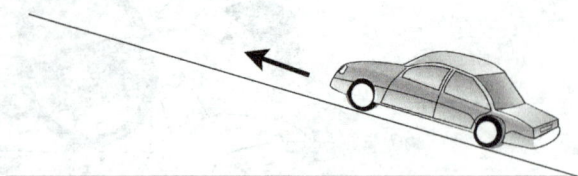

机转速再提高一些，以克服坡道阻力），松开驻车制动器操纵杆的同时，继续松抬离合器踏板并继续逐渐踏下加速踏板平稳起步，如图6-4所示。

2）如汽车起步熄火，应立即踏下制动踏板和离合器踏板，同时拉紧驻车制动器操纵杆停车后重新起步。切忌在汽车后溜时，猛抬离合器踏板和猛踏加速踏板起步，以免损坏机件，如图6-5所示。

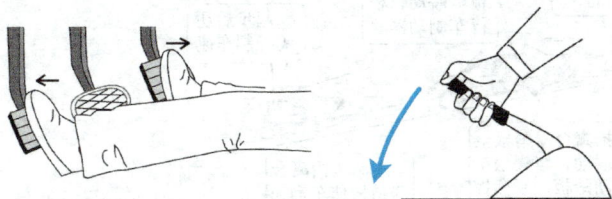
图 6-4

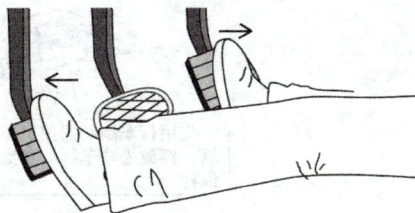
图 6-5

3）起步过程中特别注意油、离的有机配合和放松驻车制动的时机。如过早（或过快）松抬离合器踏板，没能及时提高发动机转速或没能及时放松驻车制动器，都会造成发动机熄火。如过早地踏下加速踏板提高发动机的转速，而没能及时地使离合器平稳接合，将造成发动机空转浪费动力；如果离合器踏板松抬过快，而发动机转速较高时，将造成起步时猛然闯出。

下坡起步的操作步骤

下坡行驶时要减速，速度不太快时就开始制动，挂到低档。如果行车速度还快，再降一个档位。如果下坡路段比较长，则主要依靠发动机制动，以行车制动作为补充，如图6-6所示。

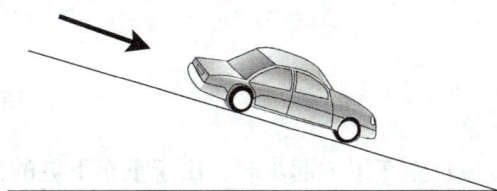
图 6-6

下坡起步操作步骤：

1）下坡起步时，拉紧驻车制动器，左手握稳转向盘，两眼注视前方，踏下离合器踏板，根据道的坡度情况选择起步档位，坡度较大或较陡时应高于平路起步1~2个档位，鸣喇叭，如图6-7所示。

图 6-7

2）在解除驻车制动前，先用行车制动器控制汽车，然后放松驻车制动操纵杆。当松抬离合器踏板至半联动位置时，开始平稳、缓慢地松抬制动踏板，适时地控制车速，同时逐渐缓抬离合器踏板，使汽车平稳起步后，解除行车制动，但脚不得离开制动踏板，如图6-8所示。

图 6-8

3）起步后，视坡道的需要逐级换至中速档或高速档行驶，换档的速度要比平路迅速，换档的时机要比平路提前。若坡度较大时，可用起步档直接下坡，如图6-9所示。

图 6-9

4）重车下坡起步时，由于重车下坡的惯性比空载汽车惯性大，起步时可视坡道的长短、坡度的大小及装载情况选择低速档，一般应选择最低档或比空车低一级的档位，如图6-10所示。

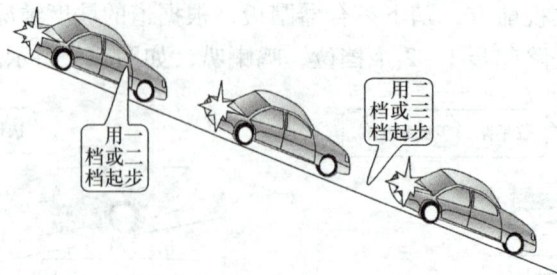

图 6-10

5）严禁在发动机未起动时用"溜动"的方法起步，如图6-11所示。

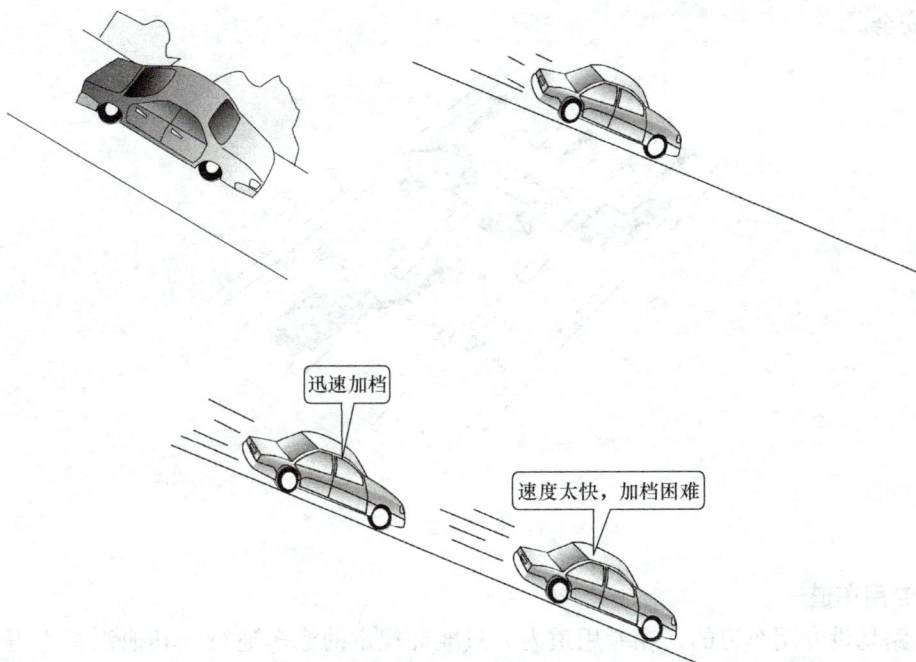

迅速加档

速度太快，加档困难

图 6-11

选择行驶路线

根据道路状况和交通情况，正确、合理地选择行驶路线，对于减少汽车损耗，降低驾驶人疲劳强度，确保行车安全都有重要作用。

1. 没有划分机动车道的道路

在没有划分机动车道的道路上机动车应在道路中间行驶。在超车、会车时，应按规定让有通行权的车辆先行，对面有来车，须让出中心线靠右侧道路行驶，并注意右前方非机动车和行人的安全，如图6-12所示。

2. 划有分道线的道路

在划有大型和小型机动车道的道

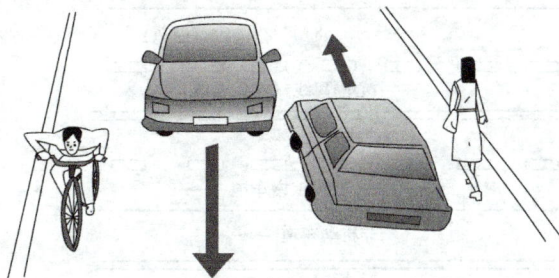

图 6-12

路上，小型客车在小型机动车道内行驶，其他机动车在大型机动车道内行驶；变更车道时，要提前打开转向指示灯，确认安全后方准变更行驶车道，变更车道后应及时关闭转向灯。

如果道路同方向划有2条以上机动车道的，则左侧为快速车道，右侧为慢速车道，如图6-13所示。变更车道的机动车不得影响相关车道内行驶的机动车的正常行驶。慢速车道内的机动车超越前车时，可以借用快速车道行驶。无特殊需要，尽量减少变更车道的次数更为安全。

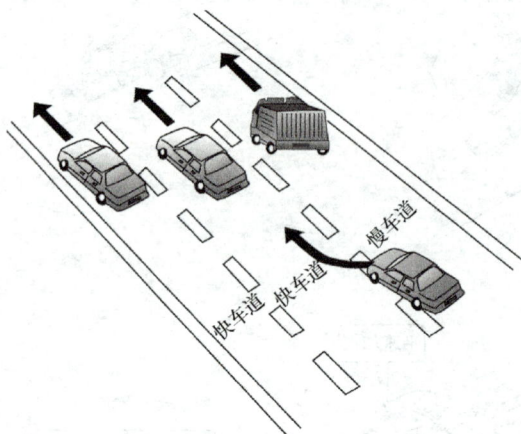

图　6-13

3. 专用车道

"道路划设专用车道的，在专用道内，只准许规定的汽车通行，其他汽车不得进入专用车道内行驶。"在有时间限制的车道，注意标志标线划定的禁行时间，在禁行时间内不要驶入专用车道，在禁行时间以外，其他汽车也可以在专用车道上行驶，如图 6-14 所示。

4. 通过交叉路口

应在驶入导向车道之前，按导向箭头方向选择转弯、直行的车道；在进入导向车道前变更车道时，应提前打开转向灯，注意观察后视镜，确认安全后，变更车道。不得在进入导向车道后变更车道，如图 6-15 所示。

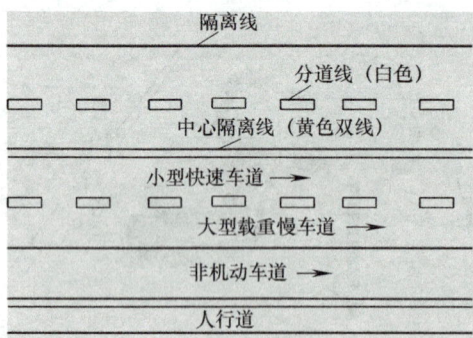

图　6-14

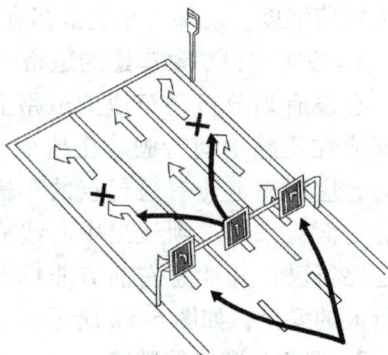

图　6-15

收集驾驶情报

1. 行驶中横向情报的收集

行驶时，驾驶员应两眼向前平视，注意自车前方道路左、右两边的情况，特别是和自己车前进方向相交的人行横道线上的行人，左转弯的汽车等。当发现这些汽车、行人时，要观察他们所处的位置，以及移动的方向和控制速度，提前采取避让措施。当自己车接近汽车、行人时，以眼睛的余光注视左、右两侧的情况，或迅速向左或向右偏一下头。物体所处的位置不妨碍自己车通行时，立即将头回正，注视前方道路，如图6-16所示。

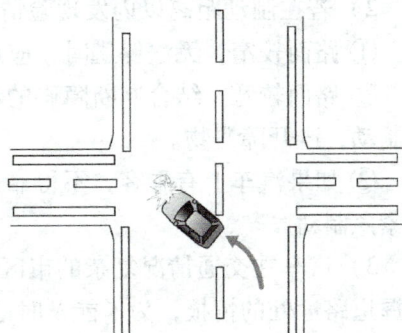

2. 行驶中纵向情报的收集

直线行驶时，驾驶员两眼应向前平视，随时注意观察自己车前方的路上有无汽车前进行驶及对面有无来车等。若对面有来车，则必须视路面情况，

图 6-16

做好会车的准备。若跟随前方汽车行驶，必须保持跟车距离，以防发生追尾碰撞。同时，还要注意观察前方路面的状况和前进路上有无妨碍安全行车的情形等。

汽车在行驶中，注视点要不断地移动，进行多方面的观察，掌握尽可能多的情报。除了要注意收集"纵向情报"、"横向情报"外，还要通过后视镜掌握自己车后、左、右的情报，以防发生追尾相撞和被超车时擦边相撞的事故。

在通过十字路口时，要注意观察其他汽车是否发出转弯、调头等信号，以使自己车的行驶方向与其他汽车行驶方向不发生矛盾。如果见到左转向灯闪光，应考虑到不一定就是左转弯，调头或超车都使用这一信号。所以，要随时随地观察周围的情况，做好各种准备，以便适应变化的情况。

3. 掌握比制动距离更远的情报

汽车的制动距离是与行车速度成正比的，车速越高，制动距离越长。因此，汽车高速行驶时，要掌握更远距离范围以内的情报。

1）行驶时，驾驶员要掌握好自己车的制动性能，必须全神贯注地注视道路前方的情况。当发现道路前方有危险情况出现时，若在制动距离加 a 的长度以外，应立即进行制动停车，以避免事故发生，如图6-17所示。

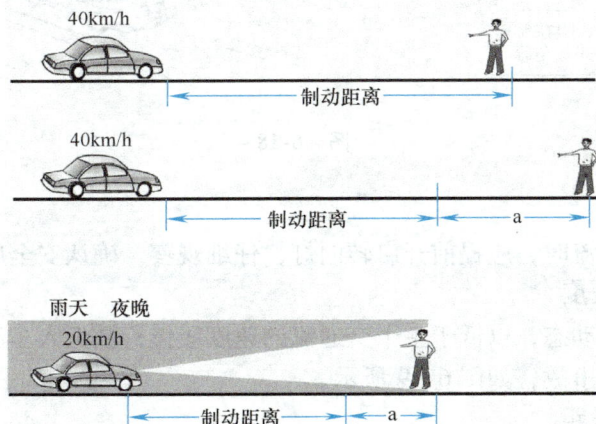

图 6-17

2）若在制动距离以内发现险情，就要根据路面和交通状况采取果断措施。

① 路面较窄，无法躲避时，应进行紧急制动。

② 路面较宽，结合判断障碍的动向，可将转向盘向较宽的地段转一点，立即采取紧急制动，避开障碍物。

③ 如果汽车上有乘客，不得靠边转向，应考虑全车的生命安全，让汽车直线行驶进行紧急制动。

3）汽车在交通情况复杂的市区行驶时，由于街道交错，汽车纵横，人流往返，无法掌握道路远处的情报，为了能及时停车避免危险，必须降低车速行驶，以便有足够的时间和距离，来处理这种复杂的交通环境。

4）汽车在多弯的街道行驶时，会使视距缩短；夜间无照明的街道影响观察；大雨天气会妨碍视线等。以上情况想掌握远处的情报是困难的，因此要降低车速行驶，以便掌握"制动距离＋a"区内的情报，确保行车安全。

汇 入 车 流

1. 观察侧后方情况
汇入车流前，应先通过后视镜观察左、后方正常行驶的车辆。

2. 选择汇入时机
正确估计车流速度和安全距离，根据车流情况选择汇入的最佳时机，在不影响正常行驶车辆的情况下安全汇入车流，如图 6-18 所示。

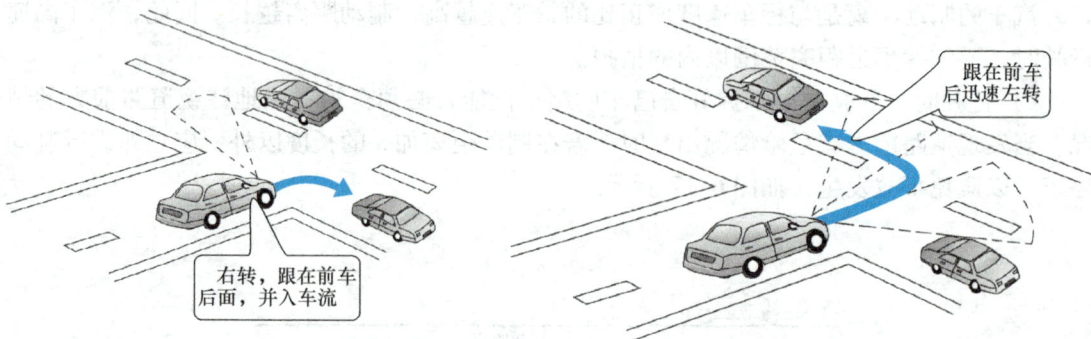

跟在前车后迅速左转

右转，跟在前车后面，并入车流

图 6-18

3. 开启转向灯
若汇入主干道车流时，应提前开启转向灯，仔细观察，确认安全后汇入车流。

4. 保持适当的速度
如果不注意车流动态，以低于主干交通流的速度缓慢行驶汇入车流，会影响其他汽车正常行驶，甚至发生事故，如图 6-19 所示。

5. 保持适当的车距
由于跟在大型汽车后面行驶，不易看清前面的交通情况，因此更要保持较大的安全距离。可采取偏左错位行驶，以便观察前面的交通情况，如图 6-20 所示。

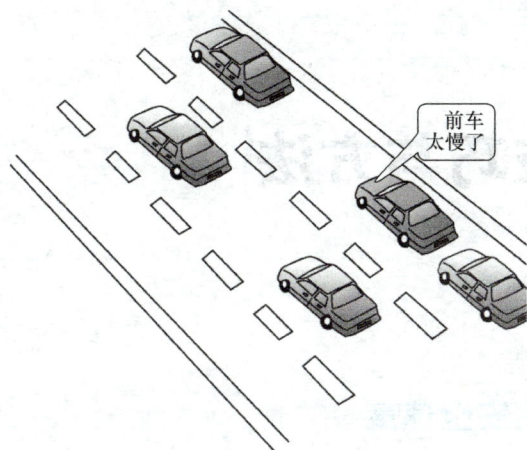

图 6-19

图 6-20

行车中检查

行驶途中停车检查制动鼓轮毂变速器及后桥壳的温度是否正常；检查装载情况和拖挂装置是否安全可靠；检查各部位有无漏水、漏油、漏气、漏电"四漏"现象，如图 6-21 所示。

发动机机油压力始终过低时，应先用机油尺检查机油量，如图 6-22 所示。

行驶过程中，发动机的工作温度应保持在 80°～90°范围内；若水温超过 90°直到沸腾，应打开百叶窗或检查节温器。

夏季行车时，如遇冷却水沸腾时，应选择适当地点停车，将发动机怠速运转数分钟，然后加入冷却水，同时注意保护措施，防止热水烫伤。

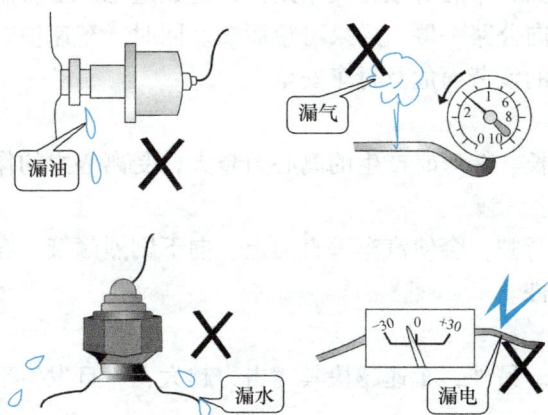

图 6-21

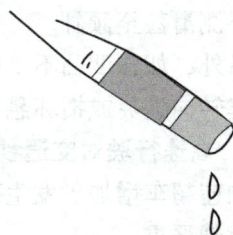

图 6-22

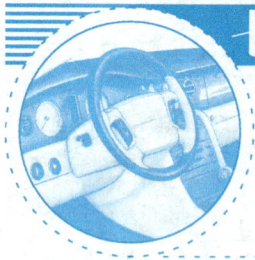

加、减速技巧与方法

汽车行驶时的安全速度

1. 安全车速

在道路同方向划有 2 条以上机动车道行车时，快速车道行驶的机动车应当按照快速车道规定的速度行驶，未达到快速车道规定的行驶速度的，应当在慢速车道行驶。有交通标志标明行驶速度的，按照标明的行驶速度行驶。

车速的快慢是相对而言的，安全车速与不安全车速的根本区别，不在于车速本身的快与慢，而在于行驶速度是否与当时的交通环境相适应，是否危及行车安全。

2. 高速行驶对驾驶人的影响

高速行车是指汽车行驶速度超过了交通法律、法规限定的最高时速，或不顾交通情况盲目开快车的现象。

车速过快会导致驾驶人不能全面正确地感知车内外的情况。因为车速越快，驾驶人的注视点就越远，原来前方宽阔的扇形视野就会变得越窄，对近处周围的情况就难以察觉。如若路中出现只有驶近才能看清的障碍，或者从道路附近两侧突然有人、畜穿越路中，驾驶人往往在措手不及中采取紧急制动，如若车后有跟行汽车则极易造成追尾；如若制动跑偏，则会引发方向失控，使汽车骤然冲向公路一侧，后果可想而知。同时，车速快时，会使驾驶人精神高度紧张，加快了驾驶人的疲劳而危及行车安全。

3. 高速行驶对汽车性能的影响

车速越快，汽车的制动停车距离越长，转弯时产生的离心力越大，受离心力的作用容易向外侧滑甚至倾翻。

另外，如在凹凸不平的路段上高速行驶，会使汽车垂直向上、向下剧烈颠簸，容易造成汽车转向失灵或损坏悬架和轮胎等部件。

4. 高速行驶对交通秩序的影响

加速超车增加了发生事故的可能性。另外，车速越快其撞击力越大，一旦发生事故其后果就越严重。

5. 合理控制车速的方法

严格遵守交通法律、法规有关速度规定和交通标志限速规定，不得超速行驶。

一般情况下，应根据前方交通情况，合理控制车速，充分发挥汽车的经济速度（经济车速因车型不同而异，一般是厂定最高时速的 40% ~ 60%），提高汽车行驶的平均速度。这对节约燃料、延长汽车使用寿命和行车安全都是十分有利的。

汽车行驶中需要减速时，应以松抬加速踏板，利用发动机的牵阻作用降低车速为主，使用行车制动器为辅来实现减速。加速时必须根据情况，选择直接踏加速踏板加速行驶或减档后再加速，以保证发动机具有足够的动力。正常调整车速时，只需适当踏下或松抬加速踏板即可。

无论在任何道路条件下行驶，车速必须控制在能正常发挥驾驶操作水平，妥善观察和处理道路上各种交通情况范围，不得盲目高速行车或无故长时间低档行驶。

6. 注意事项

机动车在道路上行驶不得超过限速标志、标线标明的速度。在没有道路中心线，限速标志、标线的道路上，最高行驶速度城市道路为30km/h，公路为40km/h。同方向只有1条机动车道的道路，最高行驶速度城市道路为50km/h，公路为70km/h。

机动车行驶中遇有下列情形之一的，最高行驶速度不得超过30km/h。

1）进出非机动车道，通过铁路道口急弯路、窄路、窄桥时。

2）调头、转弯、下陡坡时。

3）遇雾、雨、雪、沙尘、冰雹，能见度在50m以内时。

4）在冰雪、泥泞的道路上行驶时。

5）牵引发生故障的机动车时。

手动变速器汽车加速方法

汽车加速分原地加速和超车加速，如图7-1所示。原地加速是指汽车由低速档起步后，逐级换至最高档的过程。超车加速是指车用最高档或次高档从某一中间车速全力加速到该档位限定最高车速的过程。

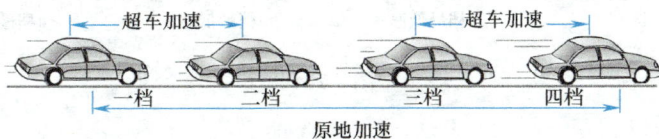

图 7-1

先将变速器操纵杆置于起步档（一档或二档），起步后逐级加档迅速提速。根据道路和交通情况进行加速，尽量保持在交通法律、法规允许的范围以最高档行驶，如图7-2所示。

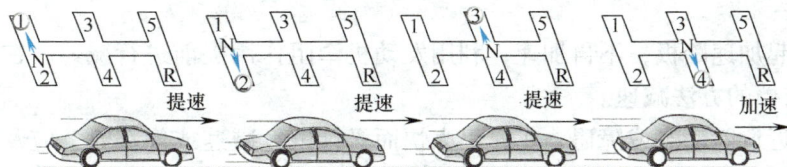

图 7-2

自动变速器汽车加速方法

将变速操纵杆置于正常行驶（D）档起步后，逐渐踏下加速踏板直接提速，如图7-3所示。

直线提速

图　7-3

"冲车"

"冲车"又称"提速缓车"，是指踏下加速踏板提高车速至所增档的最低车速的过程。"冲车"应当平稳，不可过猛。重车"冲车"距离要比空车时间长；大型车"冲车"距离要比小型车长；高速档"冲车"距离要比低速档冲车距离长；上坡增档"冲车"距离要比平路增档冲车距离长，如图7-4所示。

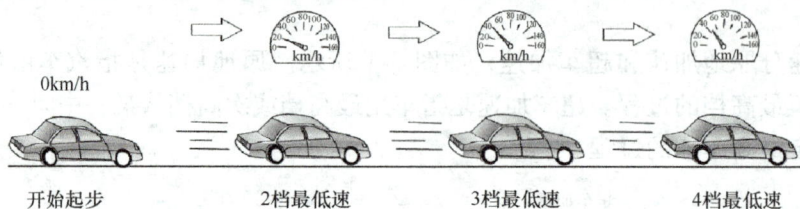

0km/h

开始起步　　　　2档最低速　　　　3档最低速　　　　4档最低速

图　7-4

预见性制动减速操作方法

减速时，为缩短制动时间，可在松抬加速踏板后将脚放到制动踏板上；先利用发动机牵阻进行制动减速，并做好随时使用行车制动减速的准备。需要减速或停车时，有目的地提前采取使用发动机牵阻或行车制动减速的措施。

操作方法：

1）先抬起加速踏板，不再加速，利用发动机牵阻作用提前进行减速。在湿滑的道路上采用逐级减档的方法减速。

2）当接近危险动态或障碍，车速仍太快而必须继续减速或停车时，应及时踏下制动踏板，用行车制动器减速，如图7-5所示。

图 7-5

紧急制动减速操作方法

汽车在行驶中，遇到紧急情况时，必须使用制动，用右脚踩制动踏板，使汽车在最短的时间内停住。

操作方法：

1）紧握转向盘，右脚迅速从加速踏板移至制动踏板，并用力一次将制动踏板踏到底，如图 7-6 所示。

2）使用气压制动时，用脚掌踏下制动踏板，其轻重视情况而定，如图 7-7 所示。

提醒您：

不要一脚踩死，否则容易发生撞车或翻车的事故，也容易损坏轮胎、钢板弹簧等机件。

一般用"一脚制动"，若效果较差时，应立即抬起踏板再踏第二脚

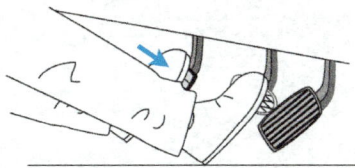

图 7-6

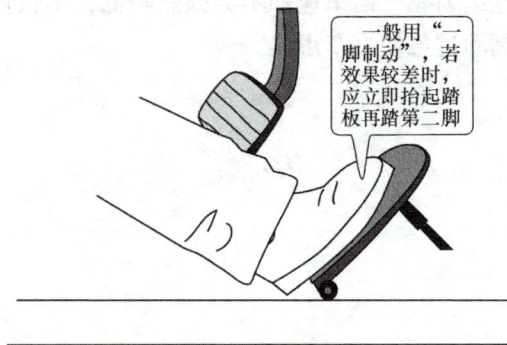

图 7-7

3）使用液压制动时，用右脚掌踏制动踏板，利用膝关节的伸屈动作踏下制动踏板，立即放松，再次踏下，当踏板的自由行程不下行时，踩住不放，起制动作用，如图 7-8 所示。

4）使用行车制动的同时，可用驻车制动器进行辅助制动，迫使汽车在最短的时间内迅速停住，如图 7-9 所示。

提醒您：

制动踏板的踏下程度和速度，应根据所要求的制动效果，采用先轻踏，再逐渐加重或随踏随放等方式，实现平稳减速、停车。

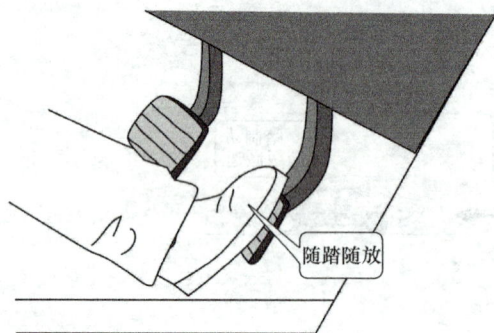

随踏随放

图 7-8

图 7-9

高速公路上的减速操作方法

高速公路减速的最佳方法是用发动机牵阻作用来降低车速。行驶中，分析前方交通情况需要减速时，应及时将加速踏板抬起，切断燃油供给。如速度仍然显快，应将变速杆迅速拨入低一级档位，将离合器踏板迅速抬起；如若此时车速仍未进入理想范围，可以再降低一级档位，甚至采取越级减档的方法将车速控制住。

高速公路减速慎用制动。在高速公路上，使用制动应作为发动机牵阻控速的辅助性措施。使用制动时，应采取"蜻蜓点水"、连续轻踏轻放制动踏板的方式，这样做，制动灯会连续闪亮，但车速却不会骤然降低，不仅可以对跟行汽车起到提示作用，而且还避免了因制动过急使汽车甩尾。

八、停车技巧与方法

如果是手动档车，必须先踏离合器踏板，紧接着踏行车制动器踏板，等车停稳后，将变速杆置于空档位置，拉紧驻车制动器操纵杆，然后将两只脚抬起即可。

如果是无级变速车（或自动档），则先抬起加速踏板，然后踏行车制动器踏板，等车停稳后，将操纵杆置于停车时的制动档。

平 地 停 车

一般采用预见性制动。当需要停车时，打开右转向灯，随着车速的降低，逐渐靠右行驶，接近预定的停车点，放松加速踏板，踏下离合器踏板，轻踏制动踏板，当车即将停住时，稍抬制动踏板，随即轻轻踏下，平稳地把车停住。

在停车中需不断根据车速来调节制动力，尽量使车辆停在预定的位置。停车应达到稳、准、正。

停车应遵守交通法律、法规有关停车规定，选择路基坚实、路面宽阔、视线良好的安全地段靠右侧停车。

坡 道 停 车

1. 上坡路边停车

要选择好停车地点，减速后将变速杆拨至一档（手动档），踏下离合器踏板，待车辆即将停住时，再踏下制动踏板把车停住。如果路边有路沿，将前轮向左打一定角度，让右前轮后部接近或紧靠路沿，防止汽车沿坡倒滑。如果路边没有路沿，将前轮向右打一个比较大的角度，避免汽车沿坡倒滑后驶入道路中央，如图8-1所示。

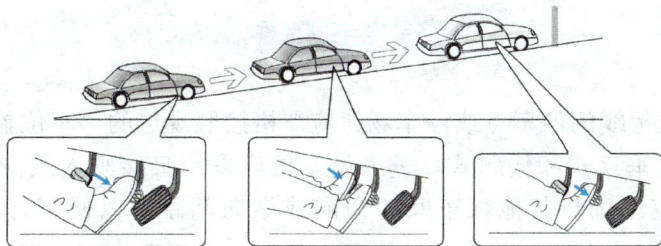

图 8-1

2. 下坡路边停车

应先制动减速，待车辆平稳靠边即将停住时，再踏下离合器踏板以免停车熄火。停车后如果路边有路沿，则将前轮向右打一定角度，让右前轮前部接近或紧靠路沿，防止汽车沿坡顺滑。如果路边没有路沿，则将前轮向右打一个比较大的角度，避免汽车沿坡顺滑后驶入道路中央，如图8-2所示。

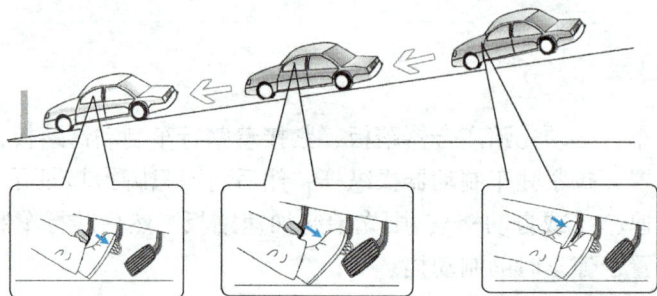

图 8-2

3. 停车场上坡区域停车

停车后将变速杆拨到1档（手动档）。此时应该将前轮向左或向右打一定角度，避免汽车可能会一直沿坡倒滑。如果坡道比较陡，那么就应该采取一些辅助措施，比如紧靠后轮垫上石块等。

4. 停车场下坡区域停车

停车后将变速杆拨到倒档（手动档）。此时也应该将前轮向左或向右打一定角度，避免汽车可能会一直沿坡顺滑。如果坡道比较陡，那么就在前轮下面垫上石块等，以防万一。

高速公路停车

机动车因故障、事故等原因不能离开行车道或在路肩上停车时，必须立即打开危险报警闪光灯，并在车后方150m以外设置故障警告标志，夜间还须同时开启示宽灯和尾灯。所有人必须迅速转移到安全地点，自己无法修复时，可立即通过紧急电话报告交通警察救援。

停车场停车

在设有停车位标线的停车点或停车场，应严格按照规定的停车位置停车。停车的形式一般有平行式、垂直式和偏斜式。进入停车位应采用直接驶入或倒车驶入停车位置的方法。停车时应注意与其他汽车间的横向或纵向间距，以便于打开车门或驶出停车位。

1．平行式

第一步：车身调正，将车停在车位线旁边 1.5m 处，向前移动车，车尾与旁边的车侧（靠空车位那侧）基本在一条直线上，如图8-3所示。

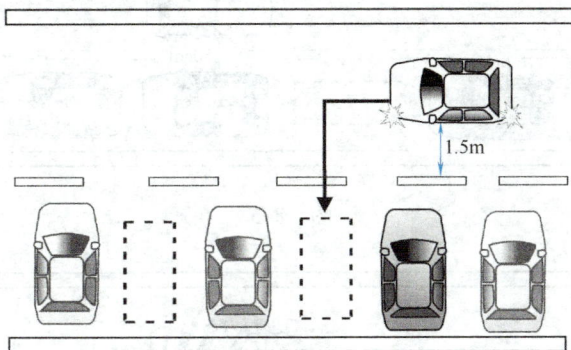

图　8-3

第二步：推入倒车档，开始倒车，转向盘向左打足，开始缓慢后倒，这时注意看左后视镜，当汽车进入 1/3 以后，开始回打转向盘，边回方向边注意看两边的后视镜，当车调整到车位中间时，回正方向，倒到底就行了。一般两个后视镜跟旁边汽车的后视镜在一条直线上就基本停好了，如图8-4所示。

> **提醒您：**
>
> 在倒车时，要注意随时看左右后视镜。必要时摇下驾驶员左侧窗户的玻璃，探出头看地上有无一些矮的障碍物。

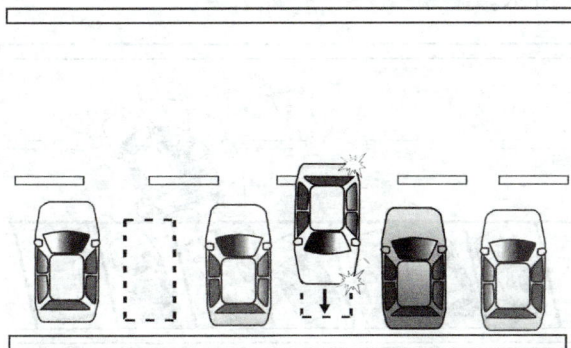

图　8-4

2．垂直式

第一步：把车开到前面车的左边，与前车侧面的距离大概在 50cm 左右，车头保险杠应该和旁边车的前轮中心对齐，如果两辆车一样长，后轮中心就与旁车的后保险杠对齐，如图8-5所示。

第二步：开始倒车，同时向右迅速打转向盘，注意，由于后轮已经处在旁车的后保险杠位置，所以可以放心倒车而不会碰到右边的车。等车与旁车的角度成45°时，开始向相反方向（向左）打转向盘，慢慢倒进去，可以把车停好，如图 8-6 所示。

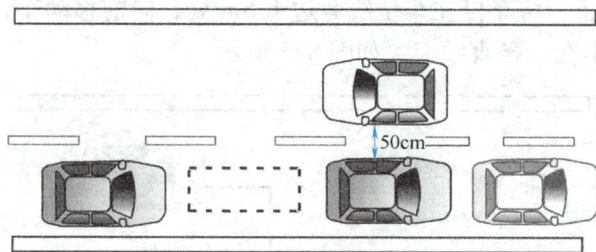

图　8-5

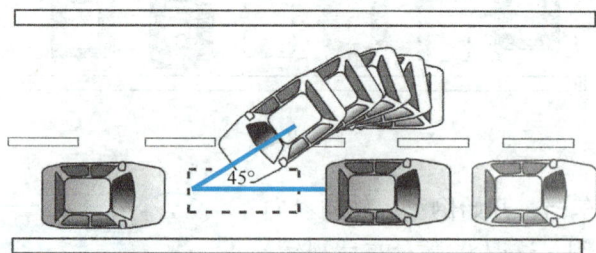

图　8-6

3. 偏斜式

在生活中经常会遇到偏斜式停车场，它和垂直式的停车方法基本相同，只是在进入车位的时候注意保持斜位停放，一般车位上都会有间隔的黄线，只要你的停车角度和黄线保持平行即可，如图 8-7 所示。

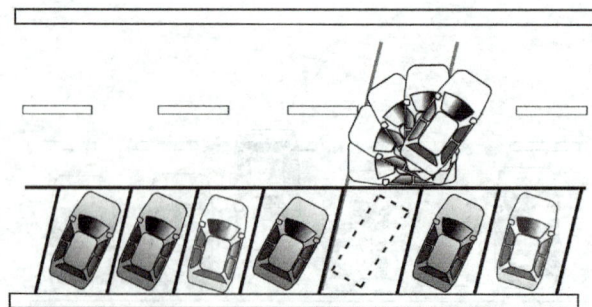

图　8-7

杜绝 6 种停车行为

1. 突然停车

汽车在行驶中需要停车时，应先打开右转向灯、减速，再靠边停车。如果突然紧急制动，很容易使后边紧跟的汽车来不及制动而撞到车尾，发生追尾事故。

2. 逆向停车

违反路右行驶、路右停车的规定，将车逆向开向公路左侧，并占用左侧车道将车停下，直接引起交通秩序混乱。

3. 在路中交谈停车

两个驾驶人相识，会车时，同时将车停在路中相互交谈，后面跟行的汽车停了许多，驾驶人若无其事，如图8-8所示。

4. 在丁字路口两侧附近停车

车停在丁字路口两侧附近，形成出入路口汽车的路障和视线盲区，很容易引发直行车和转弯车相撞、相剐事故。

5. 停放在已有汽车的对侧

公路一侧已有停放的汽车，又将自己车停在公路对侧，一条横线上同时停了两辆车，会影响过往汽车，如图8-9所示。

图 8-8

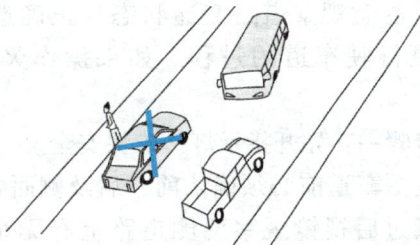

图 8-9

6. 不设标志

汽车在行驶途中因故障需要停车时，应迅速将车移至安全地段，以免妨碍交通。如汽车无法移动，应在汽车前后设置标志，以引起过往汽车注意，防止发生碰撞事故。

夜间停车或在大雨、大风、大雾的天气中停车，还应打开示意灯，如汽车有双闪灯装置，则要打开双闪报警灯。

变更车道技巧与方法

变更车道时的驾驶步骤

驾驶车辆在多车道的道路上超越车辆、避让障碍、转弯、调头或停车需变更车道时，应注意观察道路交通状态，正确选择行驶车道和判断变更车道的时机，安全完成变更行驶车道的过程。如果操作欠妥，极易引发侧碰、侧剐事故。其操作方法如下：

步骤一：先开指示灯，确保安全。

变更车道前必须确认前、后及侧面各个方位都无障碍，然后打开转向指示灯示意，再次通过后视镜观察两侧道路上有无车辆超越，确认准备驶入的车道是否留有安全距离。

步骤二：先观察，后转向。

拨打转向盘前，应先用后视镜观察要进入的车道后侧的汽车动向，在不影响该车道内汽车行驶的前提下，少许转动转向盘，逐渐驶入所需车道。

步骤三：缓拨转向盘，适当减速。

在缓拨转向盘的同时，要适当减速，以减缓进入另一车道的速度，右脚要做好随时移向制动踏板的准备。但是不宜过于缓慢，长距离压线行驶会影响其他车辆行驶，一般情况应在 50～60m 的距离之间变更车道。

步骤四：右脚移向制动踏板。

如若与要进入车道内的汽车发生竞速且横向间距过窄时，已经在加速踏板上抬起的右脚应立即移到制动踏板上，并作适当减速，待险情消除后，再将右脚放回加速踏板。

步骤五：变更到相邻以外的车道。

若需变更到相邻以外的车道，应先变更到相邻车道行驶一段后，再变更到另一条车道。在车道分界线为实、虚线的路段，实线一侧的车辆严禁变更车道，如图 9-1 所示。

步骤六：变更车道后关闭转向指示灯。

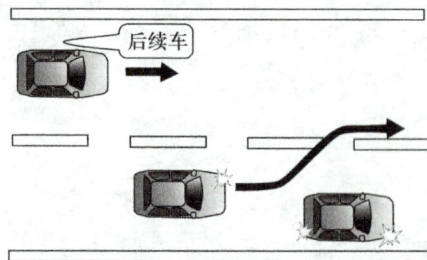

图 9-1

交叉路口变更车道

提前观察道路交通标志和路面标线，根据需要行驶的方向选择行驶车道，按导向箭头方向在进入实线区前驶入导向车道，如图 9-2 所示。

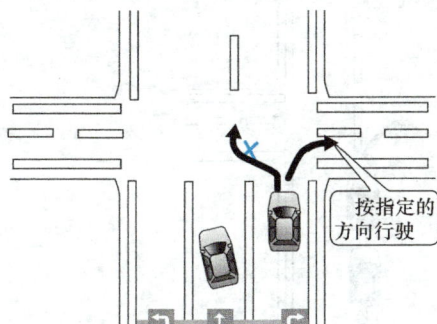

按指定的方向行驶

图　9-2

避让汽车变更车道

判断对面来车的速度和距离是降低速度还是停车，如果在自车道有停放车辆时，要让对面来车先行，如图 9-3 所示。

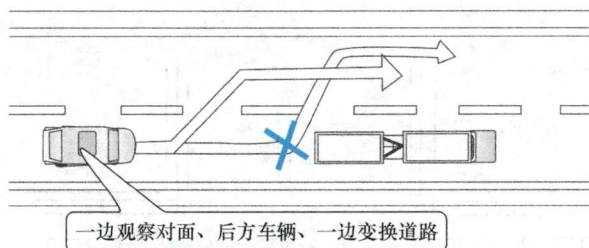

一边观察对面、后方车辆、一边变换道路

图　9-3

在单向二车道的道路上，先要看清后续车的速度和距离，再判断是先行还是等待，如图 9-4 所示。防止相邻的车道有来车阻滞变道而造成制动停车或强行变更车道，发生碰撞事故。

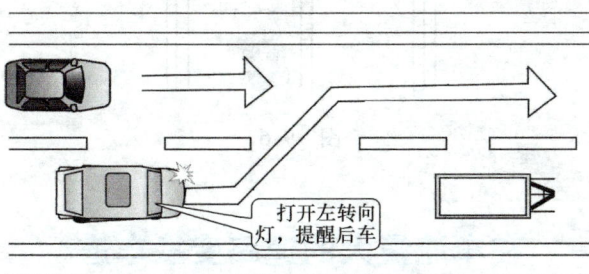

打开左转向灯，提醒后车

图　9-4

左转、右转变换道路

左转时，注意左后方的车辆的速度和距离，判断是加速变换道路还是减速变换道路，如图 9-5 所示。

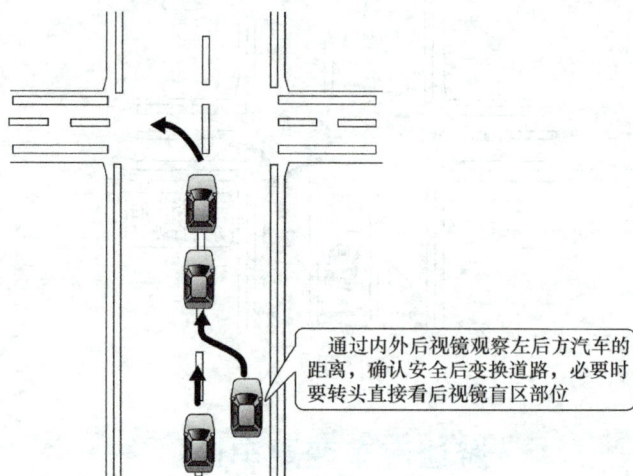

通过内外后视镜观察左后方汽车的距离，确认安全后变换道路，必要时要转头直接看后视镜盲区部位

图　9-5

右转时，要充分利用内外后视镜和眼睛直接观察确认右后方的安全后，再向右侧转弯，如图 9-6 所示。

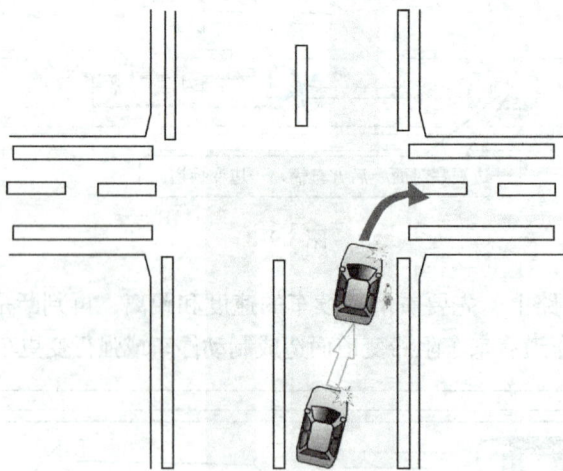

图　9-6

在车流量大的道路变换车道

打开转向指示灯，有时要用手示意，再看后车的反应。

后车速度降低，变换车道；后车速度不降低，不能变换车道，如图9-7所示。

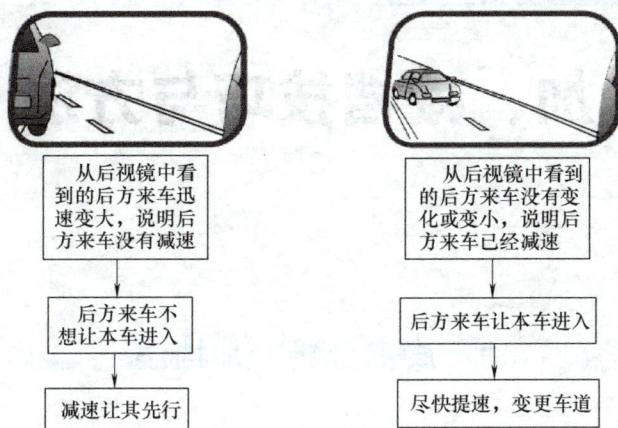

从后视镜中看到的后方来车迅速变大，说明后方来车没有减速	从后视镜中看到的后方来车没有变化或变小，说明后方来车已经减速
↓	↓
后方来车不想让本车进入	后方来车让本车进入
↓	↓
减速让其先行	尽快提速，变更车道

图 9-7

加、减档技巧与方法

"一脚离合器"加档法

1) 根据道路情况踏下或松抬加速踏板控制车速和发动机的转速，如图 10-1 所示。

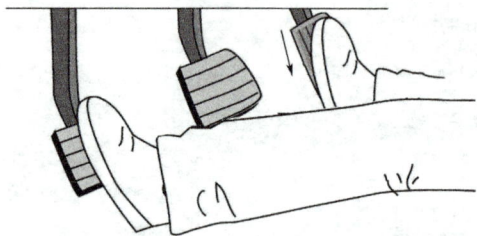

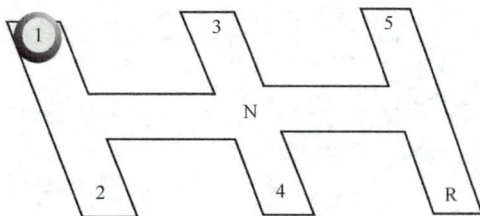

图 10-1

2) 根据车速掌握好换档时机，在松抬加速踏板、踏下离合器踏板的同时直接挂入高一级档位，如图 10-2 所示。

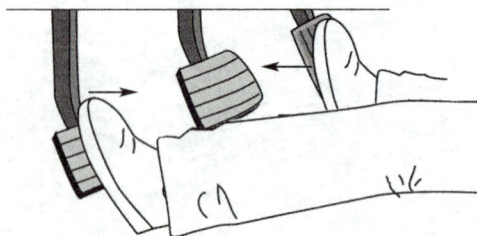

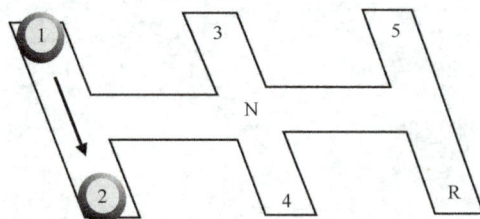

图 10-2

3) 操作时手脚应配合协调，否则会造成齿轮撞击声，如图 10-3 所示。

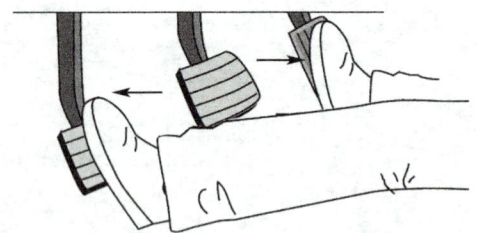

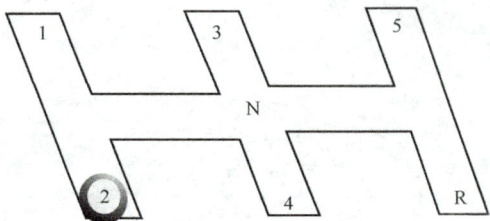

图 10-3

"两脚离合器"加档法

1）踏下加速踏板，将车速提到高一级档的最低时速，如图10-4所示。

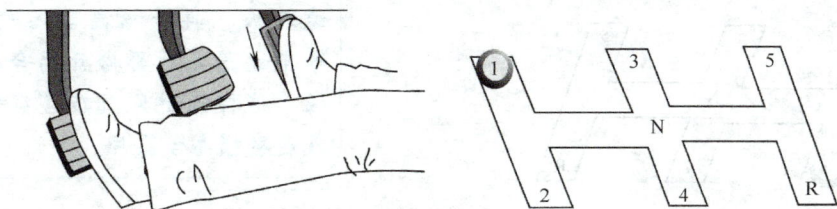

图   10-4

2）踏下离合器踏板，同时将变速器操纵杆拨到空档位置，再迅速松抬离合器踏板至半联动点，如图10-5所示。

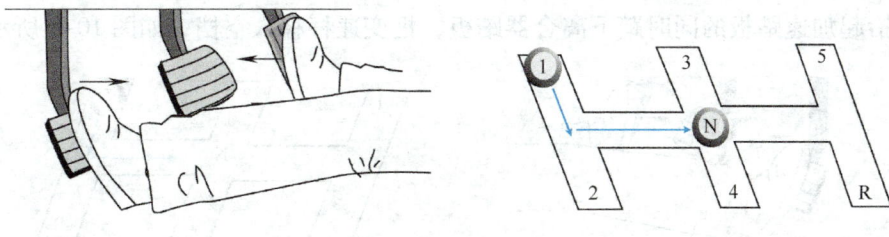

图   10-5

3）第二次踏下离合器踏板时，将变速器操纵杆移至高一级档位，如图10-6所示。

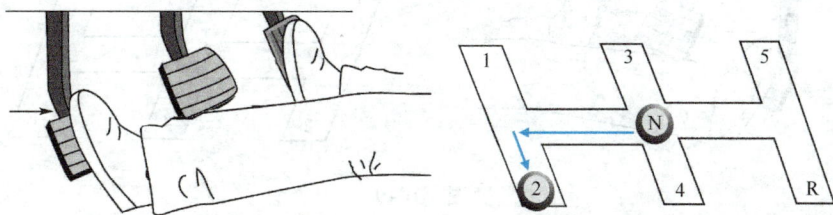

图   10-6

4）松抬离合器踏板，适量踏下加速踏板提速后再加档，如图10-7所示。

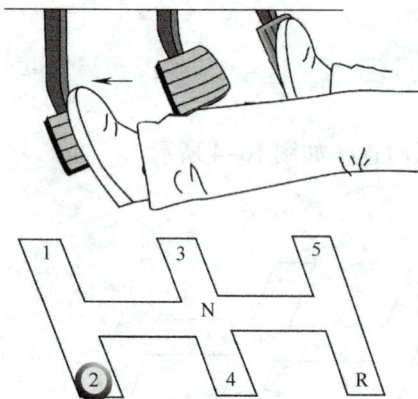

图 10-7

提醒您：

在加减档后，都应踩点加速踏板，再慢抬离合器踏板，等车速稳定后再松开离合器踏板，这样能避免汽车"突突"，或是磨损离合器片。

"两脚离合器"减档法

"两脚离合器"减档法，适用于变速器不带同步器和档位极差较大的汽车。

其操作方法和顺序为：

1）抬起加速踏板的同时踏下离合器踏板，把变速杆移入空档，如图 10-8 所示。

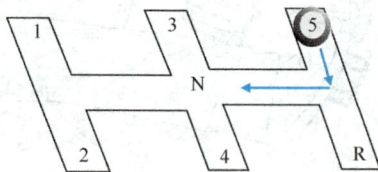

图 10-8

2）抬起离合器踏板，随即踏下加速踏板加"空油"，如图 10-9 所示。

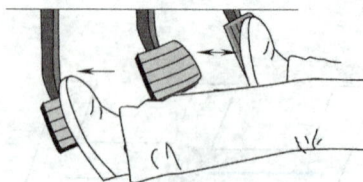

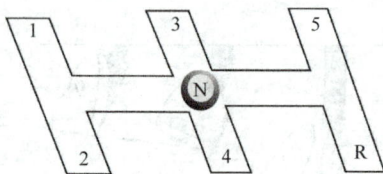

图 10-9

3）迅速踏下离合器踏板，将变速杆换入低一级档位，如图 10-10 所示。

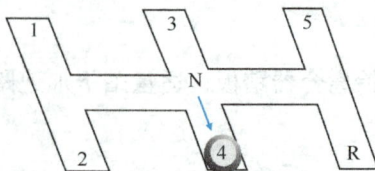

图 10-10

4）松开离合器踏板，同时踏下加速踏板，继续行驶，如图 10-11 所示。

5）若一次减档失败，可补加"空油"或减速后重新减档。

加"空油"时，应根据速度、档位、车型及装载情况灵活掌握。同一车速，档位越低，"空油"加得越大。换同一档位，车速快，加"空油"多；车速慢，加"空油"少，甚至可以不加"空油"。不同的档位，减速比差小的，可少加"空油"，减速比差大的，要多加"空油"，如图 10-12 所示。

图 10-11

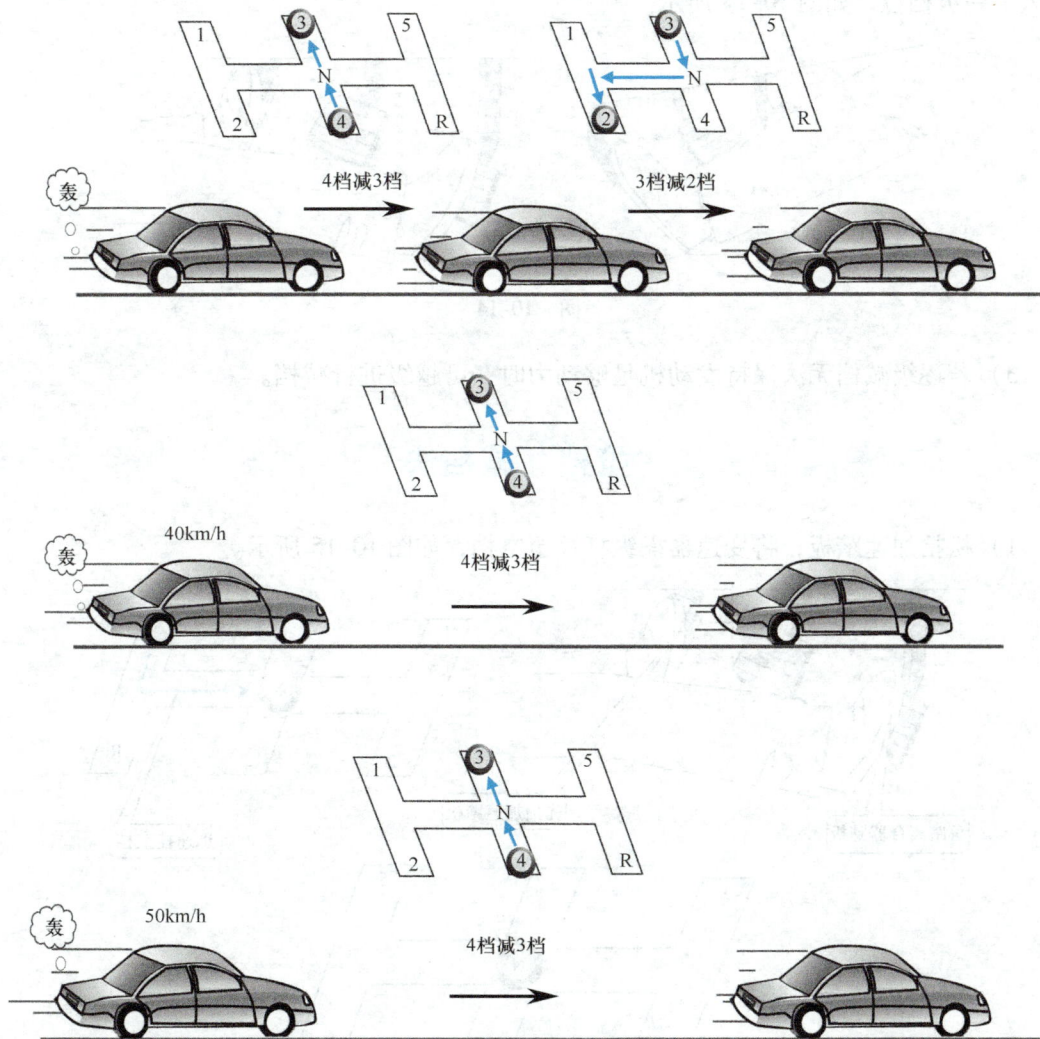

图 10-12

直接减档法

1）抬起加速踏板，利用发动机牵引或行车制动器进行减速，如图 10-13 所示。

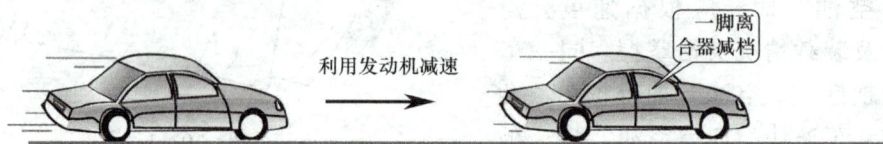

利用发动机减速

一脚离合器减档

图　10-13

2）车速低于所减档的最高速度时，采用"一脚离合器"，不加"空油"的方法直接减入下一级档位，如图 10-14 所示。

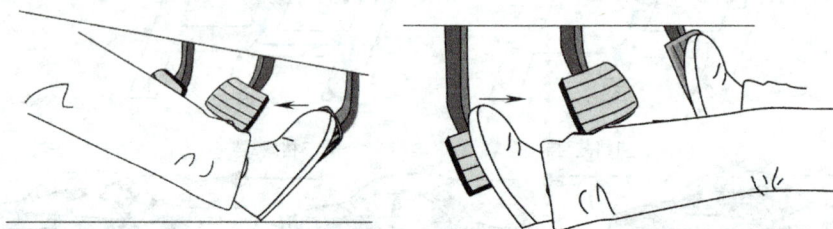

图　10-14

3）若逐级减档无法保持发动机足够动力时，可越级进行减档。

"抢档"减档法

1）松抬加速踏板，将变速器操纵杆移至空档，如图 10-15 所示。

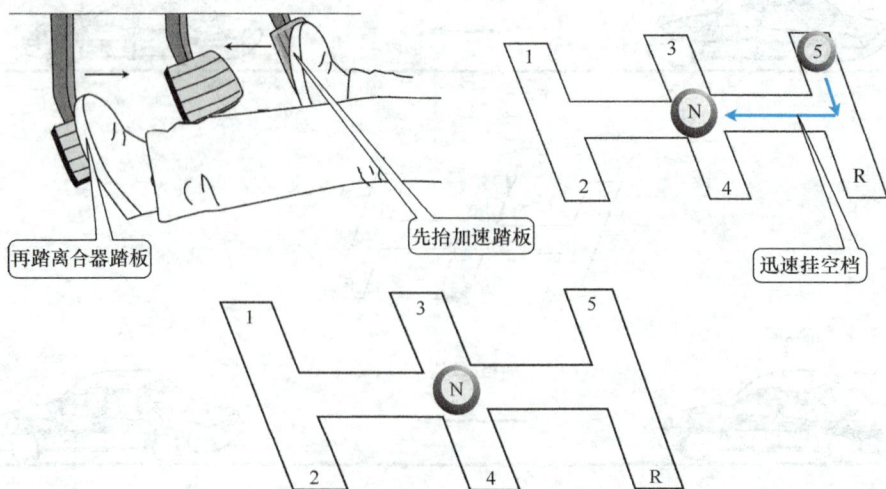

再踏离合器踏板

先抬加速踏板

迅速挂空档

图　10-15

2）松抬离合器踏板的同时，立即踏下加速踏板加"空油"，如图10-16所示。

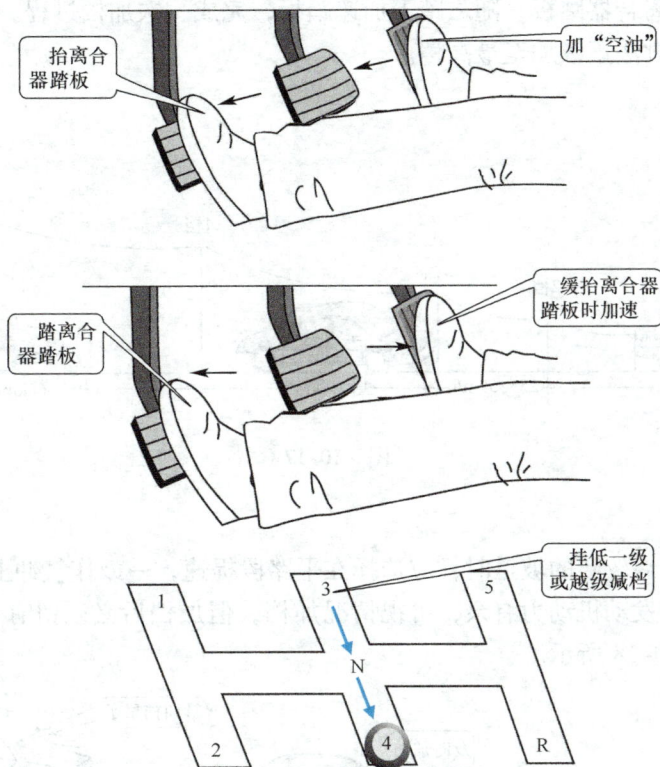

图　10-16

各种路况下加档的操作技巧

1. 平路加档

加档的关键是要掌握冲车要冲多长时间、加多大油门、速度冲到多快？下面分述这三个问题。

（1）冲车时间

一般由汽车性能和装载重量来决定。车身（含承载）较轻、汽车提速性能好，冲车时间就会越短，反之则越长。

（2）踏踩加速踏板的方法

此方法与车重、提速性能无关。在任何情况下，都要遵循缓踏、逐渐加力的方法使速度匀速递增，行驶平顺。

（3）冲车的速度

一般冲至上一档的低速程度就可以。平时，可用观察转速表指示或倾听发动机声音来把握。转速表指针指在大约2000r/min时，发动机运转最为轻松，这时是加档的最佳时机。

加档的操作方法（见图10-17）：

1）冲车后迅速抬起加速踏板，左脚踏下离合器踏板，右手推变速杆至空档位。

2）将变速杆拨入上一级档位。

3）左脚抬起离合器踏板，随之踏下加速踏板，完成一次加档过程。

4）以同样的方法逐级加至最高档。

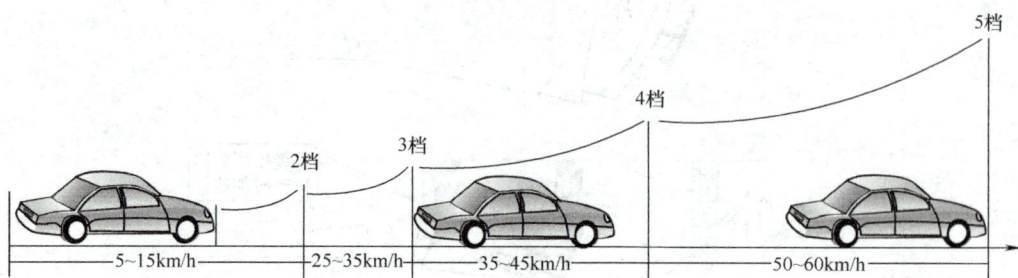

5档

4档

3档

2档

5~15km/h 25~35km/h 35~45km/h 50~60km/h

图 10-17

2. 上坡加档

在上坡途中或遇较陡的坡道时，应选择在平路段提速，一鼓作气冲上去。上坡尽量不要加档，如果觉得发动机动力有余，可视情况加档，但加档后必须留有足够的上坡动力、上坡加档，如图 10-18 所示。

动力还行　加速冲坡

及时加档　高于平路速度时加速

加档早了　低于平路速度加档动力不足

图 10-18

加档前的加速时间要比平路长，换档后应立即适量踏下加速踏板，使加档后汽车能保持足够的动力行驶。

重车上坡加档时，要余出比空车更大的动力，一档位时不得勉强加档，以免因操作不当或动力不足造成加档后无法正常行驶，甚至熄火、后溜。

3. 下坡加档

下坡加档应按一般加档要求操作，但加档前的加速时间要短，动作迅速、准确，空档一带而过，不要停留，必要时可使用行车制动器适当降速。

遇到较陡的坡路，加档前可不加速，或先用行车制动器将车速降至所在档的最低速后再加档，避免因车速太快而无法加档，如图 10-19 所示。

重车下坡时惯性较大，可使用行车制动器先降速再加档，以防踏下离合器踏板后，造成车速过快而不易操作。

4. 转弯后加档（见图 10-20）

转弯前，根据弯道地形减速、减档，减档使汽车应保持足够动力。

使用行车制动器控制车速

应用行车制动器控制车速

车速已加快，减速需要时间，加档难度增大

图　10-19

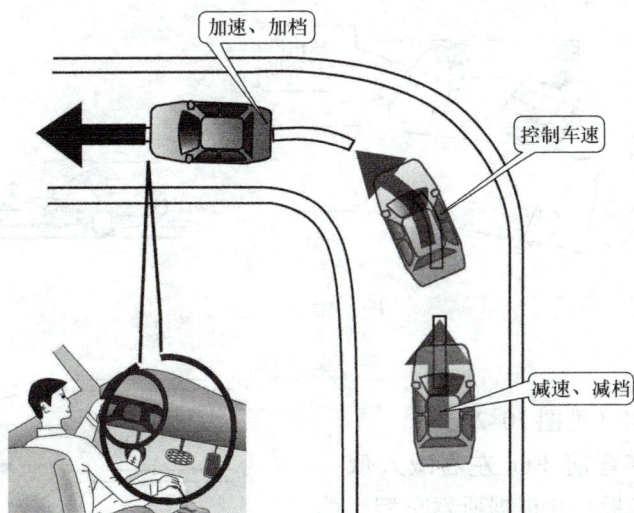

加速、加档

控制车速

减速、减档

图　10-20

转弯中，控制车速，尽量保持转弯后有足够的动力加速。

转弯后，根据车速要求及时加速，适时换入高一级档位，继续行驶。

各种路况下减档的操作技巧

1. 平路减档

平路减档时，应用"两脚离合器"及中间加"空油"的方法进行；变速器带同步器的汽车，可在降速后直接减档，如图 10-21 所示。

减档后，慢抬离合器踏板，并适度踏下加速踏板，使其平稳接合，避免因发动机转速与汽车惯性速度相差太大，造成减档后车速急剧下降，从而加剧机件磨损或损坏。

重车应根据车型和载客（货）情况，减档比空车适当地提前，不可延至汽车乏力时再进行减档。客车减档时，操作平稳，使乘客无不适或不安感。

2. 转弯减档

转弯时，一般情况下都需降低车速减档。转弯减档包括转弯前、转弯中和转弯后

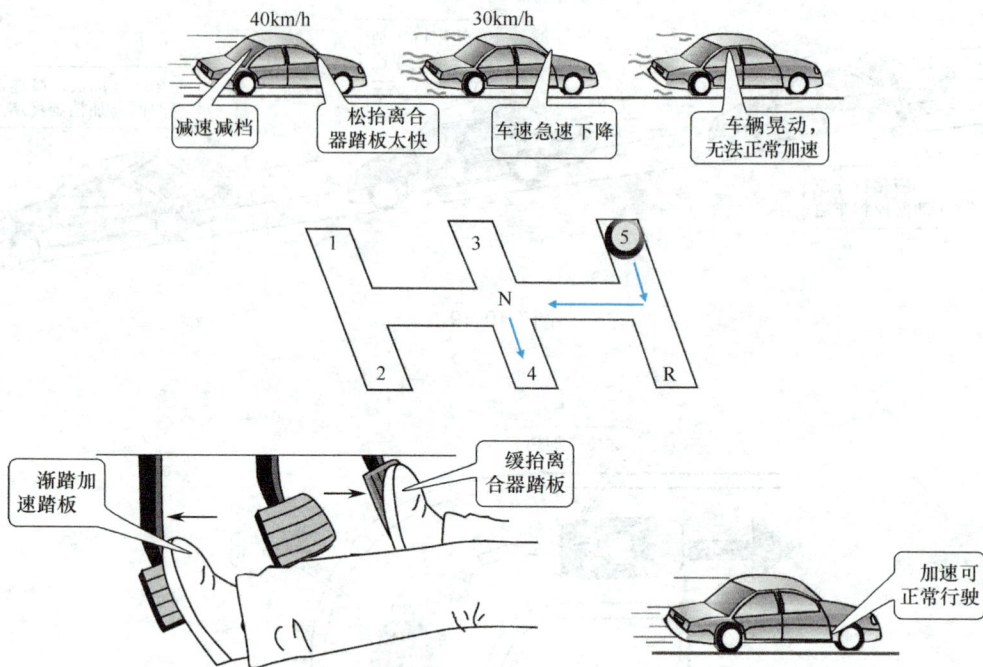

图 10-21

减档。

（1）转弯前减档（见图10-22）

转弯前，应在转弯前30m左右减入低一级档位，抬起加速踏板，并根据所驾车型、载客（货）情况的需要使用行车制动器逐渐减速。

距离弯道或路口15m左右时，按减档的操作方法进行减档后进入弯道或路口。

（2）转弯中减档（见图10-23）

转弯处道路宽阔、交通情况良好，汽车进入弯道后，感到动力不足需要减档时，左手握稳转向盘，右手迅速将变速器操纵杆减入低一级档位。减一级档位无法保证汽车正常行驶时，可根据需要越级减档。转弯中减档，难度较大，应根据所驾车型掌握减档时机，不宜在条件不允许的情况下勉强减档。

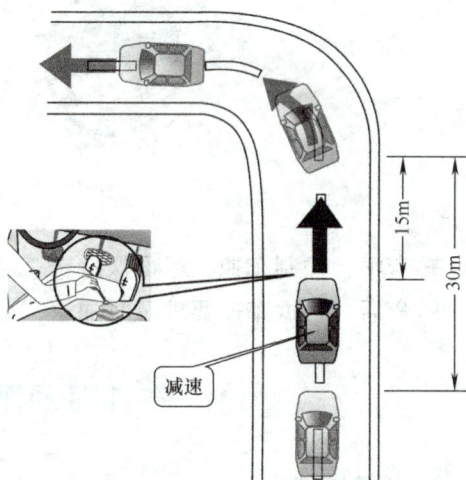

图 10-22

（3）转弯后减档（见图10-24）

汽车转弯后，因实际情况或道路条件所限而制动后，虽然汽车动力不足，但能用余速行驶时，可不减档。通过弯道或路口后，根据速度和道路情况进行减档。

3. 上坡减档

汽车上坡行驶感到乏力时，应及时逐级减档。上坡减档除按一般的减档要领操作，还

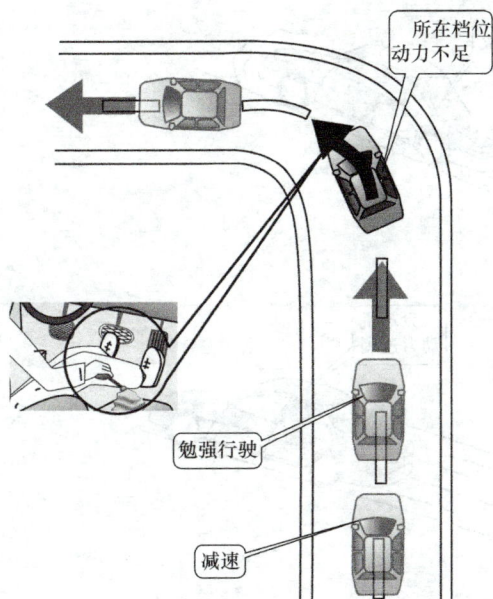

图　10-23

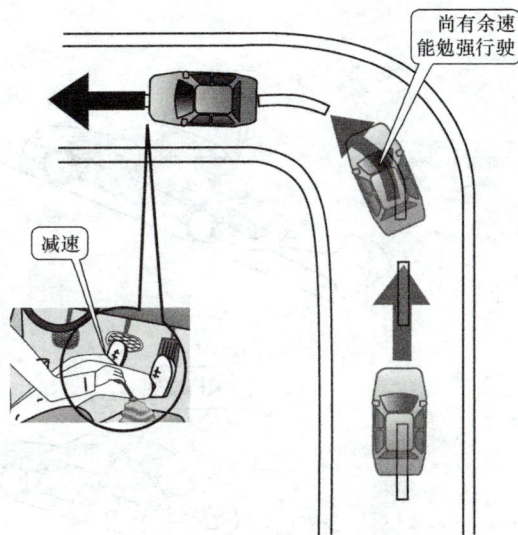

图　10-24

要掌握适当的减档时机，动作迅速、准确，减档后要在离合器踏板抬至半联动的同时踏下加速踏板，如图 10-25 所示。

图　10-25

　　上坡时车速降低较快，减档要有一定的提前量，坡度越大，提前量应越大。减档过早，动力不能充分利用。减档过晚，会造成动力不足甚至停车熄火，如图 10-26 所示。

　　上坡减档，可使用"一脚离合器"快速换档法，减档的过程中，几乎没有间歇时间，需要动作上的周密配合，做到连贯、敏捷、协调、准确。重车遇特别陡的坡道，可根据车速进行越级减档，如图 10-27 所示。

　　上坡若车型、地形、交通情况许可，应在上坡前适当距离加速冲坡，尽量提高车速，以减少减档次数，如图 10-28 所示。

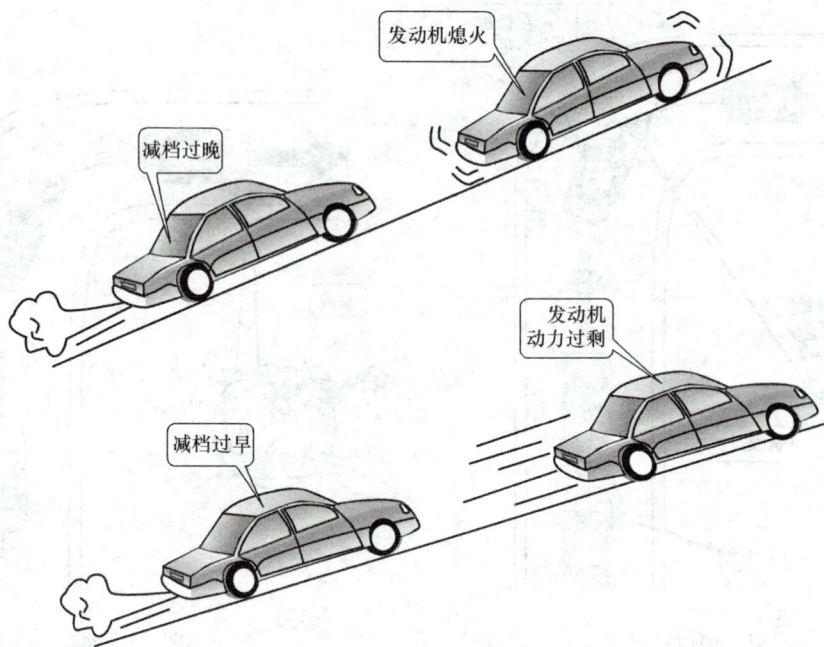

图 10-26

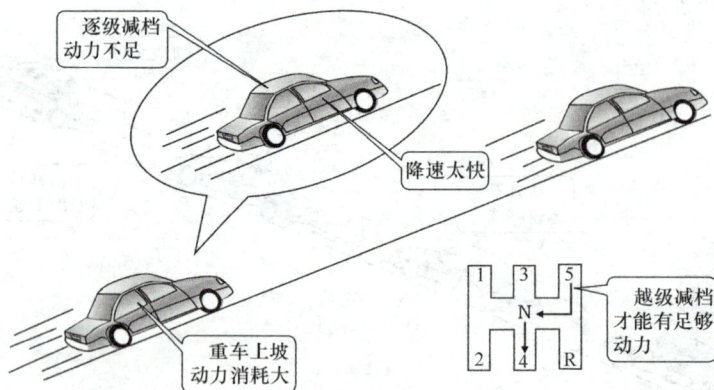

图 10-27

图 10-28

4. 下坡减档

下坡途中，由于惯性作用，车速急剧增加，需减档行驶时，一般应采取制动减速后再减档的方法，如图 10-29 所示。

图　10-29

下坡行驶，要求动作快，尽量缩短减档时间，如图 10-30 所示。遇到制动失效或不宜使用制动器时，应采用"抢档"法，将高档迅速换入低一级档位，以利用发动机的牵阻作用强制降低车速。

图　10-30

选择加、减档时机

汽车起步之后，随着发动机转速增加，配合不同车速，换入相应档位。

1. 选择加档时机

凭感觉观察车速和听发动机声音来决定是否加档。一般情况下，低速档转速比大，车速兼容性小；高速档转速比小，车速兼容性大。以 5 档手动变速器的汽车为例，通常情况下，起步后当车速低于 20km/h 时应选择 2 档，当车速为 20~40km/h 时选择 3 档，当车速在 40~60km/h 之间时挂入 4 档，如果车速超过了 60km/h 就可以挂入 5 档了。那么，要把握好加档时机必须注意以下几点：

1）变速杆移动位置要准，动作要连贯，以免延误加档时机。

2）防止冲车不足（加档后动力不足或拖档），又要防止过度冲车（无畏地消耗动力、浪费燃料）。

3）加档时"两脚离合"中间的停顿应根据冲车时间的长短和节气门的大小而定。加档

时间长、节气门大，可明显停顿一会；加档时间
短、节气门小，稍停即可。

2. 选择减档时机

减速换档原理相同，但应注意当车速过快
时，先将车速降低到相应范围内，然后再适时地
变换档位。减档在原档位已感到动力不足，减至
下一级档位动力尚有余地能保证汽车正常行驶为
最佳，如图 10-31 所示。

提醒您：

减档后，若感到车速太快，
应缓慢、有节奏地松抬离合器
踏板，切忌将离合器踏板迅速
抬起。

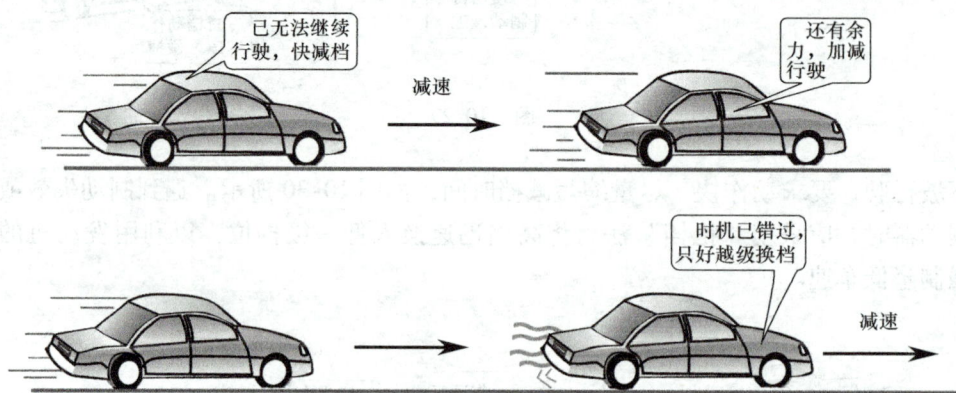

已无法继续行驶，快减档

还有余力，加减行驶

减速

时机已错过，只好越级换档

减速

图 10-31

如果减档时机过迟，会因动力不足，造成传动系统抖动从而加速机件的损坏。如果减
档时机过早，会使低速档使用时间过长，使汽车的经济性变差，如图 10-32 所示。

减档

已错过减下一级档的时机

越级减档

图 10-32

转弯技巧与方法

汽车转弯时，应认真观察道路及交通情况，根据道路宽度、弯度的大小，合理控制车速，选择行驶路线，正确把握转、回转向盘的时机，及时正确地处理交通情况，确保行车安全。

提前开启转向灯

向左转弯、向左变更车道、准备超车、驶离停车地点或者调头时，应当提前开启左转向灯，如图 11-1 所示。

向右转弯、向右变更车道、超车完毕驶回原车道、靠路边停车时，应当提前开启右转向灯，如图 11-1 所示。

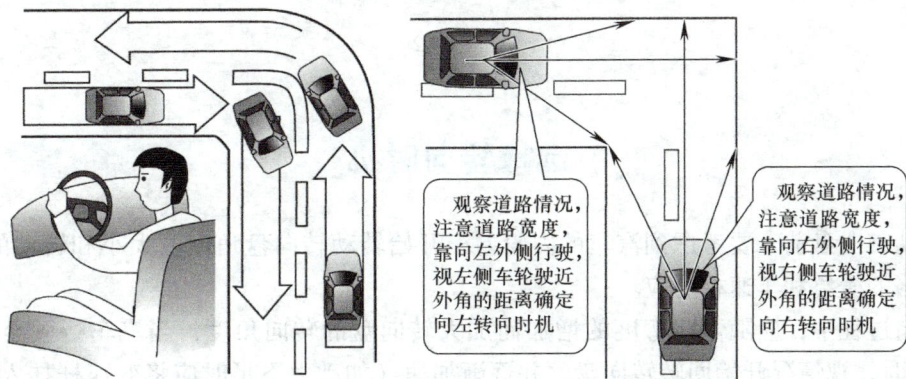

观察道路情况，注意道路宽度，靠向左外侧行驶，视左侧车轮驶近外角的距离确定向左转向时机

观察道路情况，注意道路宽度，靠向右外侧行驶，视右侧车轮驶近外角的距离确定向右转向时机

图 11-1

转弯时提前减速

汽车转弯时，要提前减速。减速的程度要根据路面的宽窄、弯度的大小、汽车的装载和交通情况而定。道路宽、弯度小、汽车重心低时，速度可适当快些，反之，速度应慢些。在路口转弯时，汽车进入路口前的速度，应该控制在 30km/h 以内，并随时做好停车的准备。

汽车通过弯路时，汽车驶入弯路前应松抬加速踏板，视情况辅以踏制动踏板减速行驶进入弯路。进入弯路后，循弯路路线转动转向盘，保持汽车靠右匀速行驶。当看清前方情况并确认安全（汽车将驶出弯道）时，轻踏加速踏板，加速驶出弯路，如图 11-2 所示。

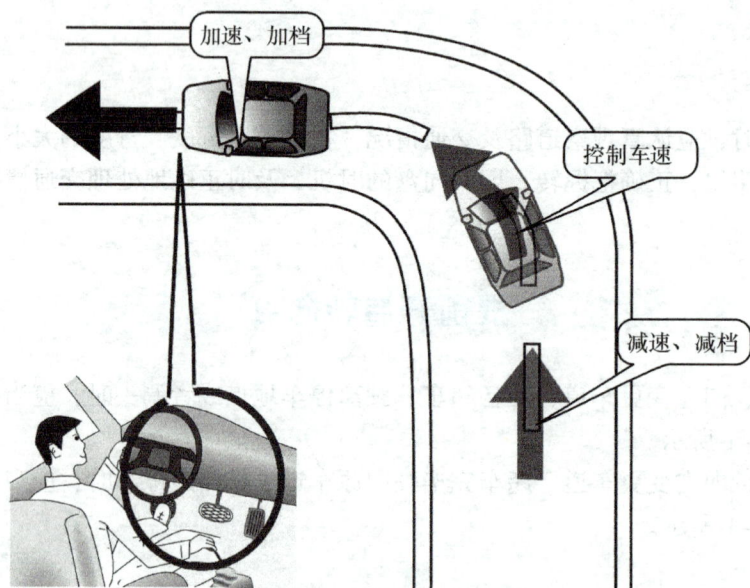

加速、加档

控制车速

减速、减档

图　11-2

选择转向时机

转动转向盘前，要考虑到汽车的内轮差，开始转动转向盘角度的大小和转动的快慢，应与弯路的缓急和车速相适应。

转向过程中，应随弯路弯度的增加而加大转向盘的转向角度，当汽车行驶至弯路的1/2左右时，视情况开始回转转向盘，并逐渐加速（如动力不足时应将变速杆挂入与车速相适应的档位）驶出弯路。

选择转弯路线

弯路行驶时，驶入弯路前行驶在哪个车道，驶出弯路后还应行驶在那个车道，转弯中途不得变道和出现"蛇行"现象，如图 11-3 所示。

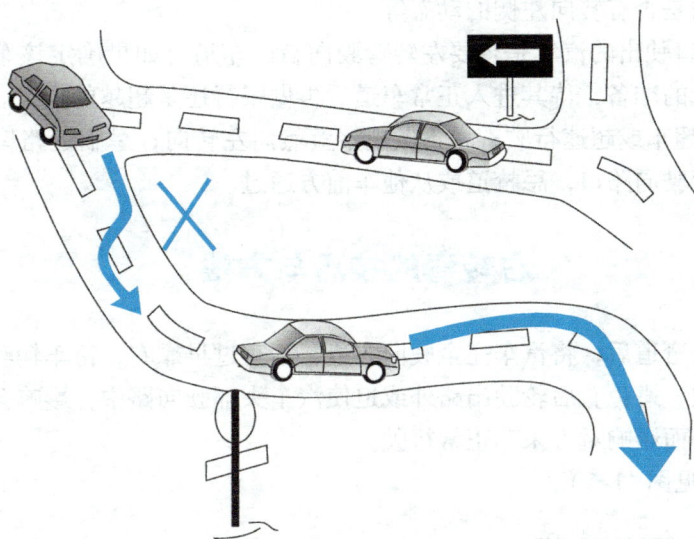

图 11-3

左转弯的技巧与方法

左转弯时，汽车应大转弯行驶，但要注意避免右前车轮驶出路外。在没有划中心实线的道路上，如视线清楚且对方无来车时，可适当居中行驶，如图 11-4 所示。

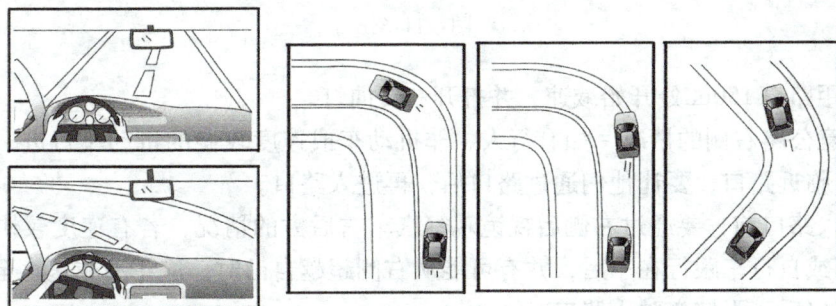

图 11-4

操作如下：

1）在距路口 200m 处开始减速，并开启左转向指示灯。

2）注意观察前方、后方和周围的情况。

3）确认前方无来车时，可以适当偏左行驶，即小转弯。向左缓打方向，转向盘的转动角度应小一些，取斜线驶向路口，注意右前轮不得驶出路外。

4）如有从路口驶出的汽车，应适当调整行驶方向和行进速度避让。

驶入左侧路口的注意事项：

1）注意前方同向行驶的汽车有无左转弯意图，重点注意前车减速的幅度大小，有无开左转向灯，方向是否有转向左侧的动态等。

2）注意从路口驶出的汽车是否要左转弯驶向自己车道。如果确定该车左转，就要立即减速，做好避让的准备，待其进入正常车道后再做跟行还是超越的决定。

3）五忌：忌超车或超速行驶；忌不做观察贸然向左转向；忌临近路口才突然制动减速；忌取直角转弯驶向路口；忌抢道或从他车前方通过。

右转弯的技巧与方法

待汽车已驶入弯道后，将汽车完全驶向右边，不宜过早靠右，待车辆驶入弯道后，再把车逐渐靠右行驶，避免右后轮驶出路外或迫使汽车头部驶向路中，影响会车。无特殊原因不得驶过路中心而影响对方来车正常行驶。

操作如下：（见图 11-5）

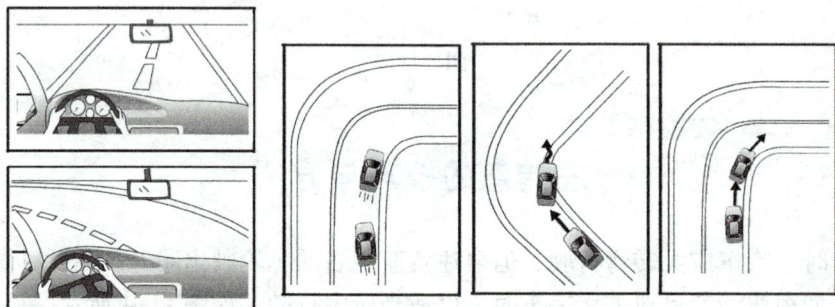

图　11-5

1）在距路口 150m 处开始减速，并打开右转向灯。

2）注意公路右侧的情况，如有行人、非机动车或速度较慢的机动车行进，应在路口前超越，若临近路口，要让他们通过路口后，再进入路口。

3）驶入路口前，要通过右侧后视镜观察汽车右后方的情况，若有速度较快的小型汽车、摩托车或自行车跟行在车后，并有可能从右侧超越自己时，应主动减速直至停车，让他们驶过路口后，再转弯驶入路口。

驶入右侧路口的注意事项：

1）从右侧路口驶出的汽车右转时，尽量不要超越行驶。必须超车时，要注意观察后视镜车后和车左的道路情况，若有汽车正在超越自车时，应主动避让，待其超越后，再超越右侧刚上路的汽车。

2）从右侧路口驶出的汽车左转时，要主动减速避让，不可从该车前强行绕过。

提醒您：

通过右侧路口时，不要在右侧路口附近超车、左转弯车前绕超或与对面来车抢道。

在视线不良的弯道转弯的技巧与方法

1）减速。为便于观察弯道或道路两侧的情况，应避免造成转向过急而引起汽车不稳定，如图11-6所示。

2）鸣号。示意行人注意及时避让，尤其是视线盲区，观察不到弯道另一端的情况时。

3）靠右行驶。避免因驶入逆行道与对面来车（盲区内）相撞。

图　11-6

急转弯的技巧与方法

1）减速沿道路外侧缓慢行驶，如图11-7所示。

图　11-7

2）一般在车头转过内角点时，迅速转向，一次完成。

3）汽车不能通过时，应延迟转向时间，用倒车的方法调整车位后再继续行驶。

转直角弯的技巧与方法

1）判断路面宽度，降低车速缓慢行驶。

2）若通过约 7 米宽路面的直角弯时，如果是向右转，应在道路中心线行驶，当车头接近内角点约 1 米处时，应迅速向右转动转向盘，车头朝向新方向时，回正转向盘，正直前进，如图 11-8 所示。

图 11-8

3）如果是向左转向，应靠道路的右侧行驶，待车头接近内角点时开始转向，车头朝向新方向时，逐渐回正转向盘，正直前进。

连续转弯的技巧与方法

1）提前减速并换入低速档，保持均匀的车速行驶。

2）通过第一个转弯时，应及时观察第二个弯路情况，选择正确的行驶路线，按照左、右转弯的要求通过。

3）道路较窄时，转弯前应注意摆位（右转需向左摆位，左转需向右摆位），转弯时要控制好转、回转向盘的时机及转向角度与车速的配合，适时鸣喇叭。

提醒您：

转弯过程中，应尽量避免紧急制动及不必要的换档操作。

4）认真地观察和正确确定行驶路线，是安全通过的保证，如图 11-9 所示。

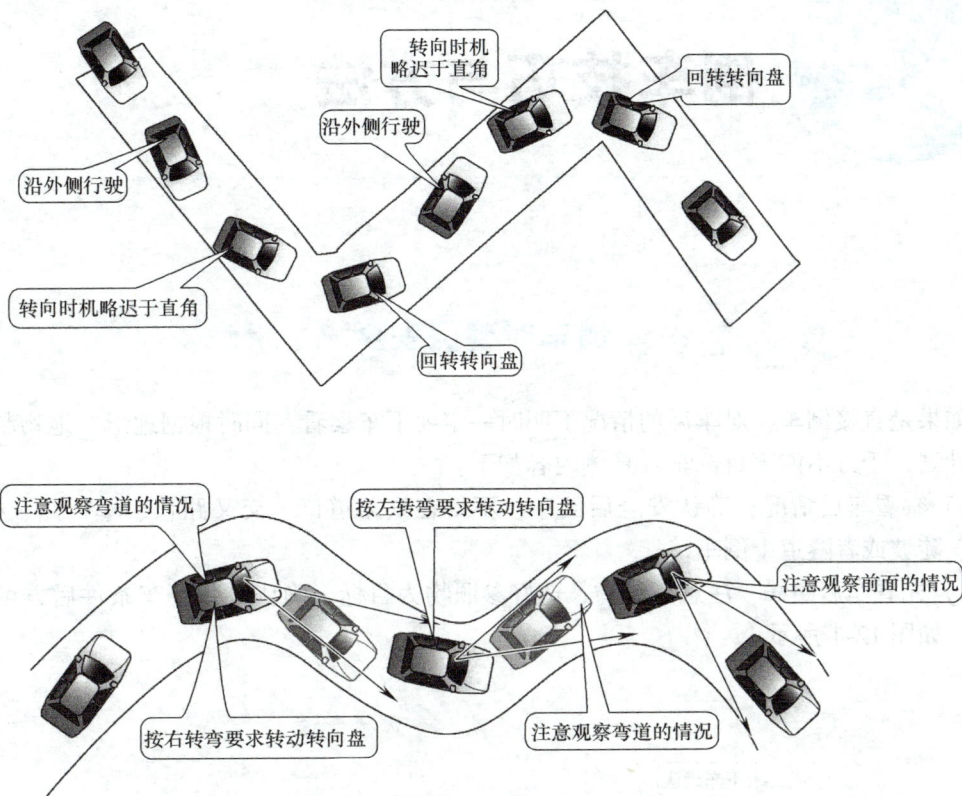

转向时机
略迟于直角

沿外侧行驶

回转转向盘

沿外侧行驶

转向时机略迟于直角

回转转向盘

注意观察弯道的情况

按左转弯要求转动转向盘

注意观察前面的情况

按右转弯要求转动转向盘

注意观察弯道的情况

图 11-9

十二、

倒车技巧与方法

倒车时确保安全

如果是直接倒车，对车后的情况不明时一定要下车察看，同时根据地形、地物制订好倒车计划，千万不能盲目倒车。具体内容如下：

1）察看车后情况，确认安全后倒车；不得在铁路道口、交叉路口、单行路、桥梁、急弯、陡坡或者隧道中倒车。

2）先看车后路线，注意障碍物，选好参照物为目标，确认具备倒车条件后方可进行倒车，如图12-1所示。

图 12-1

图 12-1（续）

3）根据需要采取相应的倒车姿势，选好目标，发出倒车信号，起步时的车速要慢，随时做好停车准备，一旦出现险情立即停车。

4）倒车过程中，要及时修正方向，控制好车速，防止倒车乏力而熄火或因倒车过猛造成危险。

5）倒车时，应注意车前的情况，尤其是转动转向盘时，应注意避免汽车碰到障碍物。

6）危险地段确需倒车时，应认真观察地形条件，选择好行驶路线和固定目标，必要时应请人在车外指挥，切忌盲目倒车。

7）如果驾驶客车，倒车时，由于客车后视窗位于车的最后端，后视方位的估计也发生了变化，倒车时可观察两侧后视镜。

8）大型客车倒车要注意其高度、宽度和长度，尤其是双层大客车在低空障碍物较多的地方倒车更要注意高度限制。

3 种倒车姿势

倒车时，驾驶员要根据自己所驾驶汽车的外廓、装载宽度与高度、交通环境、道路条件、视线等选择倒车姿势和相应的倒车目标。

1. 注视后窗倒车（见图 12-2）

1）左手握转向盘上缘，上身向右侧转，下身微斜。

左手握住转
向盘的上部

图　12-2

2）右臂依托在靠背上端，头转向后窗，两眼注视后方目标。

3）根据车厢后挡板（或后视窗）中心线或车厢后角与选定目标的间距进行倒车。

2. 注视侧方倒车（见图 12-3）

将头伸出

左手握住转向盘

图　12-3

1）左手握住转向盘。

2）从驾驶室向左转头，向后注视目标。

3）根据汽车后轮、车厢边缘或车厢后角与所选目标接近的情况进行倒车。

3. 注视后视镜倒车（见图 12-4）

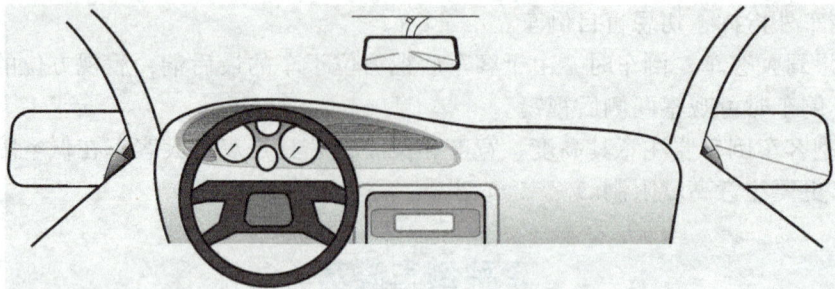

图　12-4

1）两手握好转向盘。

2）身体端坐在驾驶室中，两眼通过后视镜注视目标。

此方法是在道路右侧右转弯倒车时采用的，通常选择右侧后视镜中出现的路沿、树木等的影像为目标。依据车身的边缘或右后轮的影像与所选目标影像之间的空隙进行倒车。

平路上倒车

了解观察车后的道路和环境情况，确知倒车的稳妥范围后方可进行倒车（见图12-5）。

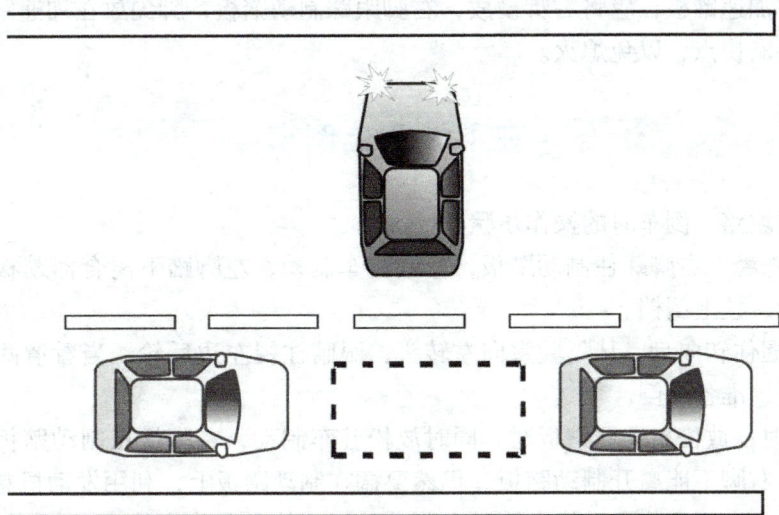

图 12-5

1. 注视后视镜倒车

两手握好转向盘，身体端坐在驾驶室中，两眼通过后视镜注视目标，然后将变速杆挂入倒档，按前进起步的操作顺序进行倒车起步。

2. 转向盘的运用

要使汽车向右一点，转向盘向右打。当车轮靠近右侧路边时，向左回转转向盘，然后回正。直线倒车时，从驾驶室向左转头，向后注视目标，左手握住转向盘上端修正方向，一般是让汽车左后轮沿着左边路边后倒行驶。

3. 稳住加速踏板

在倒车行驶中要稳住加速踏板，控制车速，不可忽快忽慢，既要防止加油过小而熄火，又要防止因加油过大造成车速过快而发生危险。

4. 随时做好制动停车准备

倒车时，要随时做好制动停车的准备，如感到有危险，应立即停止，弄清情况后再倒车。

在上坡路上倒车

汽车上坡倒车时，因坡道阻力大，利用怠速是不能将汽车倒上坡道，必须脚踏加速踏板，才能克服阻力，顺利将汽车倒上坡道。操作步骤：

1）将变速杆换入倒档，离合器踏板放一半，使之刚好接合。

2）稍踏加速踏板，放松制动踏板，汽车停在原地不进也不退。

3）左手握住转向盘，从驾驶室向左转头，两眼观看汽车左后轮起步。

4）起步后，两眼注视汽车左后轮沿公路边的行驶路线，当发觉车轮斜行时，应修正方向，使汽车成直线后倒。

5）当倒到坡顶需要停车时，离合器踏板与制动踏板要同时踏下，但踏制动踏板时，右脚不能放掉加速踏板，应将右脚横放，右脚跟踩制动踏板，脚尖放在加速踏板上，但踏离合器踏板要略快点，以免熄火。

在下坡路上倒车

汽车在下坡路上倒车时的操作步骤：

1）将车停稳，右脚踩住制动踏板，拉紧驻车制动，左脚踏下离合器踏板，将变速杆推入倒档位置，挂上倒档。

2）左手握住转向盘，从驾驶室向左转头，眼睛注视左边后轮。当看清两头没有来车或其他物件时，准备后倒。

3）起步时，放松离合器踏板时，同时放松驻车制动，右脚松点制动踏板，汽车就起步后倒了，但右脚不能离开制动踏板，仍然要搁在制动踏板上，利用发动机怠速缓缓使汽车后倒，如果汽车后倒速度过快，则踏点制动踏板，使汽车减速。

4）汽车左后轮向左或向右偏斜行驶时，右手不能松开转向盘，应握扶稳住，向左或向右稍许打一点转向盘，向左打时，向下拉动转向盘；向右打时，应用右手的力量向右拉，转向盘不能打得过多，稍微打一点就可以了，应快转快回。当车轮行驶在合适位置时，就握住转向盘不动，让汽车成直线沿道路边缘一直后倒。

5）当汽车倒退到目的地时，立即踏下离合器踏板，并迅速踏死制动踏板。当汽车停稳后，拉紧驻车制动，熄灭发动机，将变速杆挂入前进低速档，然后下车，将汽车后轮塞住，防止汽车后溜。

转 弯 倒 车

汽车行经弯道时，因路面受阻，无法通过，又不能调头，只好将车倒到宽敞的地方去调头，所以要将汽车倒过弯道，弯道倒车因视力受阻，比较困难，倒车时要慢行车，快转向，同时注意车前车后的情况，尤其是倒车绕过障碍物时要特别注意防止前外侧的车轮或翼子板撞碰障碍物等类似事故的发生，如图12-6所示。

在道路右侧右转弯倒车时，应选用右侧后视镜中出现的路沿、树木等的影像为目标，根据车身的边缘或右后轮的影像与所选目标影像之间的空隙进行倒车。

在道路左侧左转弯倒车时，应左手握住转向盘，从驾驶室向左转头，两眼向后注视左后轮后退路线倒车。

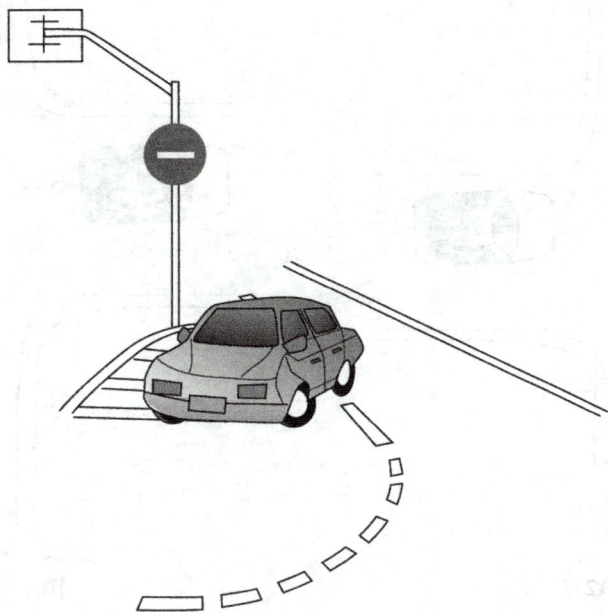

图 12-6

交叉路口倒车

路口调头适用于交叉路口、道路岔口、院门口等处。调头前根据路口条件，可采取直行右转弯倒车和左转向右倒车的方法：

1. 直行右转弯倒车调头

汽车降速后沿道路直行驶过右侧路口后，平稳停车（驶过路口少许），停车后要求右侧车轮距路边在 0.30～0.50m 范围之内，车正轮正。挂倒档起步后，直线倒车，当右后车轮驶至路沿圆弧切线处时，向右转动转向盘，通过后视镜观察，使车后轮沿右侧路沿保持均等距离退入右侧路口，待汽车退入路口，回转转向盘停车。然后开左转向灯，起步并向左转向逐渐加速驶离路口，关闭转向灯，如图 12-7 所示。

2. 左转向右后倒调头

汽车驶入路口前减速的同时开左转向灯，向左转向驶入左侧路口右侧停车，关闭转向灯。停车后要求右侧车轮距路边在 0.30～0.50m 范围之内。挂倒档起步后，直线倒车，当右后车轮驶至路沿圆弧切线处时，向右转动转向盘，通过后视镜观察，使车后轮沿右侧路沿保持均等距离退入右侧路口，待车位退直，回正转向盘停车。然后挂起步档，起步加速直行驶离路口，如图 12-8 所示。

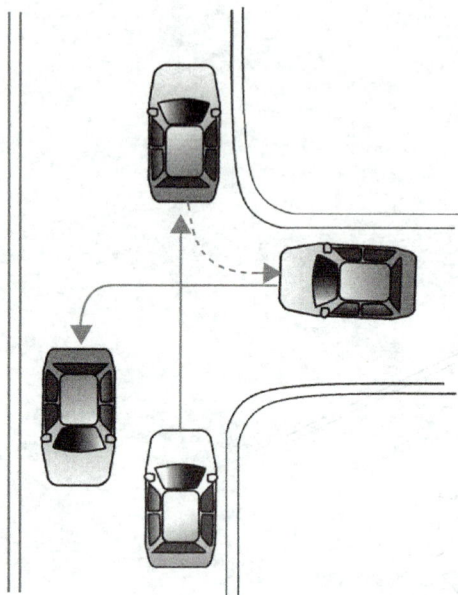

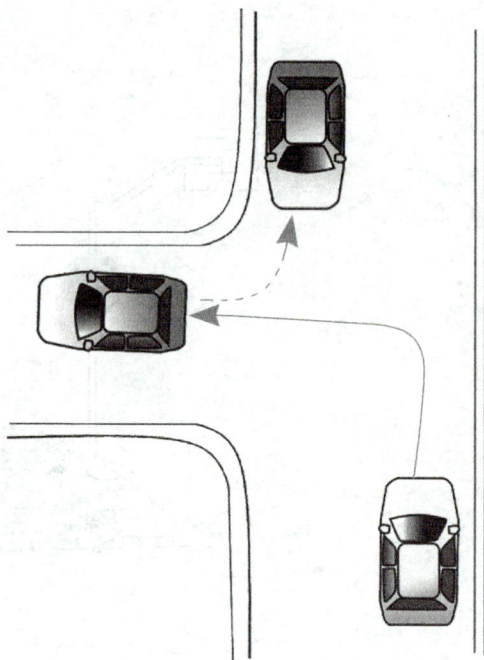

图　12-7　　　　　　　　　　　　　图　12-8

选好调头地点

1. 不宜调头的路段或地点

1）道路车流量较大的路段。

2）繁华街道，行人较密集的路段。

3）窄路、坡道、存在盲区的路段。

4）设有禁止调头标志的地点。

5）涵洞、隧道、桥梁、铁路道口、人行横道
附近等。

2. 选择宽敞的广场或设有调头标志的地点

争取顺向一次性调头。在设有调头标志的地点调头，其方法是：

1）开启左转向灯，并观察左后方情况，将汽车变线到左侧车道。

2）行至调头标志点路口时，注意观察道路左侧情况，在没有对面来车的前提下，将
车左转到公路左侧。

3）继续左转，完成180°转弯。

3. 选择车流量较少的交叉路口

其方法是：

1）进入此路口前，打开左转向灯，放慢速度，边行边观察前后左右的道路情况。

2）情况允许时，在交叉路口中央向左转向180°，一次性完成调头。

提醒您：

在带坡度的路段掉头，每次停车都要拉紧驻车制动，以防溜车。

4. 选择右侧有支线的路口调头

其方法是：

1）驾车驶过支线路口，并靠路右停车。

2）将变速杆挂入倒档，开启右转向灯，一边观察一边将车倒入右边路口内，回正方向，将车停住。

3）开启左转向灯，观察左侧道路情况，确认安全后，向左转弯完成调头。

5. 选择左侧有支线的路口调头

其方法是：

1）开启左转向灯，将车开进支路口，然后停车。

2）开启右转向灯，将变速杆拨入倒档，起步后一边倒车、一边观察。

3）将车倒入干线路右侧后停车，完成调头。

6. 选择有平面或立体环岛处调头

其方法是：

1）临近环岛时，开启左转向灯，驾车逆时针方向沿岛旋转。

2）待车头折回时，开启右转向灯（立体环岛无需开灯），完成调头。

顺车与倒车调头相结合的驾驶技巧

1. 一次顺车调头

在较宽阔的道路上，应尽量地应用大迂回一次顺车调头。此法迅速、方便、经济、安全。如在有交通指挥人员的地方，事先发出调头信号，得到指挥人员的许可并示意后，降低车速用低速档，鸣喇叭慢车行驶调头。

一次性顺车调头包括一次性路口调头和一次性公路调头，适用于较宽阔的交叉路口和宽阔的路段。

（1）道路上一次顺车调头（见图12-9）

图 12-9

在道路上进行一次顺车调头时，首先降低车速开右转向灯，使汽车驶向道路右侧

（尽量靠近路边），挂入低速档，打开左转向灯，观察后视镜及附近交通情况，确认安全后，迅速向左转动转向盘（用够）。当车头驶向与原行驶方向相反时，逐渐踏下加速踏板加速的同时回正转向盘，关闭转向灯。

（2）路口一次顺车调头（见图12-10）

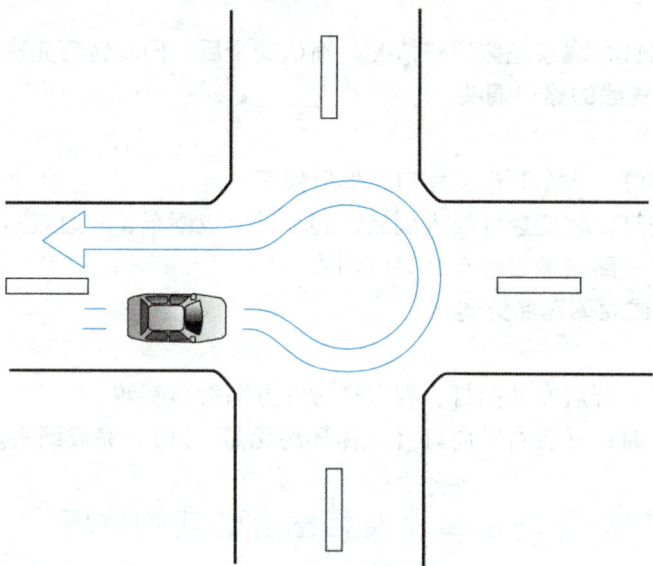

图　12-10

在路口进行一次顺车调头时，汽车进入路口前，首先降低车速，开左转向灯，待车头接近路口时，换入低速档，然后向右转动转向盘，紧靠右便道角向右方深入；车头接近右方路口中心时，向左转动转向盘，使车驶向第二个便道角，使前（右）车轮紧靠右角驶过，然后将转向盘向左打够；在不动转向盘的情况下，以平稳的低速驶过第三便道角。与此同时要观察后视镜和周围有无来车，确认安全后，应逐渐踏加速踏板加速的同时，迅速向右回转转向盘，至第四个便道角加速驶离路口，关闭转向灯。

在宽阔的路口调头时，行驶路线上可不必过多地靠近便道角，但轨迹必须圆滑。同时也可不必在进入交叉路口前换入低速档。可低速完成向右深入，向左转够转向盘后，及时减档，然后加速回正转向盘迅速驶离路口。

2. 顺车与倒车相结合的调头

顺车与倒车相结合的调头，又叫"两进一退"，调头。适用于不能用一次顺车调头来达到调头目的的较宽路段（见图12-11）。

汽车减速靠路边停车，经过观察确认安全后，开左转向灯，挂起步档起步并迅速向左转动转向盘。当估计前轮驶至左侧路边时，在踏离合器踏板和制动踏板的同时，迅速向右回转转向盘，停车。

挂入倒档，观察周围情况确认安全后，起步的同时迅速向右转动转向盘，待车头已朝向相反（与来时方向相比）方向后，迅速向左回转转向盘（应确保车后仍有安全距离）停车。然后，挂起步档起步逐渐加速行驶并关闭转向灯。

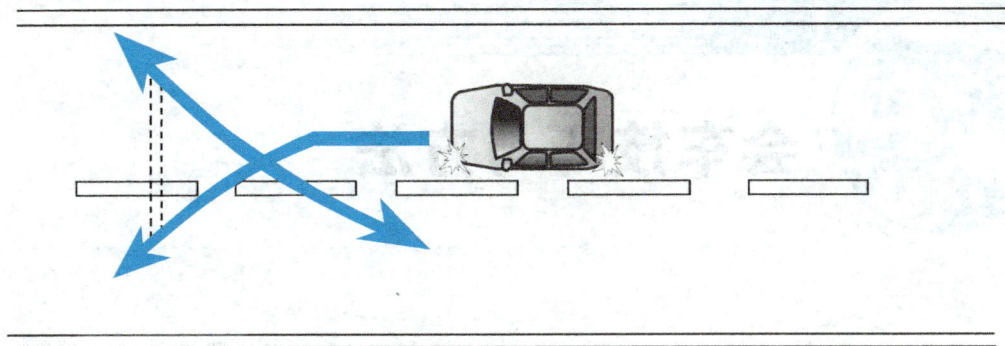

图 12-11

3. 多次顺车与倒车相结合的调头

多次顺车与倒车相结合的调头，又称"三进两退"调头。适用于较窄的路段和街道（见图 12-12）。

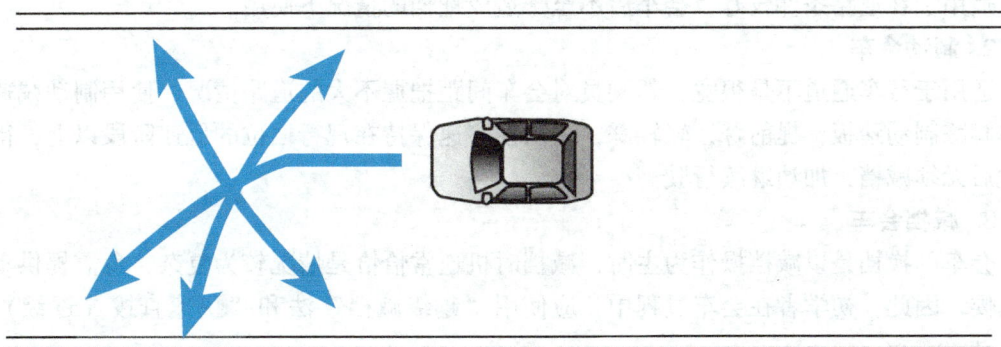

图 12-12

一次顺车与倒车相结合的调头方法，仍没达到调头的目的时，须用相同的方法再次进行倒、顺车，至达到调头的目的为止。

十三、会车技巧与方法

会车时的减速技巧

会车是指在没有划分车道的道路、繁杂路段或窄路，与对方来车相遇的情形。会车前普遍采用减速操作，其方法主要有以下几种：

1. 收油会车

适用于在道路条件较好，会车后不至于造成拖档的情况下使用。

2. 制动会车

适用于行车通道不是很宽，驾驶员对会车间距把握不大的道路情况。使用制动减速时应单脚踩制动踏板，提前踩，轻轻踩，尽量使车速保持在现行档位的低速阶段以上，待会车过后无须减档，加油继续行驶。

3. 减档会车

会车的换档是以减档操作为主时，减档时机通常恰恰是情况较为复杂，急需提供动力的时候。因此，初学者在会车过程中，应使用"越级减档"法和"快速直拨（逐级）减档"法。

选择会车地点

汽车在行驶道上会车，应认真观察道路前方交通情况，及时调整自身汽车的速度和行驶位置，选择有利的会车地点。

会车前，适当降低车速或加速，确保在预先选择路面宽或右侧非机动车较少便于会车的地点进行交会，会车时，应降低车速，握稳转向盘，并随时注意右侧非机动车和行人的动态，条件许可时，适当加大两车的侧向间距，条件不许可时，应停车让行（见图13-1）。

争取在较宽且平坦的路面交会，如果路前方有慢速行驶的机动汽车、非机动车和行人，且距来车尚远时，可以加速超越前方用路者后再作减速；如若离来车较近，则应迅速减速，并靠右跟行其他用路者。

提醒您

会车时，保持两车间留有足够的横向安全间距，并做到"礼让三先"，即先让、先慢、先停。

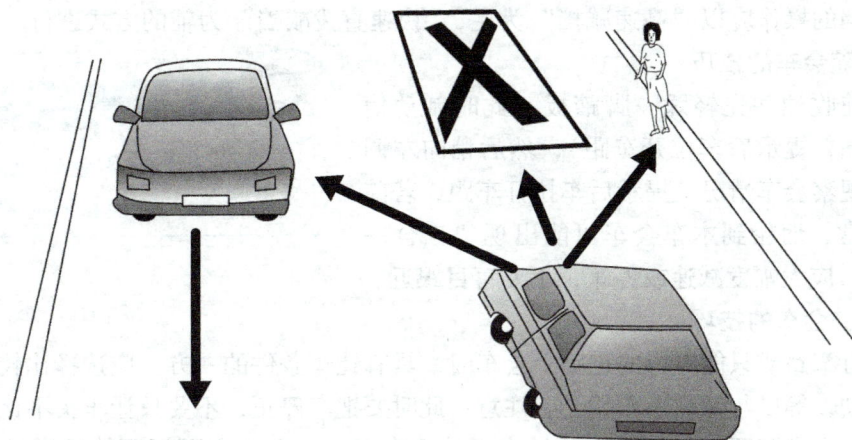

图　13-1

行驶中，当遇道路前方有障碍物又有来车时，应根据前方来车距离和车速以及离障碍物的远近，决定是加速越过障碍后与对方来车交会，还是在障碍物前减速或停车等待，避免在障碍物处会车，更不要争道抢行。来车前方出现障碍，且来车提前到达时，应让来车优先通过，然后自车再通过。

视线不清的情况下会车

1. 阴、雨、雾、风、雪天、黄昏等视线不清的情况下会车

应降低车速（一般用中速档），并开启小灯或近光灯行驶，加大两车交会的横向间距，保持匀速行驶，不突然减速或加速，慎用紧急制动，以防侧滑，必要时需停让。

2. 夜间在道路上会车

夜间会车，发现远处对方来车灯光照射的光束时，应及时利用前照灯光线察看前进方向的道路宽窄和路面的状况。在距对方来车 150m 以外，必须将远光灯变为近光灯或小灯，同时减速慢行，选择会车地段，并掌握好方向靠道路右侧行驶，密切注视汽车行进方向的"黑色物体"和路边情况，准备随时停车。

3. 弯道处会车

弯道处会车，视线受阻，要严格遵守靠右通行原则，保持一定的侧向间距，严禁占道行驶。右转时转大弯，左转时转小弯，都是危险行为，会造成事故的发生。

会车的驾驶技巧

1. 右转弯的会车技巧

进入右转弯前，先将车由道路中间靠向路的右侧，然后观察道路情况，一旦发现来车再调整会车姿态，更有效地利用弯路空间。

2. 坡路的会车技巧

汽车上坡会车时，要在会车之前提前减档，以便在与对方车辆相会时具有较强的动力

支持。减档的操作应以"高速减档"为主,"快速直拨减档"为辅的方式进行。

3. 跟随会车的技巧

会车前收油并先轻踩一脚踏板(此时制动信号灯会闪亮,提示后车拉开车距),然后稍向左调车,错位观察会车情况,提示后车拉开车距,若前车会车正常,而轮到本车会车可能出现"三合一情况"时,应大幅度减速或停车,不要盲目跟近。

4. 停驶会车的技巧

在遇有窄路或只能单行的道路上会车时,具有让车条件的一方,应选择比较宽阔平坦的地点停驶,等候与对面来车相会。注意:此时要把车停正,不要只让车头不让车尾。同时,还要考虑道路两侧向内倾斜的地点暂停会车时,本车的立面间距能否满足会车的需要,停驶位置的选择应有利于重新驶入行车通道,保持纵向距离。

> **提醒您:**
> 初学者应尽量避免会车时边打方向、边换档同时操作。

禁止会车的 5 种情况

1. 禁止"三点并排"会车

汽车在行驶中,如遇障碍物在对方来车的前方(见图13-2),应注意观察对方的动向,当对方汽车强行超越障碍物,或打开左转向灯示意时,应立即减速或停车让行,切不可抢行造成"三点并排"交会。特别是在道路不太宽而障碍物却又较大的地方。若不是障碍物而是自行车、行人的话,则更加危险。

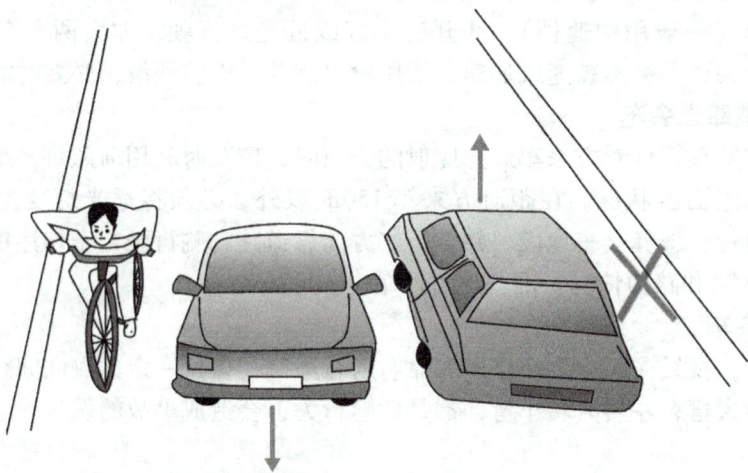

图 13-2

2. 禁止高速会车

有来车交会时,不提前减速,会车时突然向右转动转向盘,随即又向左转动转向盘,将车驶向路中,易酿成事故。

3. 禁止在傍山险路、陡坡、连续弯道、交叉口等视线不良的路段会车

汽车在傍山险路、陡坡、连续弯道（见图 13-3）上行驶中，因视线受阻，很难发现来车，如果听到鸣笛声，就必须做好会车的准备，在没有听到鸣笛声的时候，心中时刻要想到对方可能有来车，提前减速鸣笛，观察判断好路基的虚实情况，选择安全地点与来车交会。

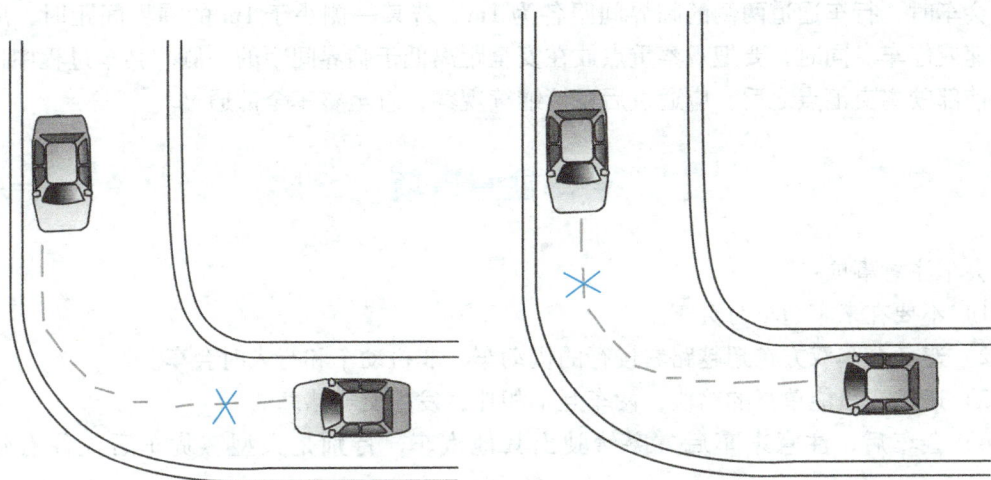

图 13-3

4. 禁止在泥泞、冰雪路面上会车

汽车行驶在泥泞、冰雪路面上，应减速慢行，夜间用灯光断续示意，选择安全地段与来车交会，会车中不要紧急制动、猛抬加速踏板、猛打转向盘，以防侧滑造成事故。

5. 禁止在窄桥、窄路、隧道、急弯等复杂危险地点会车

若在这些地段遇有来车，应视来车速度、汽车大小、距离和道路条件等情况，正确地控制车速，避开复杂危险地段，选择两头的宽阔地点交会。若离危险地段比对方车远，则提前减速或停车让来车先通过危险地段，反之可提前加速通过危险地段，再与来车交会。

会 车 间 距

会车间距是指会车时两辆相向行驶的汽车在交汇点的横向间距。如果会车的横向间距较宽，会车时就可以不用减速直接通过，反之，则降低车速或一方停驶才能通过。

提醒您：

会车时，驾驶员还应注意两车的"立面间距"，以防止汽车在倾斜的道路上会车时，车体的上部立面相撞。

1. 侧向间距

汽车会车时，应留有充分的侧向安全间距，防止在会车过程中发生刮碰，尤其是在狭窄的道路上会车有困难造成侧向间距过小时，会车后不要马上向左转向驶回原车道，或因躲避右侧障碍而向左急转转向盘。

2. 纵向临界间距

汽车在会车中，本车前方有障碍，路权在对方时，应把汽车控制在便于重新驶入行车通道的位置等候。会车时跟进或暂停都要保留一定的间距，它的纵向临界间距是：小车为3m，大车5m。

3. 横向临界间距

会车时，行车通道两侧的临界间距各为1m。若某一侧小于1m的临界间距时，应考虑减速或停车。同时，要把观察重点放在安全距离低于临界间距的一侧。会车过程中，当汽车前部驶离交汇点之后，应通过后视镜继续观察，直至整车全部通过。

会车注意事项

会车注意事项：

1）不要在来车超车时会车。

2）避免会车双方在超越路右慢行的机动车、非机动车和行人时会车。

3）避免在只能单行的路段，两车互不相让，发生交通堵塞。

4）会车后，注意来车后方突然驶出其他汽车，特别是大型客货车后往往有轿车驶出。

5）会车时应靠右侧避让，不得在占用对方车道的情况下，与对方来车交会。

6）会车中，应提防来车后方可能有汽车驶出或有行人横穿道路，尤其遇对面驶来两辆以上机动车时，最后一辆来车后方出现行人横穿道路的可能性更大。

十四、

超车技巧与方法

超车时应做好防范准备

超车时，应注意观察，做好防范准备，保证超车万无一失。

1）停止超车的准备。踏踩加速踏板的右脚在加速超车的同时，随时准备立即抬起，并做好转移到制动踏板上的准备。

2）调整方向的准备。根据道路情况随时对行进方向作出调整，以保证与被超车之间的安全侧向距离。

提醒您：

若左侧有障碍或横向间距过小要慎用紧急制动，以防因路拱原因发生侧滑碰撞。

超车的驾驶技巧

1. 正确的超车方法

超车时，在开左转向灯后，向前车左侧靠近，并鸣喇叭（除禁止鸣喇叭区外，夜晚要变换远近光灯示意）通知前车，如图 14-1 所示。

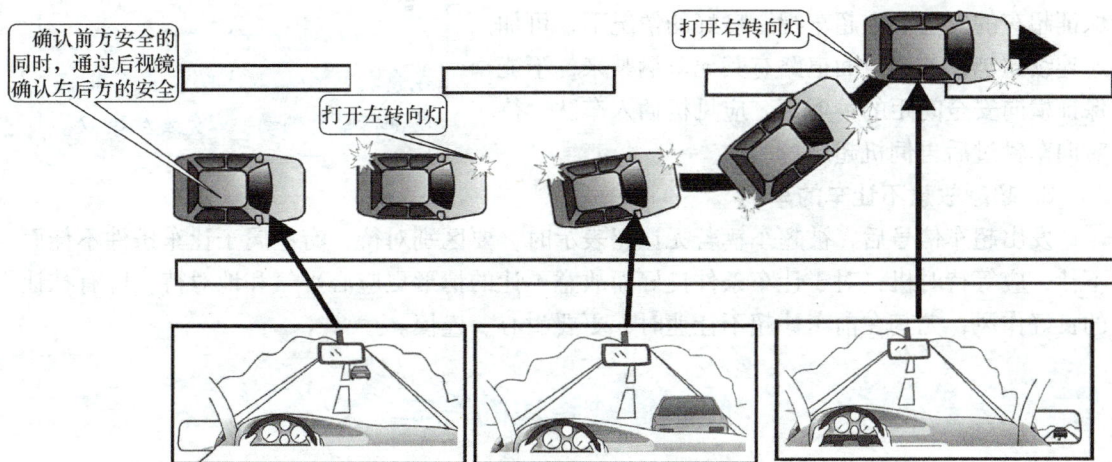

确认前方安全的同时，通过后视镜确认左后方的安全

打开左转向灯

打开右转向灯

图 14-1

确认前车让超或做出让超示意后，与被超车保持一定的横向间距，从左侧超越，如图14-2 所示。

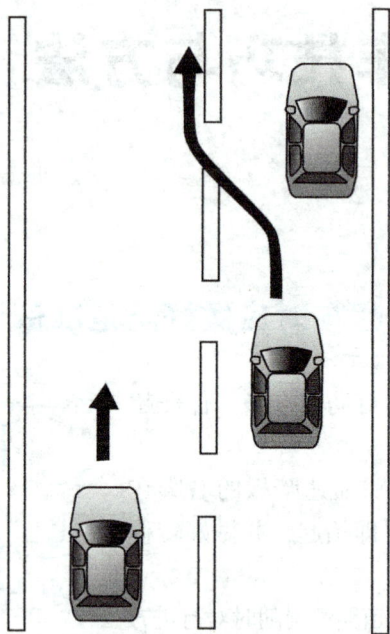

图　14-2

在驶离被超车必要的安全距离后，开右转向灯，驶回原车道。超越停驶车辆时，应减速鸣喇叭（除禁止鸣喇叭区外），注意观察，与停驶车辆留有较大横向间距，并做好应急准备，防止停驶车突然开启车门或人从车上跳下、从车下钻出，其他行人或非机动车从车前窜出；防止停驶车突然起步驶入车道而发生碰撞。

2. **超越车队**

由于道路交通环境的影响，车队不易超越，为保证超车的安全。在超车视距良好的情况下，可加速连续超越；若遇对面道路有其他车辆驶来，不能保证横向安全间距的情形下，应见机插入车队，待对向车辆过后再伺机超越。

提醒您：

边加速边靠近车队的情况，或急打方向插入车队，更不能轻易进行紧急制动，以免发生事故。

3. **超越故意不让车的车辆**

发出超车信号后，被超车辆若无让超表示时，要区别对待，有些属于让车条件不佳而不让，应等待时机；对于让车条件良好而故意不让的情形更应心平气和地对待，应有礼让的良好作风，尤其在前车让超不让速时，更要耐心、谨慎。

超越停驶路边的汽车

超越停放车辆时，应鸣喇叭减速，观察停放汽车的动态，并与其保持较大的侧向距离，并观察停放汽车前方的情况和前后的行人，提前做好防范措施。

1. 预防停驶车辆的盲区情况

观察停驶汽车的底部是否有行人的腿、脚在移动。如果道路比较宽，行驶在路左侧，应加大与停驶车辆的横向间距。减速、减档之后，将右脚放在制动踏板上，通过盲区。接近停驶车辆时，应重点观察停驶车辆遮挡的视线盲区周围，并按喇叭（禁鸣区除外），夜间变换远、近灯光示意，当确认安全后，再加油继续行驶。

2. 预防停驶车辆突然起步

在超越停驶车辆时，如果停驶汽车突然起步上路，车距接近时，是继续超越，还是跟车，应根据实际道路情况，灵活应变。从车速看，比刚起步的车辆要快，但还应观察道路左侧有没有行人、对面是否有来车，如果没有，可开向路左侧，绕过起步车辆完成超车。如果超车通道越来越窄，应调整车速进行跟车。

3. 预防停驶车辆突然开门

在超越停驶车辆时，一定要预留出停驶车辆开门的横向间距。特别是一些贴有太阳膜的小型汽车，看不到车内人员时，若横向间距有限只能低速通过。

禁止超车的 13 种情况

除了道路交通安全法禁超条款所列情况坚决不超车外，遇有以下情况时，驾驶人也要做到坚决不超车。

1）前方路况复杂，自己发出超车信号后，前车没有做出让超表示时。

2）对前车前方路况不明，对前车去向无法判断时。

3）前方正在左转弯、调头、超车时，如图 14-3 所示。

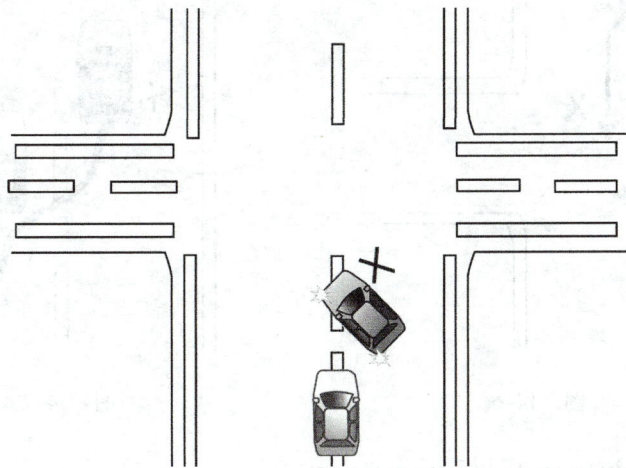

图 14-3

4）前方道路右侧有岔路口时，进行超车以防在超越的同时，岔路上有汽车或自行车驶来，迫使被超越汽车向道路左侧避让，导致与被超越汽车相撞，如图 14-4 所示。

5）前有弯道、坡顶或拱桥顶端时，如图 14-5 所示。

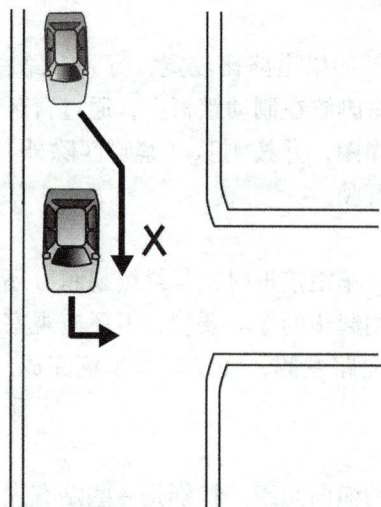

图 14-4

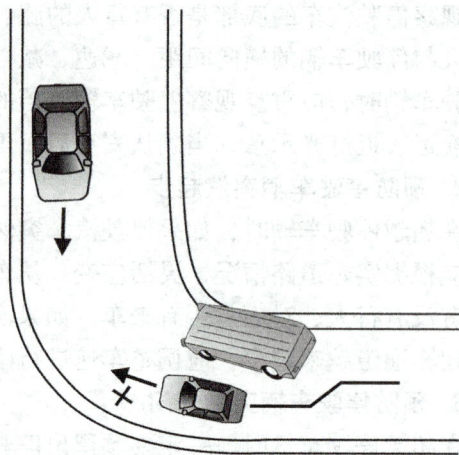

图 14-5

6）前方路左或路右有停放的汽车，但无法判断停放汽车是否会起步驶向路中，且又无法知晓停放汽车的背后有无人、车突然驶出时，如图 14-6 所示。

7）超车过程中与对面来车有会车可能时，如图 14-7 所示。

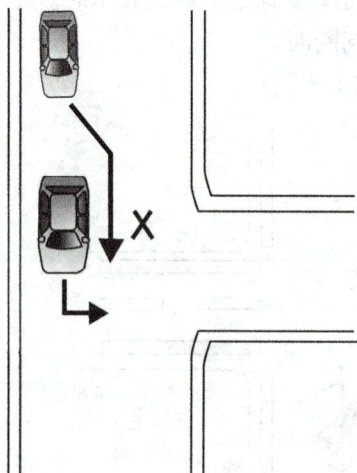

图 14-6

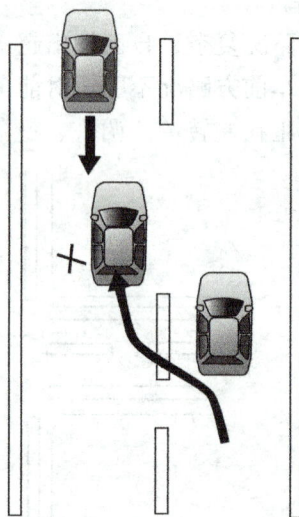

图 14-7

8）前车正在进行超车时，如图 14-8 所示。

9）行经交叉路口、人行横道、漫水路、漫水桥时。

10）通过胡同（小巷）、铁路道路、急弯路、窄路、窄桥、隧道时。

11）前方道路有通往乡村的岔路、小道，但又无法判断从这些岔路小道有无正在驶出路口的汽车时，如图 14-9 所示。

12）下长坡或下陡坡时两车速度接近，超车用时过长时。

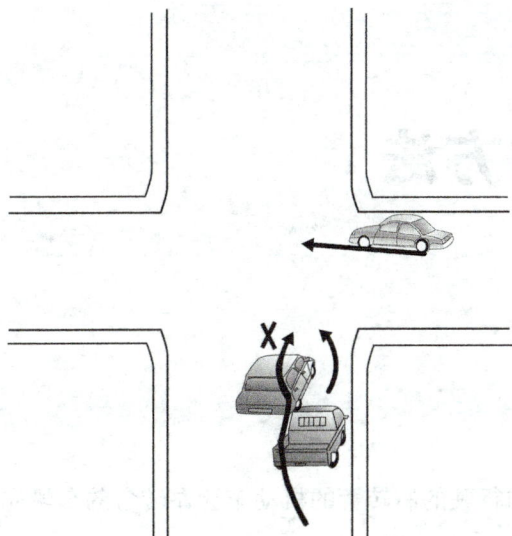

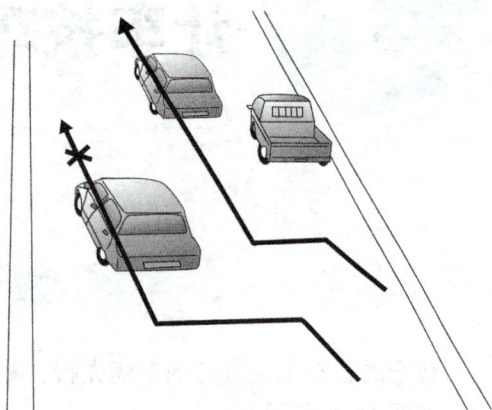

图 14-8 图 14-9

13）遇风、雨、雾天等恶劣气候，能见度在 30m 以内时。

超车时的注意事项

超车过程中的注意事项：

1）掌握转向盘要稳，并注意尽量减少转向盘来回摆动，不可为避让路面障碍而急剧地转动转向盘，造成掉沟翻车。

2）超车中，如前车突然驶入路中间时，后车应视情况避让或停止超越。

3）超越停放的车辆时，应减速鸣喇叭，以防停放车辆的车门突然打开或突然起步驶入车行道，同时还应注意被车遮挡处突然跑出横穿道路的行人或驶出非机动车辆。

4）准备超车时，应注意对面有无驶来的汽车，并根据路况、地形及来车的车型，对其速度做出估量。

5）接近被超车，安全距离即将用尽时，要密切注意被超车的行驶轨迹，以防其突然左转或调头。

6）在与被超车齐头并进时，要密切注意被超车为躲避路边障碍（如石块、洼坑、凸坎）而向左调整方向。

7）在超车过程中，发现前方有情况而影响安全超车或左侧有障碍造成超车侧向间距过小而可能发生碰擦时，应迅速减速终止超车。

8）超车后继续保持直行，驶离被超车约 30m（可以看见被超车全车车身）时，打开右转向灯。缓缓向右转动转向盘，进入正常车道后回正方向，关闭右转向灯，完成超车全过程。车头越过被超车后，要从右侧后视镜注意被超车的车头有无偏向自车车尾的迹象，在不影响被超车安全行驶时，才将方向右转驶回正常车道。

十五、

让车技巧与方法

左 转 让 车

转弯的机动车让直行的车辆先行，相对方向行驶的右转弯的机动车让左转弯的车辆先行，如图 15-1 所示。

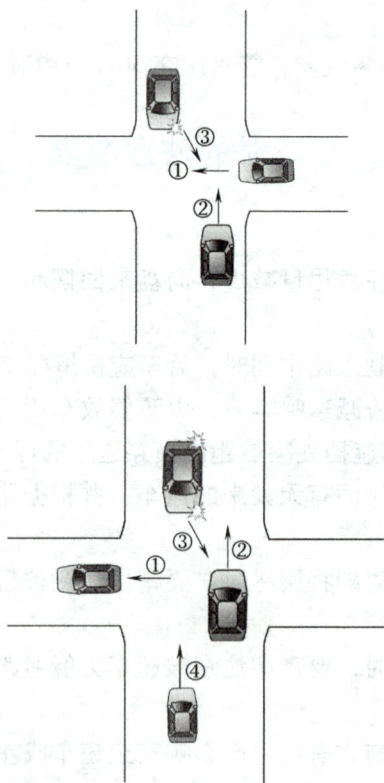

图 15-1

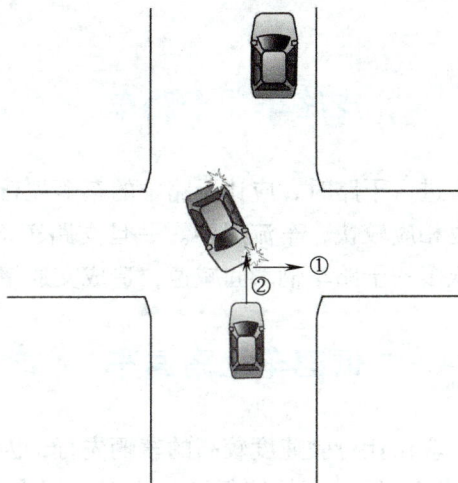

图　15-1（续）

下坡车让上坡车

　　汽车在下坡时，只需利用发动机制动或行车制动就能轻松控制行驶速度，而上坡的汽车尤其是重车，因其重新起步困难、冲车时间长、操作难度大等诸多不便，所以，汽车在下坡过程中遇有上坡车时，应为其让行。

　　在狭窄的坡路上，上坡的一方先行；但若下坡的一方已行至中途而上坡的一方未上坡时，下坡的一方先行，如图 15-2 所示。

图　15-2

转弯车让直行车

　　汽车在转弯时，应当让直行的车辆先行。因为直行的车辆在行驶速度上要快于转弯车辆，如果转弯车在直行车的前面强行转弯，就会给直行车及其后车造成突然的减速，干扰行车秩序，影响通行流量。

支路车让干路车

在支路行驶的车辆准备进入干路时，应让干路中的车辆先行。因为主干路一般比较宽阔，规则允许的通行速度也相应较快，车流集中。一旦支路车不考虑干路车的行车条件，直接闯入干路，就会造成众多的干路车辆瞬间减速，造成交通堵塞。

低速车让高速车

行驶速度较低的车辆，应该让行驶速度较高的车辆先行，因为低速行驶的车辆会妨碍其他车辆通行，甚至造成塞车。因此，低速行驶的汽车在遇有后车发出喇叭、灯光信号时，应及时躲避，让高速行驶的车辆先行。

空车让重车

空车在行驶中机动、灵活，比较容易控制，而重车特别是大型客车、大型货车的起步、冲车都很吃力，操作难度相对较大。一般在行驶中遇有满载客、货的重车时，空车要让重车先行，尽量为其提供方便。

有障碍一方让无障碍一方

两车相会时，前方有障碍的一方车辆应当让前方无障碍的一方先行，有障碍一方的车辆应提前减速，在汽车发生故障无法以正常速度行驶时，不要占用快车道或在路中间行驶，应打开应急灯，靠路右侧低速行驶，为其他正常行驶的车辆让行，如图15-3所示。

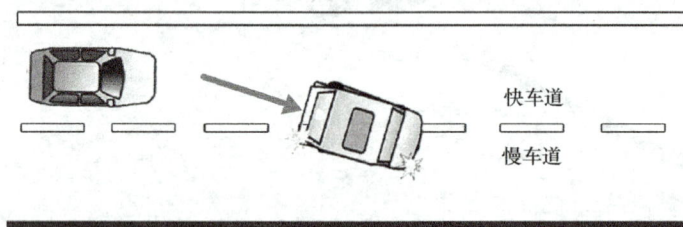

快车道

慢车道

图　15-3

无险让有险

汽车在傍山险路与其他车辆会车有困难时，靠山壁一侧的车辆应主动提前停车待避，让对方车辆先行，使靠山崖一侧的车辆在通过险路时消除会车因素的影响，降低通行难度，确保行车安全。

普通让特勤

汽车行驶中遇有执行任务的警车、消防、救护、抢险、车队等特勤车辆时，应主动及时避让，为其先行创造条件。

未入让已入

准备进入环形路口的让已在路口内的机动车先行，如图15-4所示。

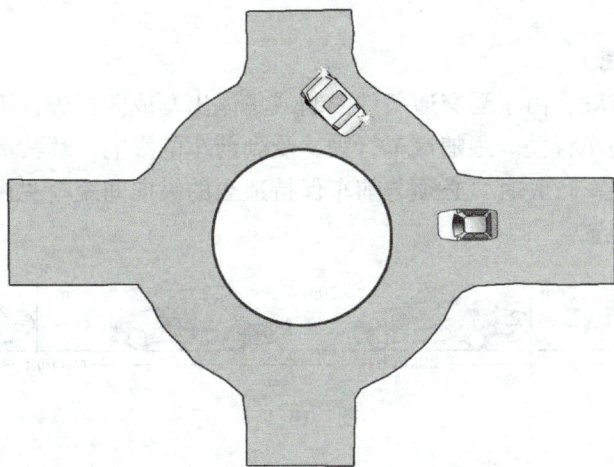

图　15-4

十六、跟车技巧与方法

跟车的间距

1. 纵向安全距离

汽车在道路上行驶，由于受交通条件限制或集体出车成队行进，不能超越前车时，应暂时或长时间跟随前车行驶。跟随汽车行驶，受到前车的影响，驾驶员视线不良，驾驶操作很被动。因此，跟车行驶时，必须与前车保持适当的纵向间距（见图16-1），并根据动态及时调整车速和位置。

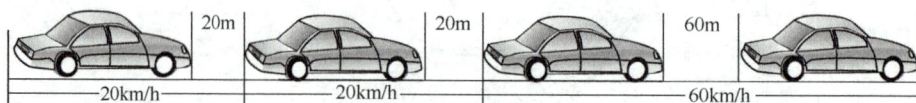

图　16-1

2. 横向安全距离

行驶过程中，车辆之间要保持1m以上的横向安全间距。随着行车速度的加快，横向安全间距也应增加。还应注意以下几点：

1）在没有中心线的道路上（见图16-2），车辆在道路中央偏右侧行驶，但不能过于靠近右侧路边。

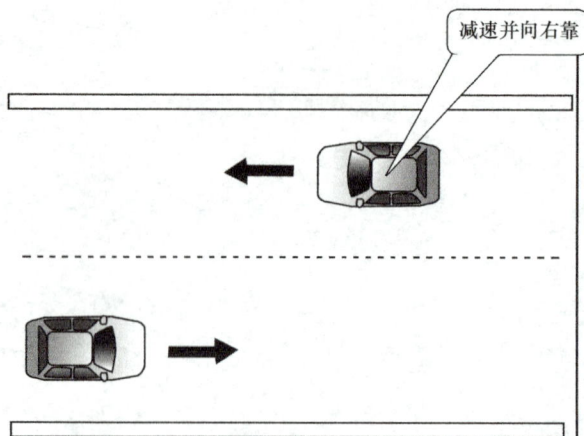

减速并向右靠

图　16-2

2）在有中心虚线的道路上（见图16-3），车辆原则上在右侧行驶，但必须保持一定的安全间距；同时要注意对面来车可能会越线行驶。

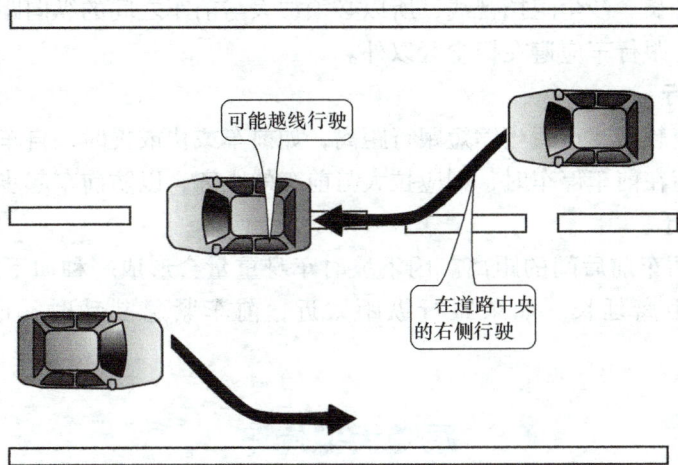

可能越线行驶

在道路中央的右侧行驶

图　16-3

遇到障碍物时，要用极低的车速行驶跟车行进。跟车距离可以适当缩短但不能过分靠近。一般至少保持 5～8m 的安全距离，以双眼能看到前车后轮着地位置为合适。

在跟随前车行进中，除不能跟前车的距离太近外，还要避免使用紧急制动，以防后面的其他尾随汽车因制动而避让不及造成事故。

7 种路况下的跟行技巧

1. 在车流量较大的高速公路上跟行

这是一种较轻松的跟行，比喻为"随流而行"，减少了许多超车和被超的可能，行进中相互交织的次数大幅下降，安全的保证率便也随之提高。

2. 雾中跟行

要掌握好与前车间的纵向距离。雾中跟行会使观察范围缩小，注意点更加明确。因有前车引领，提供参照，不用担心会驶下路缘。

3. 夜间跟行

会使灯照区域扩大，在前车的引领下，对路况看得更加明确，更易发现道路两侧的行人动态。因前车遮挡，可以减弱眩目，会车时的横向间距也较容易把握。但夜间跟行不宜开启远光灯，否则前车会因后视镜反光影响驾驶。

4. 雨雪天跟行

应加大纵向间距，否则前车甩起的污泥浊水会扑在前窗玻璃上。因路面湿滑，制动距离延长，如

提醒您

在跟随前车行进中，尽量避免使用紧急制动，以防后面的其他尾随车辆因制动而避让不及造成事故。

果跟行纵距太近,容易发生追尾事故。

5. 沙石、搓板路面跟行

因制动距离延长、沙尘阻挡视线,所以必须加大与前车之间的纵向距离。其距离应根据扬尘情况而定,跟行车应避在扬尘区以外。

6. 上坡路跟行

因上坡路车速较慢,可适当缩短跟行距离,如前车或快或慢时,自车可选一个较低档位,匀速跟进。但在前车停车时,则应拉大与前车的距离,以防前车起步时后溜。

7. 下坡路跟行

应适当延长两车前后间的距离。因下坡时车身重量会形成一种向下的推力,加快行驶速度,使制动距离延长。如果跟行纵距太近,前车紧急制动时,很容易造成追尾事故。

跟随大型汽车

小车跟随大型汽车行驶,应加大跟车的纵向间距(见图16-4)。如果距离过小,将影响视线,同时对前方道路交通情况的观察困难,无法判断前车的动向,对突发性情况不能及时采取有效措施。

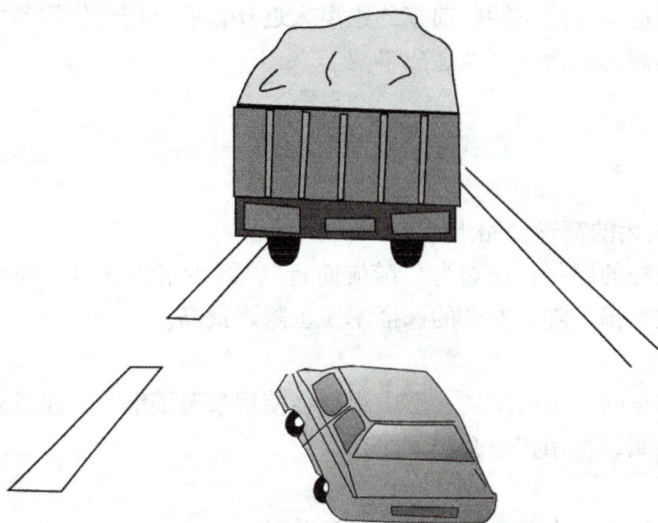

图 16-4

如遇道路现场的石块等垃圾未清理,运石料的汽车上的石块滑落路上,小车跟行大车且车速较快时,大车可以通过路障,小车因底盘较低,躲闪不及时很容易引发交通事故。

小车跟行大车(见图16-5),小车视线被大车完全遮挡,前方路况小车不知,如在行进路线上出现较宽、较深的洼坑,大车可以行驶通过,小车因轮距较窄,行驶不过去又躲闪不及时,很容易发生交通事故。

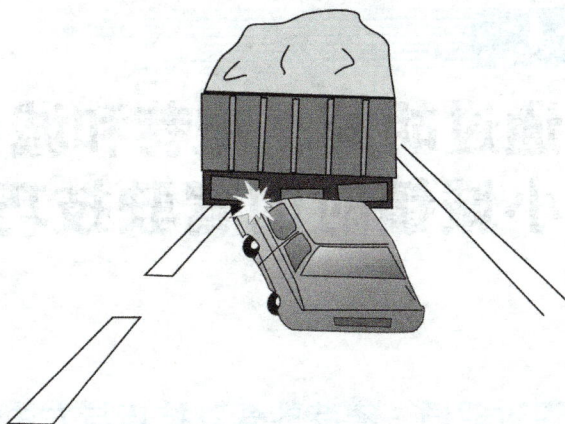

图 16-5

跟随出租车应注意的问题

1）不要从出租车右侧超车，以防出租车未打开变更车道的右转向灯，突然驶向右变更车道。

2）出租车将要驶过道路右侧的行人时，才发现行人招手，便采取紧急制动，边减速边转方向，将车大角度转向路右。

3）出租车发现左侧有人招手时，突然跨越左侧车道、公路中心线或横穿公路，疾速驶向路左。

4）有意拉大与出租车的跟行距离，并密切注意其行驶动态。

5）可以超越时，从左侧超越，超越时要给足信号，等待其做出让超表示后再超车。

6）超越出租车或与出租车会车时，应有意拉大两车间的横向间距，并做好制动停车准备。

十七、

通过胡同、窄巷和城乡结合部、小城镇时的驾驶技巧与方法

通过胡同、窄巷的驾驶技巧与方法

城市住宅区的胡同、小巷，一般都比较窄小，行人、自行车都比较多。汽车在胡同、小巷里行驶时，其操作技巧与方法如下：

1. 拐角的操作

小型汽车在胡同、小巷里行驶时，必须按"先到先行"的原则行驶，切不可争道抢行。进入拐角时，应视拐角的宽度而定，若较宽，尽量靠道路左侧转向，将右侧空间留足，以避免汽车右后角过不去而将车剐坏。

2. 交通情况的辨认

汽车在胡同、小巷里行驶时，要注意摩托车、自行车和玩耍的儿童等情况，为避免突然情况而措手不及，应做好随时停车的准备。

3. 有无交叉路口的预测

胡同、小巷视野不够开阔，驾驶员在行车中，不但要细心观察路上的情况，还要预测有无交叉路口。预测的方法就是：根据路边的弯道反射镜、围墙、商店判断。在情况不明的情况下，按照缓行、"宁停三分，不抢一秒"的原则通过胡同、小巷。

4. 预防行人事故

在商业或住宅区的胡同里，则需要提防从车前突然闯出的行人。汽车应降低行驶速度，随时提防行人突然从车前穿过。

5. 夜间在胡同里行驶的措施

夜间驾车在胡同里行驶，一定要打开汽车的前照灯，用灯光向行人、自行车示意，并沿着灯光照明的范围，注意辨认路边的路肩，以防汽车与路边物体冲撞。

6. 通过胡同、小巷时，应注意做好以下几点

1）主动降速，严格按照限速标志标明的速度行进，没有限速标志的，将车速控制在20km/h 以内。

2）集中精力，注意观察，注意靠近自己一侧的巷口。

3）做预见性鸣喇叭，即在情况还未出现前就鸣响喇叭，以提示巷口内即将驶出的汽车提前减缓驶出的速度。

4）将右脚提前置于制动踏板，随时准备制动停车。

5）若有人员或汽车突然从巷内出来，驾驶员必须做到先避先让，切不可抢先从他们的前方通过，避免发生交通事故。

通过城乡结合部的驾驶技巧与方法

在城市周围，与乡村临近，交通情况比较复杂的一些路段或路口，称为城乡结合部。驾车通过城乡结合部时，要特别注意以下几点：

1）在进入城市前，一旦发现前方道路的行人、汽车突然变得稠密，交通秩序变得混乱，就要引起警觉，迅速减缓车速，如图17-1所示。

图 17-1

2）密切注意汽车和行人动态，防范突然情况的出现，随时准备制动和停车。

3）在驾驶操作时，动作避免"过急"，即不过急采取制动，不过急拨打转向盘，不随意调头或转弯。

通过小城镇的驾驶技巧与方法

当汽车经过小城镇时，驾驶员必须对所经城镇的交通情况有所了解，做好处理各种情况的准备。如果通过陌生的城镇，更应谨慎。

通过小城镇的方法是：

1）小城镇的街道一般都不设分道线，汽车和非机动车常常在一起通行，应主动减速礼让，并尽量避免超车。

2）小城镇的街道一般都较狭窄，应妥善选择停车地点，以免阻塞交通。

3）小城镇没有人行横道线，路面较窄，横穿街道的行人比较多。由于他们随便横穿，所以应格外警惕。

4）小城镇街道常有晾晒的物品或小摊贩占用街面，必须注意避让，防止发生碾压事故。

5）汽车在行驶中不能过于靠边，装运超宽、超高物资时，不得盲目行驶，应测量高度或宽度再过。凡遇到架设的过街电线过低，汽车通过有困难时，应有人指挥，撑扶架线升高，汽车再慢慢通过。在操作中，应稳握转向盘，稍踏加速踏板，运用半联动。当不能通行时，放松加速踏板，踩下离合器踏板，使汽车停住，这样就可预防事故的发生。

十八、

通过交叉路口时的驾驶技巧与方法

通过交叉路口的有关规定

1. 通过有交通信号灯控制的交叉路口

机动车通过有交通信号灯控制的交叉路口，应当按照下列规定通行：

1）在划有导向车道的路口，按所需行进方向驶入导向车道。

2）准备进入环形路口的让已在路口内的机动车先行。

3）向左转弯时，靠路口中心点左侧转弯。转弯时开启转向灯，夜间行驶开启近光灯。

4）遇放行信号时，依次通过。

5）遇停止信号时，依次停在停止线以外。没有停止线的，停在路口以外。

6）向右转弯遇有同车道前车正在等候放行信号时，依次停车等候。

7）在没有方向指示信号灯的交叉路口，转弯的机动车让直行的汽车、行人先行。相对方向行驶的右转弯机动车让左转弯汽车先行。

2. 通过没有交通信号灯控制和交通警察指挥的交叉路口

机动车通过没有交通信号灯控制也没有交通警察指挥的交叉路口，应当遵守下列规定：

1）准备进入环形路口的让已在路口内的机动车先行。

2）向左转弯时，靠路口中心点左侧转弯。转弯时开启转向灯，夜间行驶打开近光灯。

3）有交通标志、标线控制的，让优先通行的一方先行。

4）没有交通标志、标线控制的，在进入路口前停车观望，让右方道路的来车先行。

5）转弯的机动车让直行的汽车先行。

6）相对方向行驶的右转弯的机动车让左转弯的汽车先行。

3. 交叉路口交通阻塞

机动车遇有前方交叉路口交通阻塞时，应当依次停在路口以外等候，不得进入路口。

机动车在遇有前方机动车停车排队等候或者缓慢行驶时，应当依次排队，不得从前方汽车两侧穿插或者超越行驶，不得在人行横道、网状线区域内停车等候。

机动车在车道减少的路口、路段，遇有前方机动车停车排队等候或者缓慢行驶的，应当每车道一辆依次交替驶入车道减少后的路口、路段。

4. 先行权的划定

1）被放行的汽车或行人享有先行权。

2）非机动车与机动车相遇时，机动车享有先行权。

3）被放行的直行汽车与转弯汽车相遇时，直行汽车享有先行权。

4）左转弯的机动车与对向非机动车相遇时，左转弯机动车享有先行权。

5）通过设有行人信号灯路口的人行横道时，被放行的行人在人行横道内通行享有先行权。

6）同方向的右转弯机动车和直行非机动车相遇时，直行非机动车享有先行权。

7）双方都是直行或左转弯的机动车，右侧路口机动车享有先行权。

8）左转弯机动车与右转弯或直行机动车相遇时，直行或右转弯机动车享有先行权。

9）在设置环形岛的路口，进路口机动车与出路口的机动车相遇时，出路口机动车享有先行权，如图18-1所示。

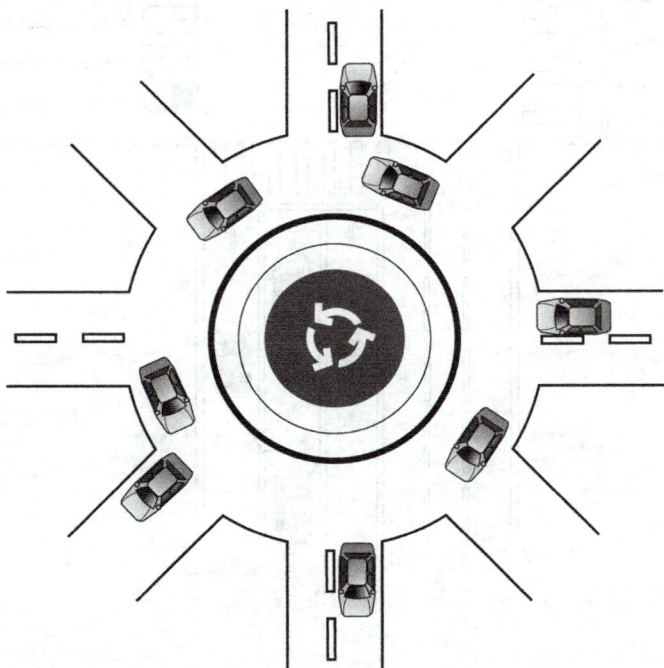

图 18-1

10）在有交通警察指挥的路口，则应以交通警察指挥手势为准。

通过有交通信号交叉路口时的驾驶技巧与方法

1）距交叉路口50~100m处，需变更车道的汽车，应按行进方向打开转向指示灯，密切注意左右两侧汽车的动态，进入导向车道（不得在进入实线路段后变更车道）。

2）注意观察路口交通信号，若遇停止信号时，须依次停在停车线以外；遇放行信号，须让已在路口内行驶的汽车先行。

3）直行汽车以路口对面所对应的车道为目标，直线通过，不得在路口内变更车道。

4）向左转弯时，汽车须靠近路口中心点左侧小转弯，选择的行驶线路不得妨碍对面正常行驶的右转弯汽车。

5）向右转弯时，应注意观察右侧非机动车或行人动态，在不妨碍被放行汽车和行人通行的情况下通过，如图18-2所示。

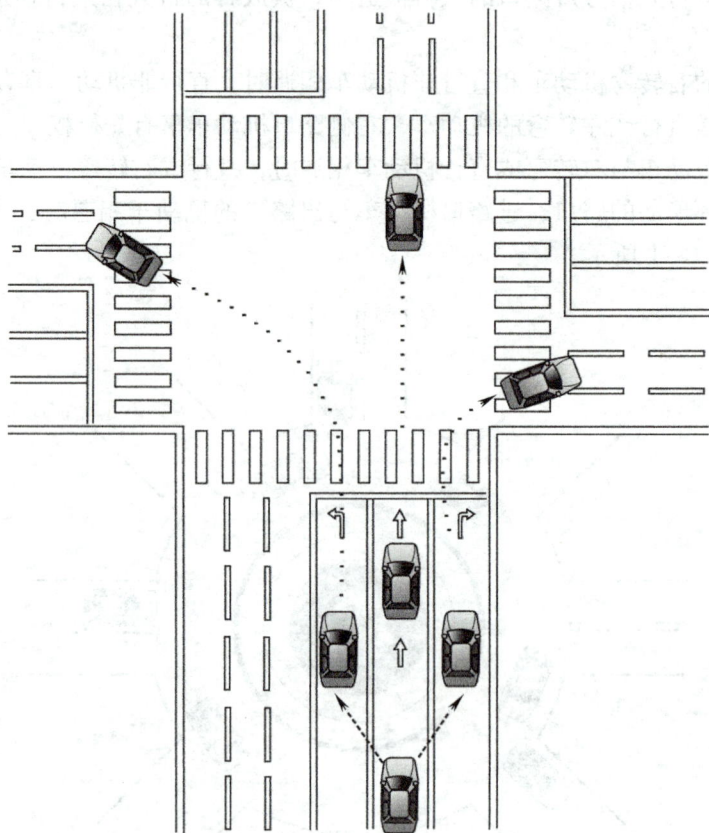

图　18-2

通过无交通信号交叉路口时的驾驶技巧与方法

1）减速观察对面、左右来车的车速和行驶方向。

2）正确判断路口会出现的冲突点和交叉点，提前采取相应的避让措施。

3）通过无人行横道线的路口时，必须确保行人的安全。

4）转弯的汽车应在距交叉路口100～50m处，变更车道。

5）左转弯的汽车变更到左侧车道；右转弯的汽车变更到右侧车道；直行的车辆可在原车道直行；同车道前车在等候放行信号，后车不准从其左（或右）侧绕行，如图18-3所示。

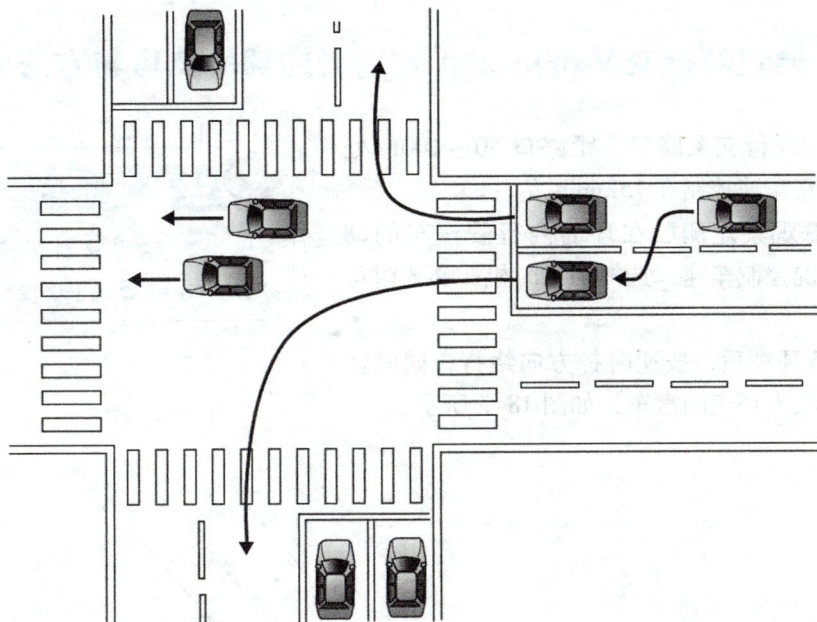

图　18-3

通过较窄的路口遇停止信号时的驾驶技巧与方法

　　选择好停车的位置，不能偏左停车，以免妨碍其他方向放行的汽车通行。

　　没有停车线的，应停在路口以外；如前面已有汽车停车等待信号，应依次停车等候；右转弯的汽车不得从前车左侧绕行，如图18-4所示。

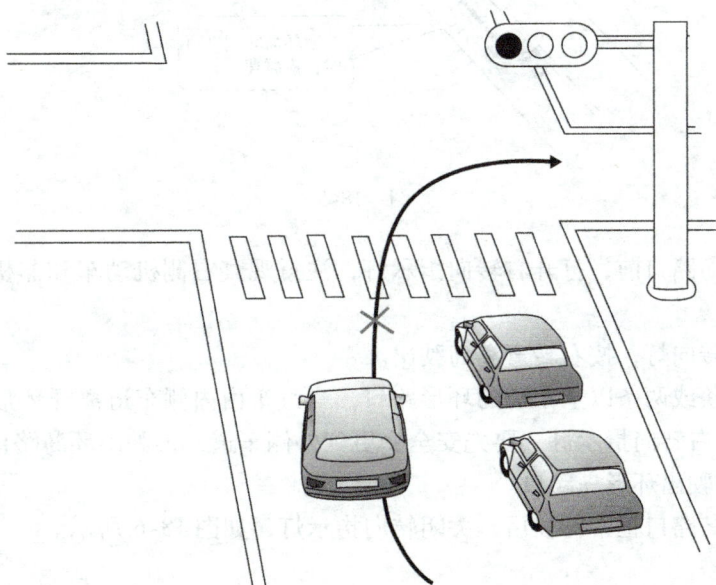

图　18-4

通过环行交叉路口（环岛）时的驾驶技巧与方法

1）通过环行交叉路口，距路口 50～100m 处减速慢行，将车速控制在 15km/h 左右。

2）注意观察左侧已在环岛内行驶汽车的动态，根据情况控制车速，选择切入时机，必要时可停车让行。

3）进入环岛后，按逆时针方向绕行，同时注意右侧准备驶入环道的汽车，如图 18-5 所示。

提醒您：

进入环形路口的汽车，必须让已在路口内行驶的车先行。

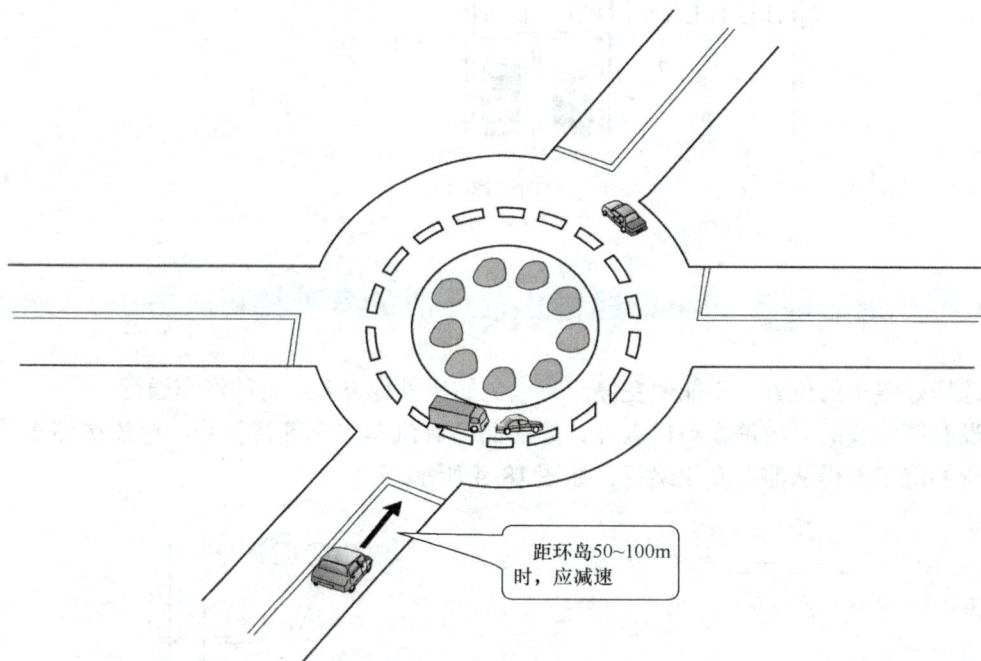

距环岛50~100m 时，应减速

图　18-5

4）驶出环岛路口前，打开右转向指示灯，注意观察右侧机动车和非机动车动态，以确保安全。

5）打开右转向灯，按右转弯离岛驶出。

6）在有两条或两条以上车道的环形路口，当汽车由内侧车道离开环形路的预定出口前，应提前打开右转向指示灯，要先安全变更到外侧车道，再驶出环岛路口；严禁从内侧车道直接右转弯驶出环形岛路口。

7）驶出环岛路口正常行驶后，关闭转向指示灯，如图 18-6 所示。

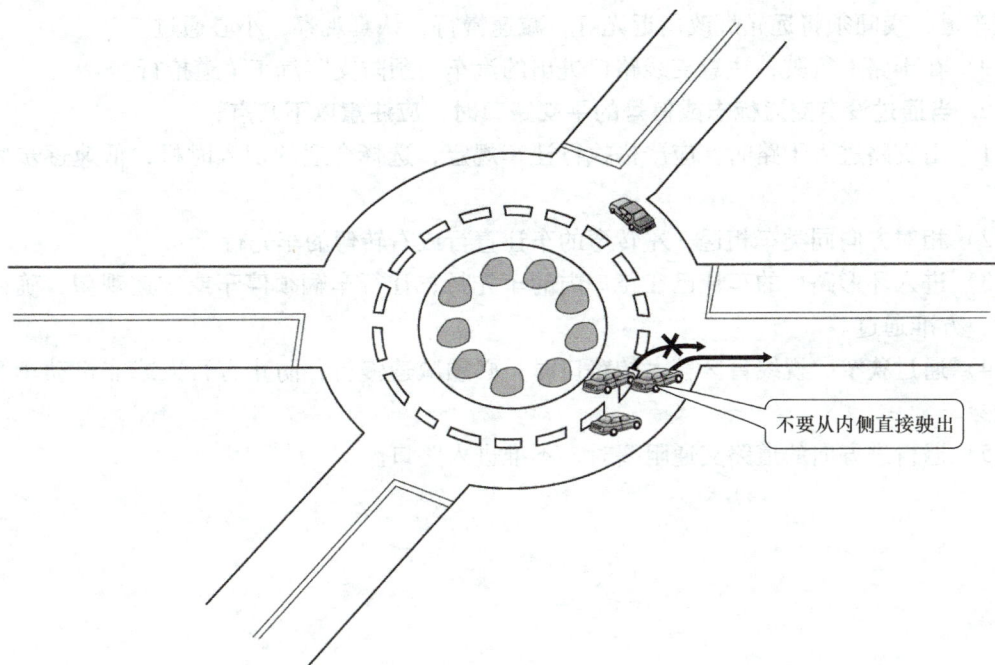

不要从内侧直接驶出

图　18-6

通过交叉路口时的注意事项

1. **通过有交通标志或信号的平面交叉路口时，应注意以下几点：**

1）控制行车速度，在行近平交路口时，须在距路口 50～100m 的地方减速。

2）注意平交路口的交通标志和信号，服从指挥，绝对不能在停车中抢信号起步，更不能突然加速强行通过。

3）如前面已有汽车停车等待信号，应依次停车等候，右转弯的汽车不得从前车左侧绕行。

4）通过"T"形路口遇停止信号时，右侧无横道的直行汽车在不妨碍被放行汽车及行人通行的情况下，可以通行。

严禁在绿灯即将转换为红灯时，加速抢行，以免接近路口时，因红灯亮采用紧急制动，而造成追尾事故。

5）遇放行信号，应注意避让在人行横道上的行人和已在路口行驶的汽车，及时起步加速，安全通过。

6）尾随前车通过路口时，应提高警惕，保持车距，防止因前车突然减速而发生事故。

7）为了保证在平交路口停车后能及时起步，停车时不要关闭发动机。当黄灯闪亮时，应做好起步准备，允许通行的绿灯一亮，即应起步。

8）如果要在平交路口转弯，应注意左右两侧汽车的动态，提前发出转向信号，进入导向车道，夜间须将远光灯改用近光灯，减速慢行，认真观察，小心通过。

9）在干路上行驶，注意支线路口进出的汽车，预防支路汽车争道抢行。

2. 当通过没有交通标志或信号的平交路口时，应注意以下几点：

1）由支路进入干路时，应严格执行让车规定，选择合适的切入时机，低速逐步驶入干路。

2）相对方向同类车相遇，左转弯的车让直行或右转弯的车先行。

3）进入环形路口的车让已在路口内的车先行；让行车辆须停车或减速观望，确认安全后，方准通过。

4）通过狭窄、视线盲区较大的路口时，必须减速慢行，防止有行人或非机动车等突然横穿。

5）遇行进方向的道路交通阻塞时，不准进入路口。

十九、

通过立交桥时的驾驶技巧与方法

通过分离式立交桥时的驾驶技巧与方法

分离式立交桥建在道路交叉处，设隧道或跨线桥，上、下道路间设有匝道连接，汽车不能互通；多用于高速干道与城市道路次要道路相交或道路与铁路的立体交叉处，如图19-1所示。

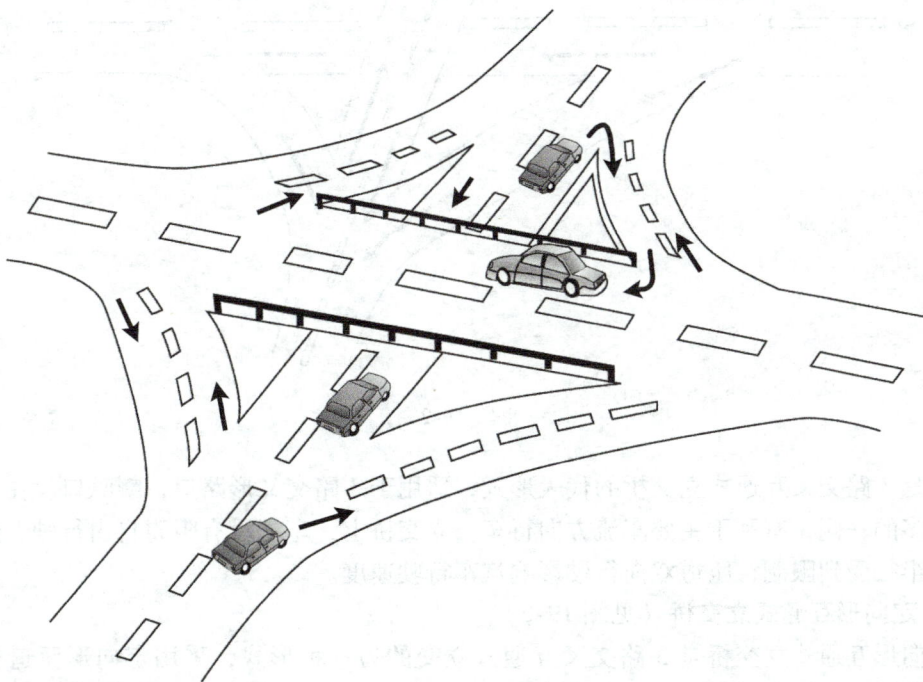

图 19-1

行经上跨式立交桥时，应降低车速注意观察，特别是行驶近坡顶时，因坡度所限，对面的情况无法观察和判断。

双向通行的道路，不能跨压中心线，应抬起加速踏板，做好制动准备，适时地控制车速。

行至下穿式立交桥时，应认真观察限制高度标志，尤其是运载超高物品时，应注意高度，避免通行受阻。

通过互通式立交桥时的驾驶技巧与方法

互通式立交桥有匝道连接上下车道，相交道路上的汽车可以相互转道行驶；互通式立交桥分为完全互通式和部分互通式两种；城市道路和高速公路出入口处一般都采用互通式立交桥。

立体交叉的交通组织方式不同，其组成部分也不相同，主要由跨线桥、匝道、变速车道等组成。跨线桥是互通式立体交叉的主体结构，上跨式主要路线从桥面通过，相交道路从桥下通过；下穿式主要路线从桥下通过，相交道路从桥面通过。

1. 喇叭形互通式立体交叉桥（见图 19-2）

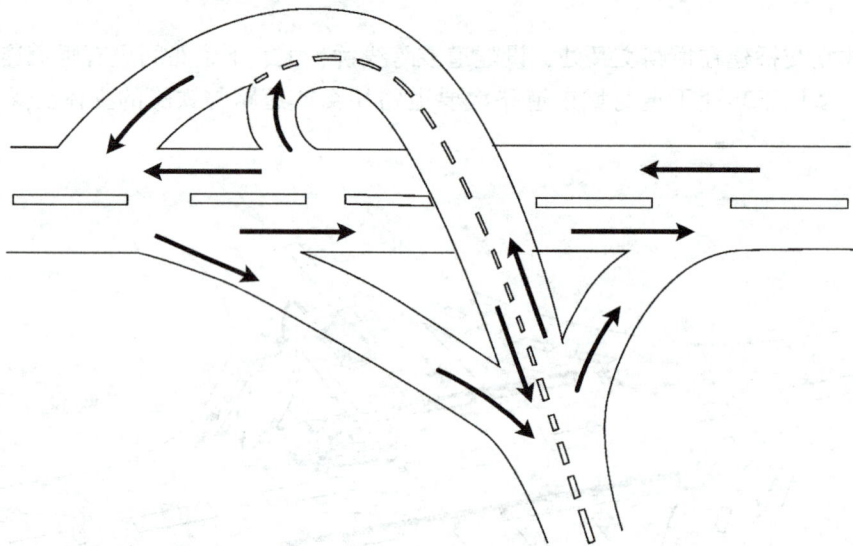

图　19-2

这是 3 路交叉互通式立交桥的代表形式，适用于 3 路交叉形路口；喇叭口设在左转弯汽车较多的一侧，有利于主要车流方向行车；立交桥上，车流没有阻碍自由行驶，但是道路转弯半径受到限制，匝道双向行驶影响汽车行驶速度。

2. 定向形互通式立交桥（见图 19-3）

定向形互通式立交桥是 3 路交叉互通式立交的另一种形式，采用定向形匝道构成转角，明确快捷，汽车可由一个方向直接进入另一方向；各个方向汽车都获得较高的行驶速度，所有方向的车流都能直接行驶；适用于通行能力较大或行驶速度高的交叉口。

3. 菱形互通式立交桥（见图 19-4）

菱形互通式立交桥为不完全互通式立交，适用于主干路与干路之间，是城市高速公路典型的立交形式；主车流能快速通过，具有单一进出口，匝道为直线形，便于转向汽车行驶；次干路与匝道连接处有平面冲突，能影响次干路汽车直行和左转弯。

4. 全苜蓿叶形互通式立交桥（见图 19-5）

此立交桥属于完全互通式立交，适用于市郊的高速公路与高速公路相交；形状美观，

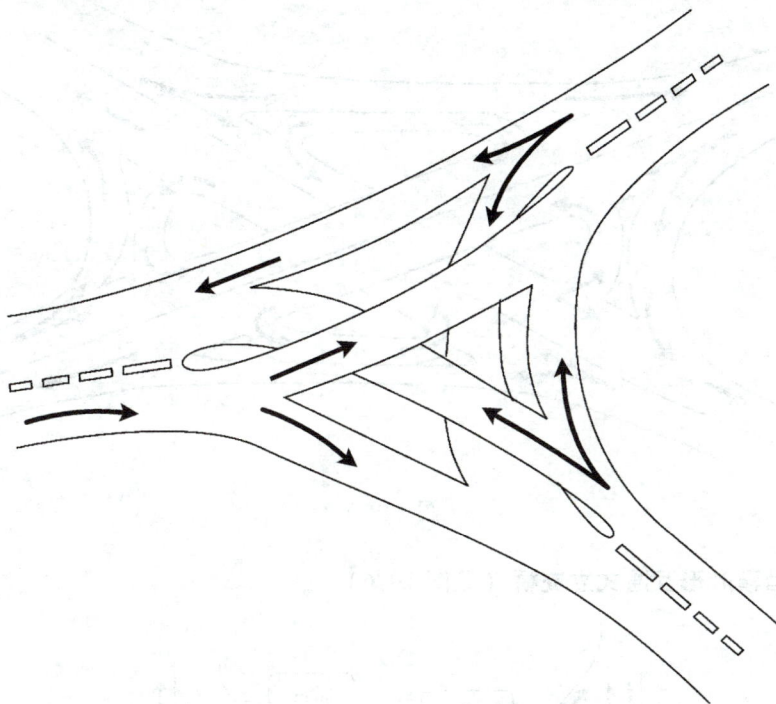

图　19-3

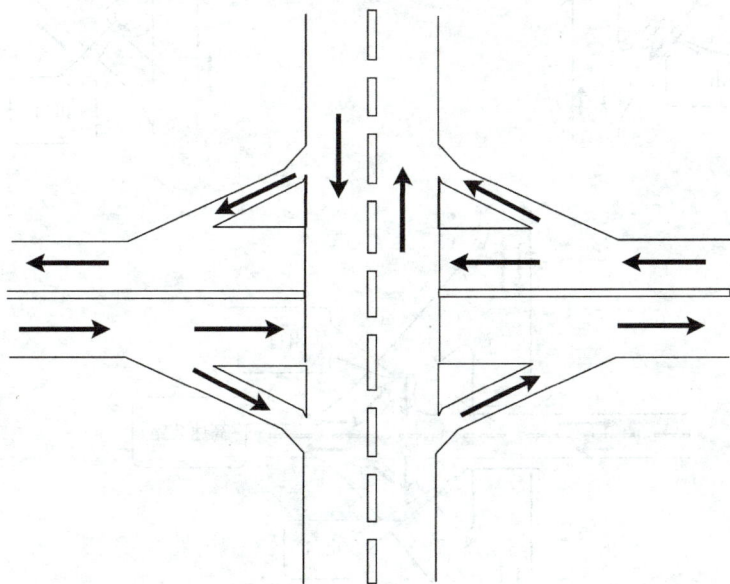

图　19-4

是高速公路典型的互通式立交；把直角左转弯变成为右转弯，所有左转弯交通与其他交通
无任何冲突；通行能力大、车速高、安全性能好。

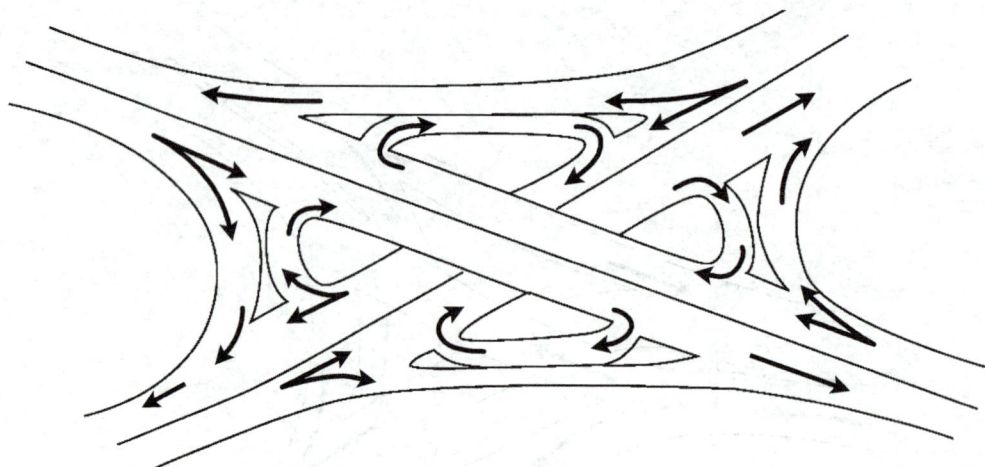

图　19-5

5. 部分苜蓿叶形互通式立交桥（见图 19-6）

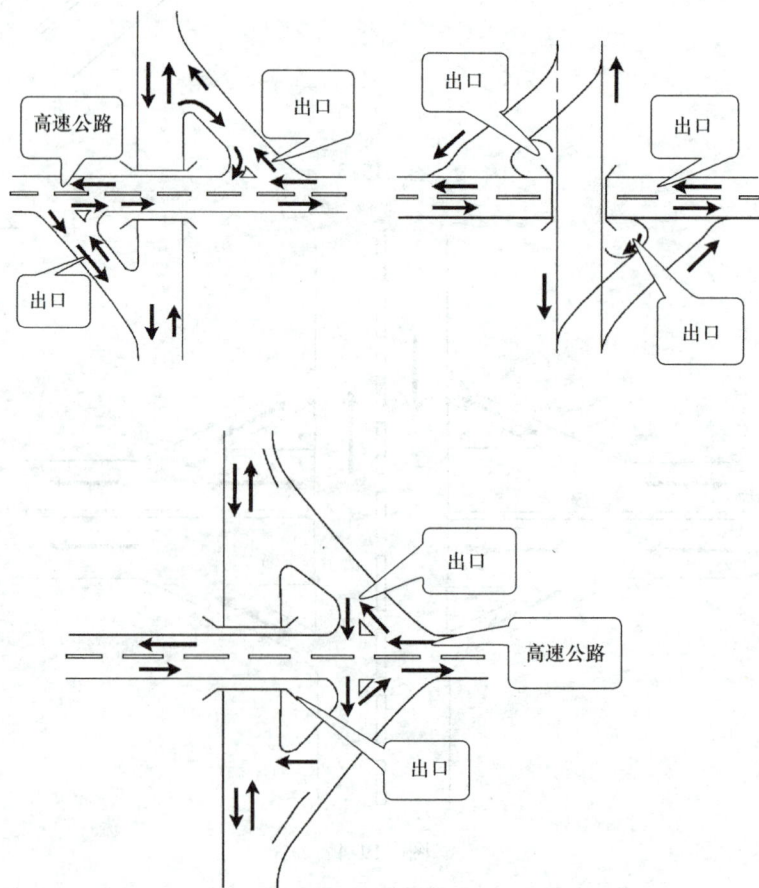

图　19-6

此立交桥为不完全互通式立交，适用于主、次干路相交；占地面积大，通行能力高，建设费用高；主干路实现完全交通，可直行、左转弯、右转弯；次干路不完全交通，只可直行、右转弯。

6. 环形互通式立交桥（见图19-7）

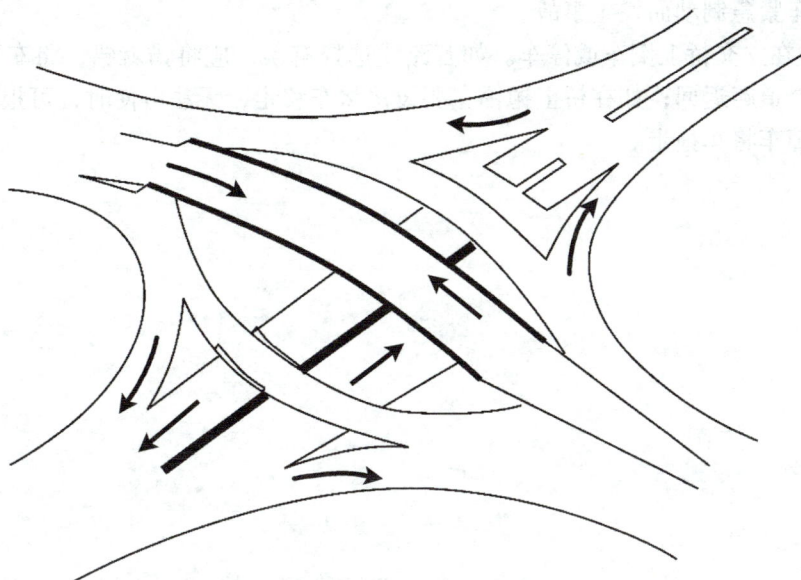

图   19-7

由平面环行交叉发展而来，将直行道与环形道交叉，可确保主干道直行方向交通畅通；适宜于主干道直行方向交通量大的多岔路口，但环形道的通行能力有限；当相交于直行道与环形道直行方向的交通量都很大时，可建成3、4层式，即上下2层为直行道，中间层为环形道，供转弯汽车环形。

通过立交桥时的注意事项

立交桥的种类比较多，走法也不同。因此，要看清道路交通标志，特别要注意进出口和方向标志。

1）进入立交桥之前，观察桥头前方的交通标志牌，掌握立交桥的结构型式及其相应的行驶路线；行驶中，注意观察路标提示，选择行驶路线和立交桥的驶出口。

2）进入立交桥匝道时，应按要求的速度行驶，没有限速要求时，应以40km/h的速度行驶。开右转向指示灯进入右侧车道行驶，避免影响其他汽车的正常行驶；与非机动车和其他机动车的行驶路线存在交织点的路段，应注意观察道路上的交通情况，做好让行和随时停车的准备。

3）由匝道驶入主干道或次干道时，为了便于主、次干道和非机动车道上的汽车和行人的观察，打开左转向指示灯，尤其在傍晚路灯照明之前。

4）行经上跨立交桥时，要控制爬坡速度同前车保持足够的行驶距离，临近坡顶之前要适当抬起加速踏板，降低车速；行经下环行立交桥时，根据道路的交通情况控制车速，尾随前车的安全距离要比上坡时的长。

5）在立交桥主干道慢车道上直线行驶时，应注意前方汽车的行驶状态，如制动灯、转向灯和临近匝道出口时的速度等出现故障，要保持足够的行车距离，随时作好制动的准备，以防前车紧急制动而发生事故。

6）禁止在立交桥上倒车或停车。如若路线选择有误，应将错就错，将车驶出立交桥后再重新选择道路返回；如在桥上抛锚，要设法将车移走，无法可使时，可报告交通管理部门，用清障车将车拖走。

二十、高速公路安全驾驶技巧与方法

高速公路的安全管理规定

1. 准入规定

1）行人、非机动车、拖拉机、农用运输车、电瓶车、轮式专用机械车、铰接式客车、全挂牵引车，以及设计最高车速低于70km/h的机动汽车，不得进入高速公路。

2）持有实习驾照的驾驶人不准在快速车道驾车行驶。

3）"三超"（超长、超宽、超高）汽车必须经公安机关交通管理部门批准后，按指定路线、时间、车道、速度行驶，并悬挂明显标志。

2. 对驾驶人及乘坐人员的规定

1）安装安全带的机动汽车，其驾驶人员和前排乘坐人员必须系安全带。

2）机动车行驶中，乘车人不准站立，不准向车外抛洒物品。

3）货运机动车除驾驶室和车厢经核准设有的固定座位外，其他任何部位不准载人。

4）二轮摩托车在高速公路上行驶不准载人。

3. 行驶速度规定

1）机动车在高速公路上正常行驶时，最低车速不低于60km/h；最高时速、小型客车不得高于120km/h；大型客车、货运汽车或其他机动汽车时速不得高于100km/h，摩托车车速不得高于80km/h。

2）在遇有限速交通标志或者限速路面标记所示时速与上述规定不一致时，应当遵守标志或者标记的规定。

提醒您：

高速公路上行车，应随时注意公路上的标志，适时调整行车速度。

4. 行驶规定

1）正常行驶的机动车，不准倒车、逆行，不准穿越中央分隔带调头或转弯。

2）不准试车或学习驾驶机动车。

3）不准在匝道和变速车道上超车或停车。

4）不准驾车骑压车道分界线行驶和在超车道上连续行驶。

5）不准从右侧超车。

6）除遇障碍、发生事故等必须停车外，不准随意停车，不准停车上下人员或者装卸货物。

7）除因停车驶入或驶出紧急停车带和路肩外，不准在紧急停车带或路肩上行车。

5. 停车规定

1）除遇障碍、发生故障等必须停车的情况外，在高速公路上不准随意停车、停车上下人员或装卸货物。

2）因故障需要停车检修时，必须提前开启右转向灯驶离停车道，停在紧急停车带内或者右侧路肩上，在行车道内不准修车。

3）因故障、事故等原因不能驶离行车道，驾驶人必须开启危险报警灯，并在行驶方向的后方150m处设置故障车警告标志。夜间还须开启示宽灯和尾灯，驾驶人和乘员必须迅速离开汽车，转移到右侧路肩或紧急停车带，并向交通警察或急救中心报警。

选 择 速 度

汽车进入高速公路后，应严格遵守最高时速和最低时速规定。根据道路交通情况，选择行驶速度，正常行驶时速应在 $60 \sim 120km/h$ 之间，超车时不能超过最高时速。让车时不能低于最低时速，低于最低时速行驶，会加大汽车之间的速度差，增加超车和变更车道的次数，会更危险。

在高速公路上行驶时，要注意限速标志，在有限速标志的路段，应及时将车速控制到限速标准以内，超速驶过该路段是非常危险的。

选 择 行 车 道

高速公路主车道设计有双向四车道、六车道、八车道，以沿机动车行驶方向左侧算起，第一、二、三、四车道均为行车道，如图 20-1 所示。根据道数的不同，对各车道的速度要求也有所区别，具体规定如下：

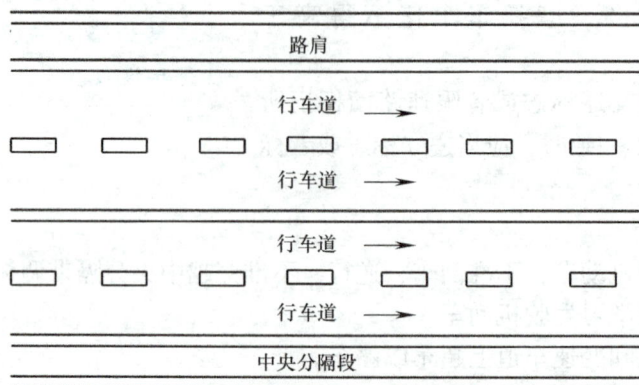

图　20-1

（1）单行两车道

车速低于 100km/h 的机动汽车，在右侧车道行驶，但最低车速不得低于 60km/h；车速高于 100km/h 的机动汽车，在左侧车道行驶，但最高车速不得高于 120km/h，如图 20-2 所示。

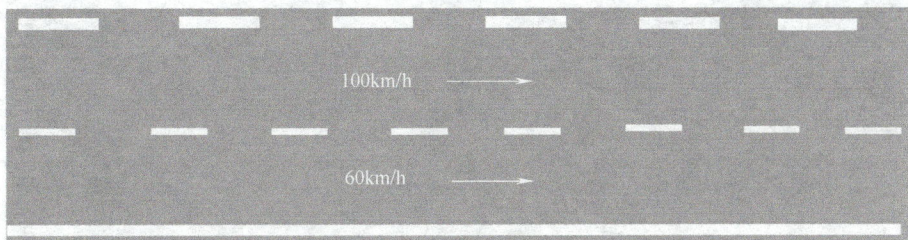

100km/h →

60km/h →

图　20-2

（2）单向三车道

最低车速为 110km/h 的机动汽车，在左侧车道行驶；最低车速为 90km/h 的汽车，在中间车道行驶；最低车速为 60km/h 的汽车，在右侧车道行驶，如图 20-3 所示。

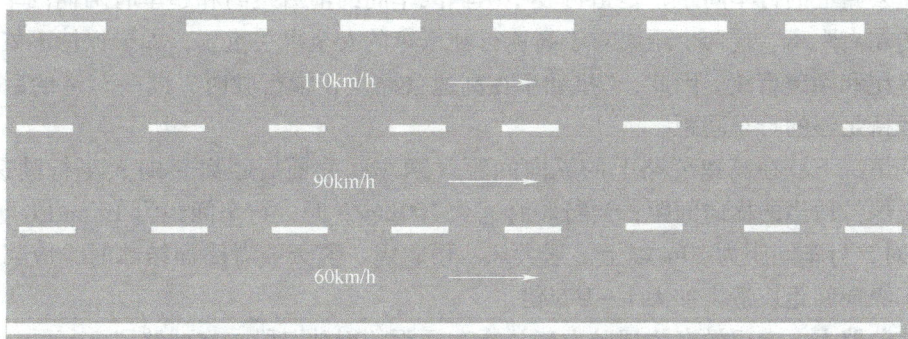

110km/h →

90km/h →

60km/h →

图　20-3

（3）单向四车道

最低车速为 110km/h 的机动汽车，在左侧车道行驶；最低车速为 90km/h 的汽车，在中间两车道行驶；最低车速为 60km/h 的汽车，在右侧车道行驶，如图 20-4 所示。

按照以上规定，驶入高速公路主车道的机动车，车速应在 60km/h ~ 120km/h 范围内，按照自车的行驶速度适时变更车道，当车速递减时，应从最左侧行车道依次变更车道至最右侧的行车道；当速度递增时，则宜从右侧行车道依次变更车道至最左侧行车道。这样，才能提高高速公路的车流速度和通过能力。

提醒您

不超车时，严禁随意变更车道，除因停车驶入或驶出紧急停车带和路肩外，不准在紧急停车带和路肩上行车。

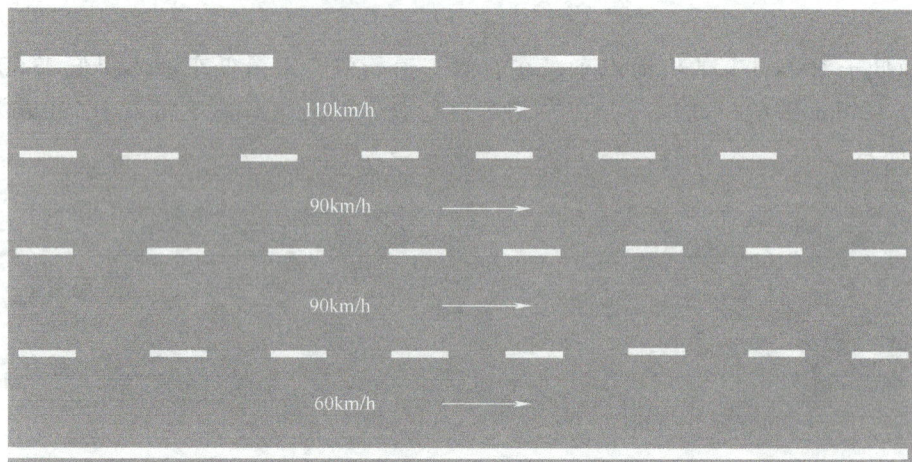

图　20-4

高速公路上的行车间距

高速公路上的行车间距，是指行驶中两辆汽车间的前后距离和超车时两辆汽车平行行驶瞬间的左右距离。这两个距离对于高速行驶汽车的安全事关重要，如果保持不好，很容易发生追尾和剐碰事故。因此，"机动车在高速公路上正常行驶时，同一车道的后车与前车必须保持足够的行车间距"。

正常情况下，在高速公路上的纵向间距（两车间的前后距离）略大于行驶速度值，超车时应保持适当的横向间距；当行驶时速为100km/h时，行车间距为100m以上；时速70km/h时，行车间距为70m以上。遇大风、雨、雪、雾天或者路面结冰时，应当减速行驶，行车纵向间距应适当加大1~1.5倍。

高速公路上，专门设有为驾驶人确认行车间距的行驶路段，在此路段上行驶，可检验与前车的行车间距，驾驶人可根据需要适时调整车速。

正常情况下在高速公路超车时，横向间距（两车间平行瞬间的左右距离）为：当行驶时速为100km/h时，横向间距为1.5m以上；时速为70km/h时，横向间距为1.2m以上。

雨雾天在高速公路上行驶，应按规定速度行驶，行车间距保持为干燥路面行车间距的2倍以上为宜；当能见度在50m以下时，不可冒险行驶，应设法将车驶向最近的服务区或停车场暂避，待雾散后再驶入高速公路。

遇浓雾突然来临，来不及驶向服务区或停车场时，可把车驶入路肩停下，打开示宽灯和尾灯，待雾散后，尽快驶离路肩。

雪天在高速公路上行驶，应加大行车间距，一般应为干燥路面的3倍以上；尽量沿前车的车辙行驶，一般情况下，避免超车、急加速、急转向和制动；必须停车时，应提前采取措施，尽量用发动机的牵阻来控制车速，以防各种原因造成的侧滑。

路面结冰时，应立即将汽车驶到最近服务区或停车场，安装轮胎防滑链或换用雪地轮胎。

驶入高速公路

1）在距高速路收费站50m处，减速慢行，选择亮绿色箭头灯的车道进入站台，如前方有先到的汽车，应排队等候。

2）将左侧门玻璃落下，对准服务窗口，领取证卡。

3）入站后仍需缓行，注意观察匝道入口岔道

提醒您：

禁止在匝道上超车、停车、掉头、倒车等，避免导致交通事故。

处的路标指示，选准要去的方向以及驶入的匝道。有弯道和坡道的匝道一般都要限制速度，应注意警告标志，一定要按标志规定的速度行驶。

4）驶出匝道进入加速车道后，应迅速将车速提至60km/h，并开亮左转向灯，观察左后视镜察看高速公路后方有无驶来的车辆，确认安全后，驶入高速公路最右侧的行车道。前方有行驶的车辆时，要保持足够的安全间距。

注意事项：

1）进入站口的汽车应依序排队，后来的汽车不准超车和插队。

2）进入站口后不宜加速行驶，否则难以看清匝道入口处的指路标志。

3）驶入匝道的机动车，不许超车和停车。

4）加速车道如有停驻或缓行的汽车，自车应稍作等候，待其驶离后再加速驶入行车道。

5）进入行车道前，要对后方来车作认真观察，如距自车距离尚远时，可以在其驶来前进入行车道；如距来车距离较近，可待其驶过后自车再行进入。

6）如遇列队行驶的车流时，不得中间插入，应等待其全部驶过后，自车再行。

7）不得从匝道未经加速直接驶入行车道。

8）进入行车道后，应将车速逐级提高，依次将车变更进左面快速车道，不得从最右侧慢车道直接驶入最左侧快车道。

在高速公路上行驶

1. 匝道行驶

汽车驶入高速公路，首先必须进入匝道，从匝道口进入高速公路起点（或加速车道），然后进入高速公路行车道。

（1）选择匝道

高速公路的入口大多采用立体交叉形式，一般有两条或两条以上不同方向的匝道，如果不注意指路标志，往往会驶错方向；应注意观察路标，选择进入左侧匝道还是右侧匝道，如图20-5所示。

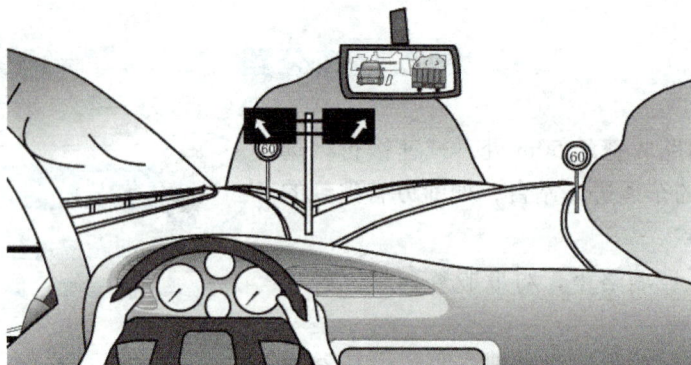

图 20-5

（2）匝道行驶

确定行驶的匝道后，及时驶入并尽快地提高车速，但不能将匝道当成加速车道，应严格按规定的速度行驶；前方有行驶的车辆时，要保持足够的安全间距；有弯道和坡道的匝道一般都要限制速度，应注意警告标志，一定要按标志规定的速度行驶，如图20-6所示。

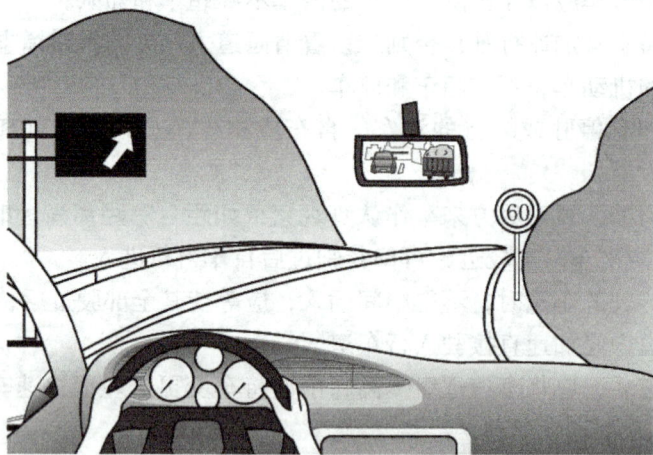

图 20-6

在匝道上行车，不得超速行驶，应遵守限速标志，以免在弯道处发生碰撞或剐蹭事故；在匝道内车速不超过40km/h，不准超车、调头。

从匝道驶入加速车道，再从加速车道驶入行车道。应注意调整车速，避免与行车道上的汽车相碰。如果跟在加速性能较差的汽车后面，应与前车保留足够在加速车道上加速的距离。如果前车在加速车道上停车，堵住去路，或者行车道上的汽车连续不断行驶时，应在加速车道上等待，并注意留有充分的加速余地。

2. 加速车道行驶

车辆进入加速车道后，应迅速提高车速至60km/h以上，并打开左转向灯，在确认不妨碍正在行车道上行驶的车辆的情况下，平滑地汇入行车道；不允许未在加速车道加速而直接驶入行车道，如图 20-7 所示。

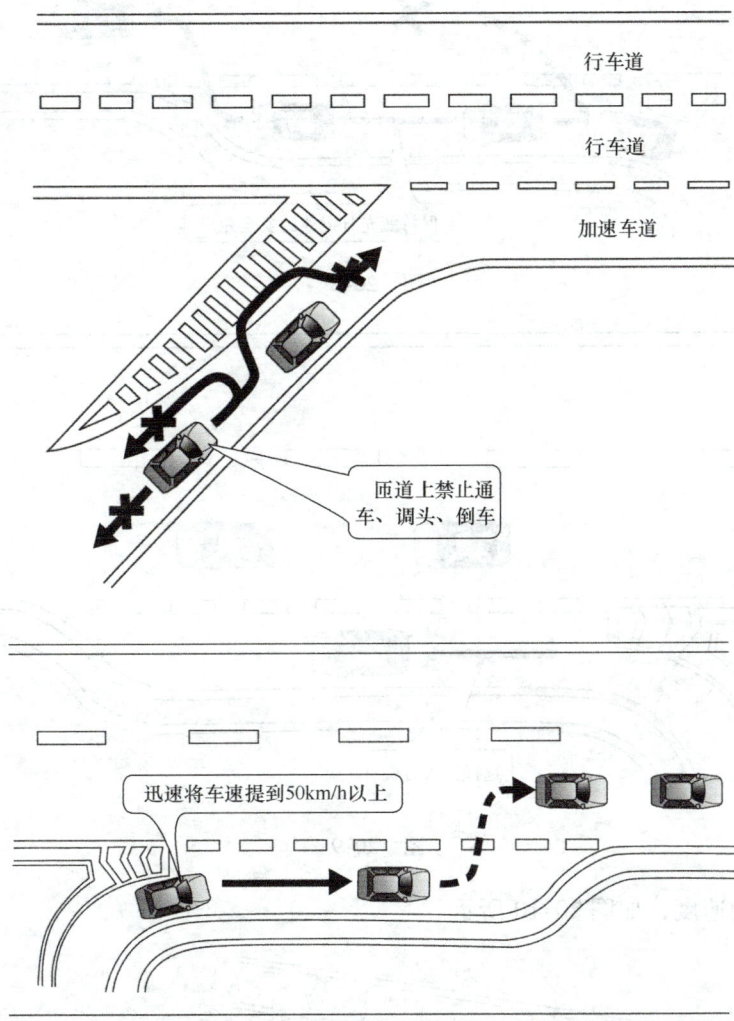

图　20-7

在加速车道上尾随前车行驶时，应注意观察前车的加速情况，当前车加速性能较差时，要与前车保持足够在加速车道上提速的距离，避免在加速车道上减速或停车；汇入行车道时，操纵转向盘不应过急过猛。如图 20-8 所示。

3. 驶入行车道

汽车驶入行车道之前，应打开左转向灯，通过后视镜观察后面行车道上的汽车，正确估计车流速度，调整和控制好车速，根据车流情况确定尾随在哪辆车的后面汇入车流，如图 20-9 所示。

当行车道上的车流密度较大，汽车相距较近或以车队状态行驶时，要估计自车的加速

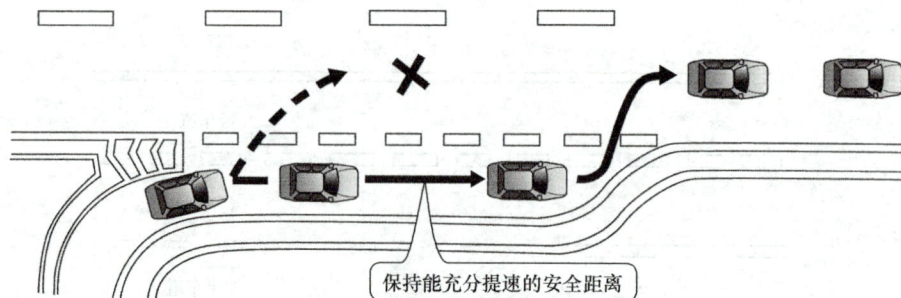

保持能充分提速的安全距离

图　20-8

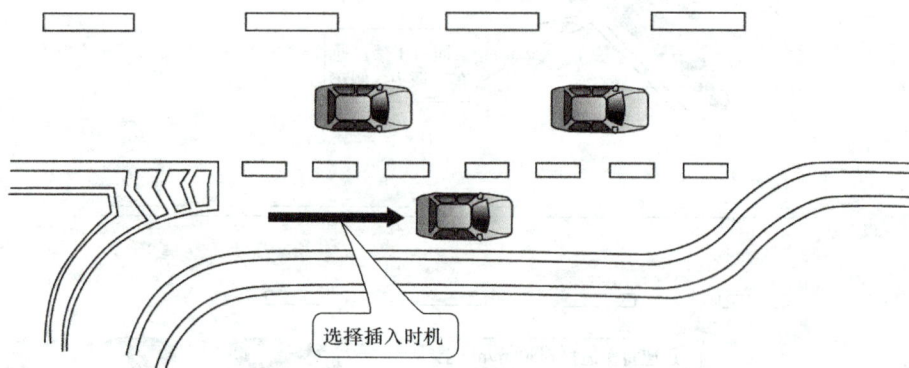

选择插入时机

图　20-9

性能和领头车的速度，如图 20-10 所示。

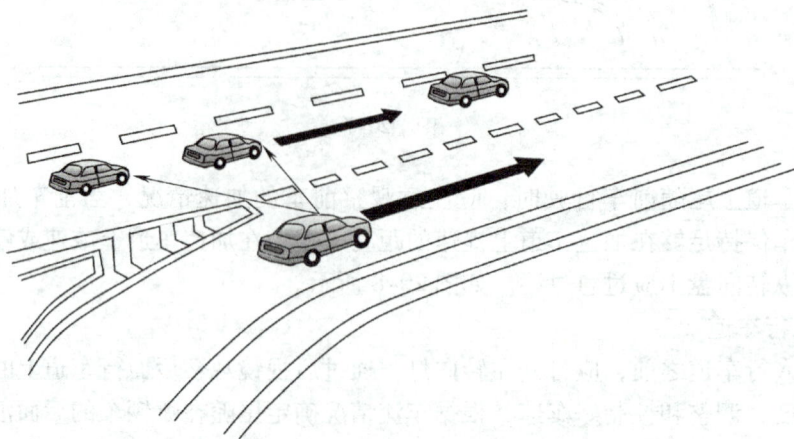

图　20-10

领头车速度较慢时，可加速从领头车前方驶入行车道，如图 20-11 所示。

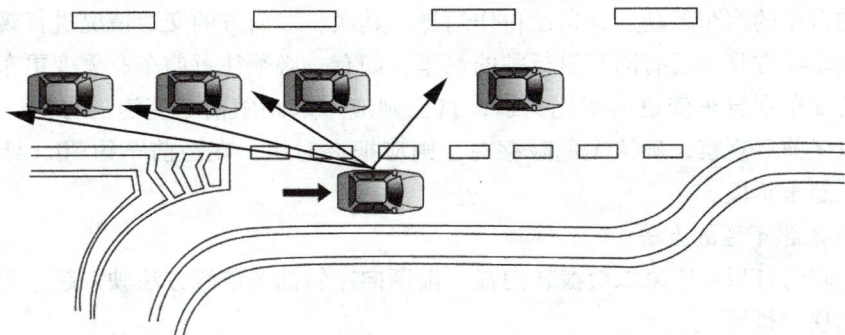

图　20-11

领头车速度较快，其他尾随车距离较近，则控制好车速，在所有汽车通过后，再驶入行车道，如图 20-12 所示。

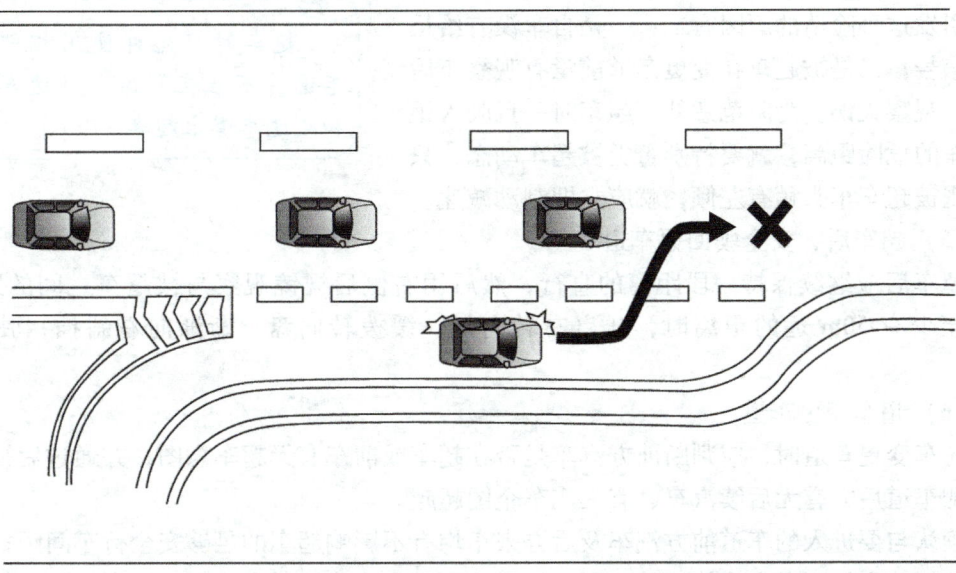

图　20-12

在高速公路上超车

在高速公路上超车时，只允许使用相邻的左侧车道。超车时，应做好以下几点：

（1）先观察，把握时机

在同一行车道内，如距前车距离越来越近，表明前车速度低于自车速度，此时便可确定前车即将成为自车的超越对象。在驶近前车还差 200m 远时，开始做超越的准备。首先，对车后情况进行观察，观察车后有无跟行的汽车和正在超越自车的汽车。如有跟行的汽车，应观察此车有无超越自车的动态。如果发现车后有车从超车道驶来，自车应延缓超车，让超越自车的汽车超越后，自己再作超越。其次，对前方的交通情况进行观察，主要目标是看前车前方是否还有同车道行驶的汽车，如有，必须注意前车有无变更车道超车的可能，如若前车在自车变道前率先变道，自己则应采取跟随前车变道的方法，驶入超车道。通过以上前后观察，确认无危险存在，则应把握时机，在距前车约 70m 处开启左转向灯，进入超车阶段。

（2）进入超车道的方法

开启左转向灯后，应采取缓拨转向盘、渐渐向左斜插的取线方法驶入超车道，行车轨迹应避免出现"硬弯"。

（3）驶入前车听觉范围，应及时鸣喇叭

从超车道靠近前车约 20m 远时，应鸣喇叭（夜间变换远近光灯）提醒前车，以引起前车注意，作出避让。

（4）超越时，谨防被超车突然驶入超车道

这种情况多发生在被超车前方仍有汽车行进时。引发这种险情的原因有二：一是自车没有给足超车信号；二是被超车在变更车道前没有观察车后情况或观察失误。为防范意外，超车时一旦驶入距被超车的危险距离，就要特别警觉被超车动态，只要发现被超车车头稍有左倾，就应立即制动减速。

提醒您:

超车时只允许使用相邻的车道，不准在匝道、加速车道和减速车道上超车。

（5）超车后，安全驶回原车道

超车后应继续保持一段距离的直行，然后用右侧后视镜观察与被超车之间的距离，拉开至少有 50m 远的距离时，开启右转向灯，缓拨转向盘、渐渐向右斜插，驶回原车道。

（6）超车变更车道

超车变更车道时，应判断前方汽车是否在超车或前车有无超车意图；并通过后视镜观察左侧车道后方有无后续汽车、有无汽车企图超越。

确认与要进入的车道前方汽车及后方来车均有不影响超车的足够安全行车间距；打开左转向灯，夜间还需变换使用远、近光灯示意：再一次确认后方确实无汽车超越，保持与前、后汽车均有足够的安全距离。

在距前车 70m 左右时，向左适量转动转向盘，以较大的行车轨迹切入左侧变更车道，加速平顺地驶入需要进入的车道；超车时，应保持足够的横向安全间距，避免拖延时间，加速超越；超车后，距被超汽车 50～70m 时，打开右转向灯，在不影响被超汽车正常行驶的情况下，平稳驶回行车道，关闭转向灯，如图 20-13 所示。

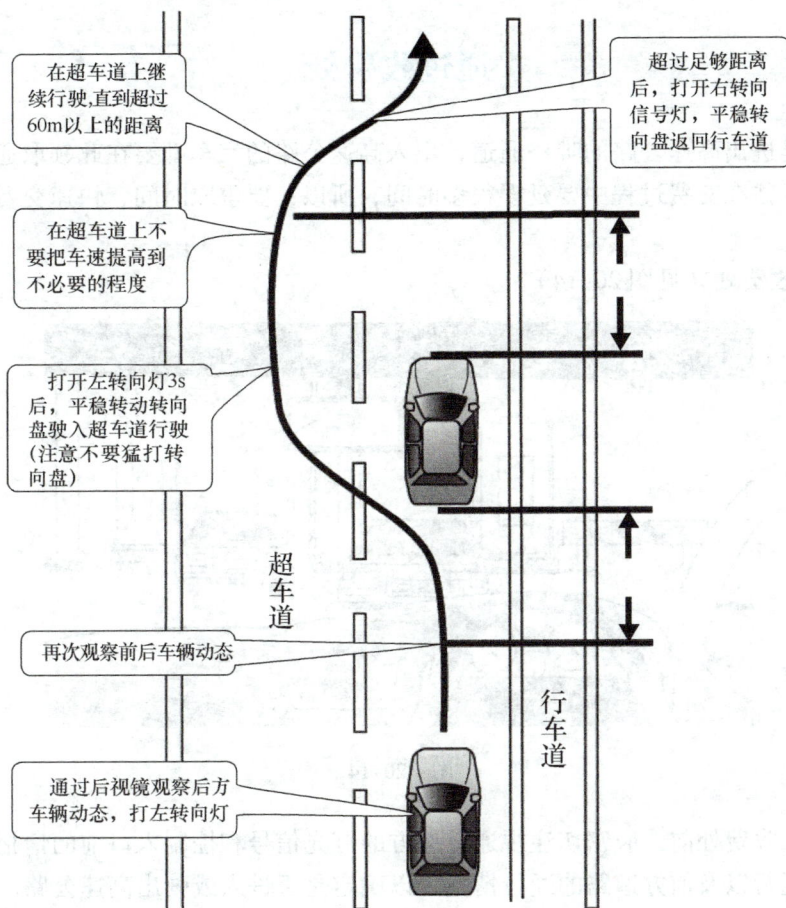

在超车道上继续行驶,直到超过60m以上的距离

超过足够距离后,打开右转向信号灯,平稳转向盘返回行车道

在超车道上不要把车速提高到不必要的程度

打开左转向灯3s后,平稳转动转向盘驶入超车道行驶(注意不要猛打转向盘)

超车道

再次观察前后车辆动态

行车道

通过后视镜观察后方车辆动态,打左转向灯

图 20-13

在高速公路上通过弯道

1）注意观察路标。高速公路有弯道时,一般在进入弯道的前方路侧设立有连续性提示标志,行驶中一旦发现弯道标志,则应立即采取控速措施,拨入低一级档位。

2）观察道路右侧护栏并保持距离。

3）用目光扫视仪表速度指示。通过弯道时的车速应控制在 60~80km/h,不可用经验或感觉来确定,因为经验或感觉的速度往往比实际速度高出许多,容易交通事故。

4）用手感判断车速是否适宜。弯道行驶车速适宜时,把握转向盘的双手会感觉轻松自如;车速越快,汽车驶向路边的趋势越大,双手掌控转向盘的反向作用力也就越大。感觉双手吃力时,证明车速已经超出适宜范围,应当再作减速。

5）弯道行驶中,汽车应适当降低车速,高速会失去控制,造成事故;尤其左转弯道行驶时,由于驾驶人的视距变短,应尽量避免在弯道上超车;为了避免因转小弯与侧面汽车剐碰,不得在弯度小的弯道上超车。

通过收费处

收费处是进出高速公路的唯一通道，出入高速公路的汽车都要在此领取通行卡、交费才能驶出，往往在交费过程中要延误很多时间，所以，要争取时间，快速交费，以免影响行车的时间。

1. 驶入收费处（见图20-14）

图 20-14

汽车进入收费处前，应密切注视通道上方的灯光信号和控制入口前的情报板，了解哪个通道可以通行以及前方道路的通行情况，以确定是否进入或驶出高速公路。

驶近收费处时，要严格遵守限速规定，减速缓行，密切注视指示牌和情报板上显示的道路及天气情况，确定是否能进入（或驶出）高速公路；选择通道上方亮绿灯信号且汽车较少的通行道口，依次排队，按次序领取通行卡（或交费）通过，切勿争道抢行。

在设有电子不停车收费系统（ETC）的收费站，持有电子标签的汽车可以在30km的时速内不停车直接通过ETC专用收费车道，进出高速公路。

2. 交费或领取通行证

进入收费入口处，尽量将车身靠近收费亭，停车时使驾驶室门窗对齐收费口，便于收费人员和驾驶人交接现金、票证或通行卡。

在入口处领到通行卡或票证后，要妥善收存好，以备出口时交卡或验票；切忌将通行卡或票证随手乱丢，到达收费口时，为寻找通行卡或票证耽误时间，影响通过速度。

1）交费卡的领取。匝道与高速公路接口处设有收费站，驾驶员应减速行驶到领卡窗口，领到卡后，然后再上高速公路。

2）交费。离收费站1km处，高速公路的右边竖立了预告收费的标志牌，这时汽车应准备交款。汽车降速行驶到收费窗口，驾驶员应采取停车措施。一般的收费站设有多个收费窗口，汽车驶临收费站时，驾驶员应仔细观察哪个收费窗口停车较少，就将汽车开向哪个窗口，不要在收费站转来转去，这不但浪费时间，而且也不安全。汽车驶入收费窗口的行车道，应排队跟着前车行驶，当到达收费窗口时，迅速将卡、款交到窗口内的收款人员手中，当拿到收款票据后，再将车开离收费窗口。

3. 驶离收费处

驶离收费处时，要控制好车速，千万不能凭感觉来判断车速；由高速公路行驶转入一般道路行驶，对速度的变化不能马上适应，容易产生错觉，总感觉车速太慢，如不注意，往往会发生事故；唯一的办法就是在驶离收费处后的一段时间内，利用车速表调整速度感觉；经过几次减速、加速或停车信号的反复刺激，逐渐适应一般道路上的行驶。

> **提醒您：**
> 停车时，不要离收费亭或收费窗口太远、交费时要准备好现金、将收费卡或票据放好。

驶出高速公路

汽车欲驶离高速公路，应当按出口预告标志进入与出口相连接的车道，减速行驶。从匝道驶离高速公路，必须提前开启右转向灯，驶入减速车道，然后经匝道驶离。

1. 驶离高速公路的技巧

（1）驶离主车道

高速公路的出口前 2km、1km、500m 及出口处都设有出口预告标志，如图 20-15 所示。

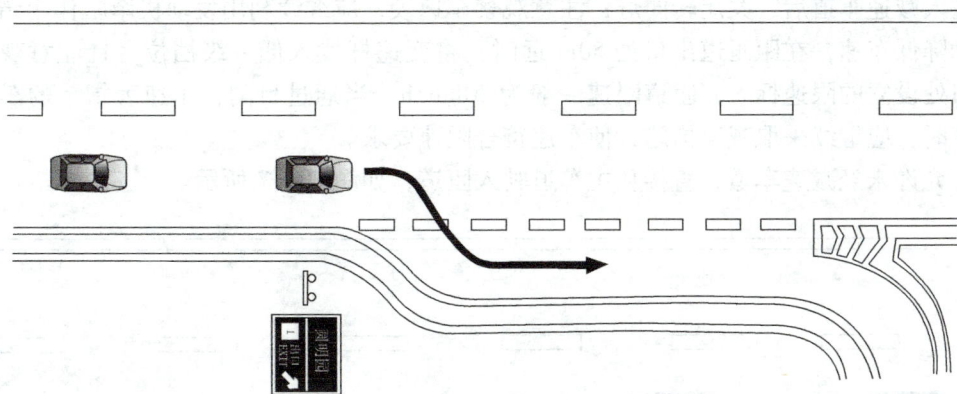

图 20-15

当看到要驶出的下一出口第一预告标志时，根据预告标志指示的下一路口的距离，及时做好驶出的准备，防止错过出口；如果在超车道上行驶，应寻找机会尽早回到行车道上；若在三车道以上高速公路的最左侧车道行驶时，应在不影响其他汽车正常行驶的前提下，逐渐变更至最右侧车道，以便驶离主车道。

行驶到距出口 2km 预告标志后，不得再进行超车；距出口 500m 时，打开右转向灯，调整车速，逐渐平稳地从减速车道口的始端驶入减速车道，如图 20-15 所示。

（2）驶入减速车道

驶离主车道的最佳时机是行至离出口 500m 处，这时应当开启右转向灯，适当调整车速, 逐渐平顺地从减速车道始端驶入减速车道。其方法为: 行至距出口 500m 远的路标处时, 抬起加速踏板, 开启右转向灯, 做好驶入减速车道的准备, 进入右侧车道行驶。

如果已驶过出口, 只能继续向前行驶至立体交叉桥调头, 或者在下一出口驶离; 严禁在高速公路紧急制动、停车、倒车、调头、逆行、穿越中心隔离带供紧急情况使用的缺口, 如图 20-16 所示。

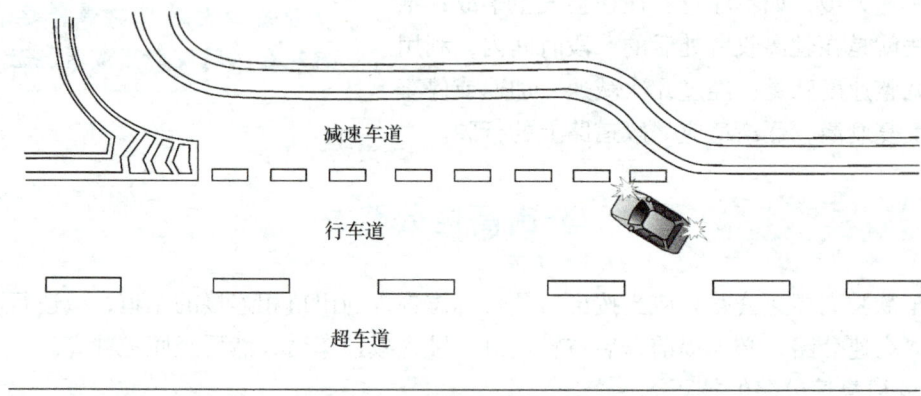

图 20-16

（3）减速车道行驶

进入减速车道后, 关闭转向灯; 注意观察车速表, 应继续利用发动机牵阻作用结合轻踩制动降低车速, 在距匝道出口处 50m 远时, 将变速杆拨入低一级档位, 且注意观察匝道入口处设立的限速标志, 匝道限速一般为 40km/h, 当通过目测, 车速表指示的车速高于限速时, 应继续采取减速措施, 使车速符合限速要求。

不允许未经减速车道, 直接从主车道驶入匝道, 如图 20-17 所示。

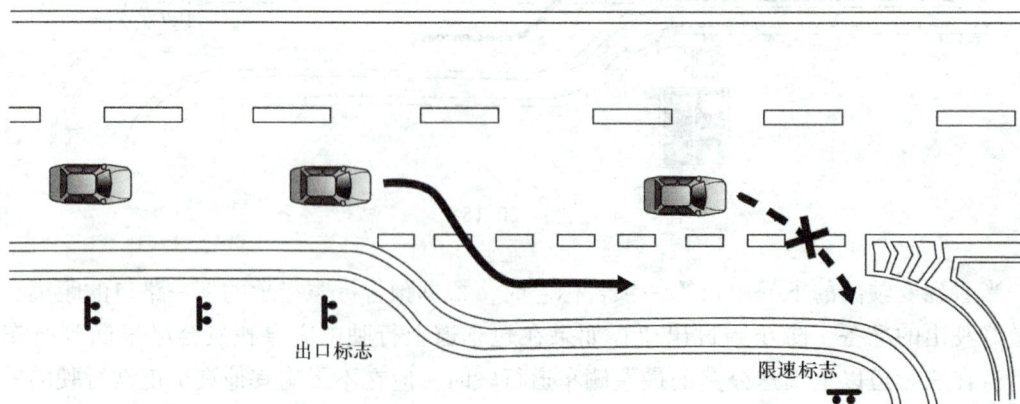

图 20-17

（4）匝道行驶

进入匝道后, 根据匝道的弯度掌握好转向盘, 并将车速控制在限定的时速以下; 注意从其他车道合流的汽车。

　　驶至匝道终端的岔道处时，要与反方向驶出高速公路的汽车汇流。因此，要注意另一匝道有无驶来的汽车。如若有汽车驶来，且与自车有可能同时驶至岔道处时，应主动减速避让，让其先行。

2. 驶出高速公路的注意事项

　　1）进入匝道前，必须充分减速，并观察里程表，确认车速读数，将车速确实降至匝道所规定限速的范围。

　　2）进入匝道的汽车，严禁超车、调头和停车。

　　3）驶至匝道终端岔道汇流处时，要特别留意和小心，严禁与另一匝道驶出的汽车抢道。

　　4）进入收费站时，不可与其他汽车争抢通道，应文明驾车，依序排队。

　　5）驶出收费站时，必须迅速驶离道口，以免堵塞交通。

　　6）如若在高速公路上驶过要驶出的道口时，不可在慌忙中紧急制动，更不可停车、倒车、调头和逆行返回，应继续行驶至下一出口，驶出高速公路。

二十一、

特殊路段的驾驶技巧与方法

穿越铁路时的驾驶技巧与方法

1. 通过铁路道口

1）汽车行驶距道口100m时，停车观察，确无火车，挂上一档，平稳通过，如图21-1所示。

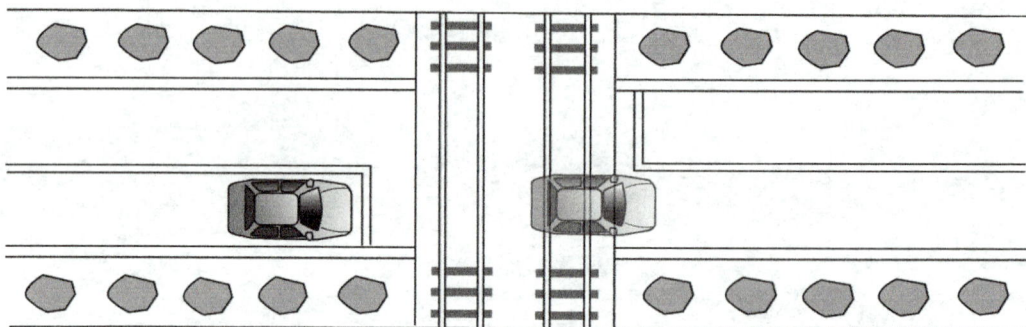

图 21-1

2）穿越铁路应一气通过，不得在火车行驶区内变速、制动和停车。

3）在道口前等待放行时，应尾随前车纵列停放，不得超越抢先或并列停放，以防堵塞。

4）在火车行驶区内发生故障时，要设法迅速离开，不得将汽车停留在轨道上。

2. 通过道口栏门

汽车遇有道口栏门（电动栏杆）关闭，音响器发出报警，红灯亮或看守人员示意停止行进时，必须依次停在栏杆或停止线以外。

3. 通过无人看守的道口

无人看守的道口若设在上坡或下坡位置时，驾驶员应提前减速慢行（见图21-2）；驶近铁路道口前，注意观察交通信号灯，遇有道口信号两个灯交替闪烁或红灯亮时，不准通过，停在停止线以外。没有停止线的，应停在距最外股铁轨5m以外。绿灯亮时，准许通过。在没有交通信号的铁道路口，须停车观察，确定是否有火车通过后，再确定是否继续行驶，严格遵守有关规定，谨慎驾驶。

道口放行时（见图21-3），汽车、非机动车、行人相互干扰，秩序混乱，容易造成事故，应提高警惕，谨慎慢行，避免发生碰擦事故。

尾随前车通过铁路道口时，应保持足够的安全距离，在前车驶出道口大于一个车位的距离后，才能驶入道口；防止前车因交通阻塞或其他原因停车，造成后车无法驶离铁路道口。

提醒您：

驾车通过铁道时，要提前选好低速档，稳住加速踏板匀速通过，切记途中不要变换档位，以防熄灭抛锚。

无人看守

图　21-2

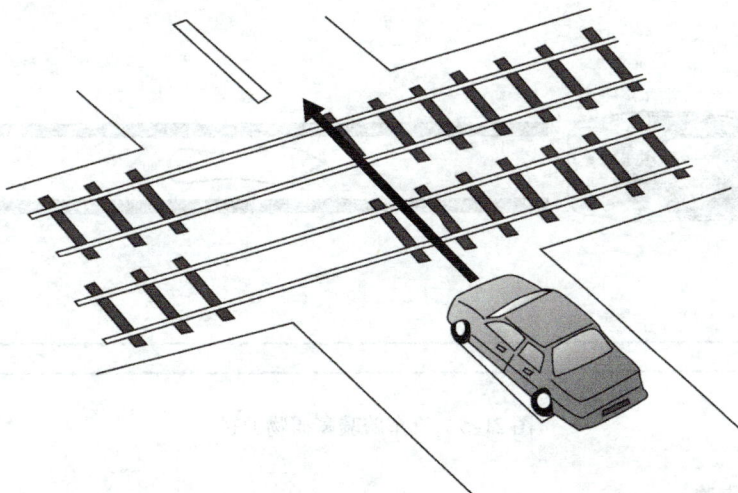

图　21-3

通过障碍物时的驾驶技巧与方法

1. 障碍物在路中

障碍物在道路中心时，若两侧都可通过汽车时，一般应沿右侧通过，如图21-4所示；若右侧较窄，不能通过，可以从较宽的左边通过，但应在左侧没有来车的情况下通过，若左侧有来车，应停车让对方通过障碍物后，再起步从左侧安全通过。

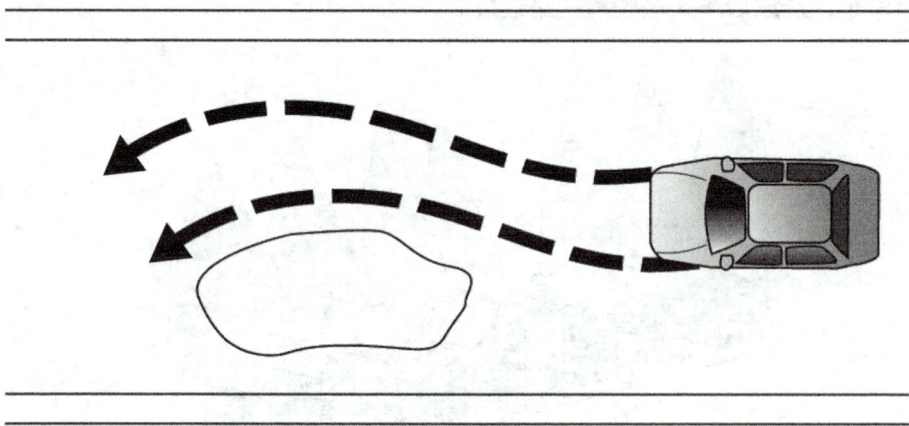

图 21-4　从右侧通过障碍物

2. 障碍物两侧都不能通过

障碍物在路中，汽车从左、右两侧都不能通过时（见图21-5），驾驶员应停车看清障碍物的高度和障碍物的材料，可使汽车左、右车轮骑跨障碍物缓慢通过，或使左轮从障碍物上驶过，右轮在路面上行驶，或清除障碍物后通过。通过时，车速一定要慢，确保安全。

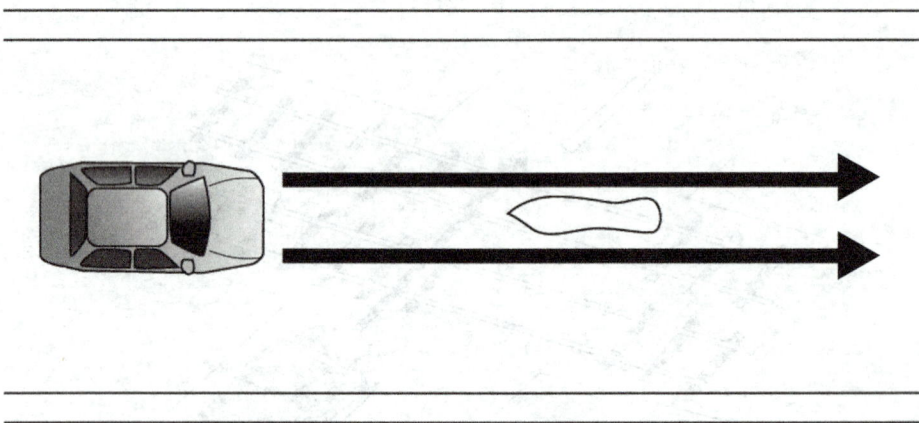

图 21-5　汽车跨骑障碍物通过

3. 硬质障碍物

堆放在道路上的障碍物是硬质的石料等，占去的路面较宽，两侧都不能绕过（见图

21-6），其最高点又超出（或高于）汽车的最小离地间隙。这时驾驶员应停车，将硬质材料的一边搬掉一些，汽车能基本通过时，然后上车，挂上低速档，让汽车一侧的车轮压着障碍物，另一侧车轮在路面上，慢慢通过。

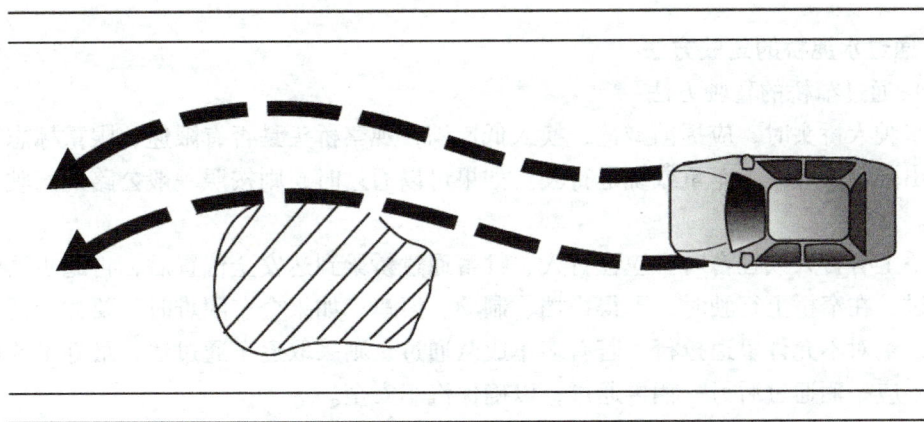

图 21-6   汽车一侧车轮压着障碍物通过

通过森林道路时的驾驶技巧与方法

1. 防止树木枝条碰擦汽车

汽车在森林道路上行驶，由于公路两侧的树木枝条过低，汽车通过时，容易碰擦车厢、驾驶室。因此，汽车通过时，应降低车速，若枝干粗大，应将其砍掉再行驶，不得盲目通过，以免损坏汽车。

2. 新开辟道路行驶的方法

在新开辟的道路上行车，应注意树木砍伐后的余根、残干和树坑等障碍物扎坏轮胎，顶坏汽车后箱。因此，汽车在行驶中驾驶员观察到了这些障碍物时，不要盲目通过，应估计高度，若超过汽车的最小离地间隙，应排除后再通过。

3. 通过枝叶较厚地段的方法

汽车在枝叶较厚的路段行车，应注意硬树枝被树叶遮盖住或深坑被掩盖，以免汽车被扎坏轮胎或掉陷坑内。因此，在此路段应慢速行驶，当有异常感觉时，应立即停车排除。

4. 通过窄路、弯路的方法

汽车通过森林中的狭窄路、弯路时，要掌握转向时机，防止车头、车尾和树木擦碰。若弯度转角小，一次转弯困难，应将汽车调头或采取侧方移位等方法改变汽车的转弯方位，然后通过。

5. 通过生疏的森林道路的方法

驾驶汽车到生疏或大面积的森林道路中行驶，容易迷失方向，为了顺利通行，最好找一位向导，将你领进森林内，应注意行进方位，并设置好路标，以便返回时顺路标驶出。

在新开辟的或不经常通车的森林道路上行车，应警惕野兽的袭扰；同时，不要乱扔烟头，以免发生火灾。

通过桥梁时的驾驶技巧与方法

1. 通过水泥桥的驾驶方法

（1）通过窄桥的驾驶方法

汽车驶入桥头时，应提前减速，换入低速档，观察桥头是否有限速、限重标志。如果车重超出限制，应减少车重或绕道行驶。如果可以通过时，则按照一般公路的驾驶方法驾驶即可。

当桥上有行人或牲畜时，应让行人、牲畜通过桥梁到达安全位置后，再起步驾驶汽车平稳通过。在窄桥上行驶时，不得换档、制动、停车。如果会车困难时，要先让桥上的汽车通过，绝对不允许争道抢行。若有多车成队通过，则采取逐车通过法，最好不要尾随一齐通过，应一辆通过后另一辆再通过，以确保汽车安全。

如遇雨雪天气时，则通过时更要倍加小心，以低速通过，不可突然加速或减速，更不可采取紧急制动，以防汽车摆尾，撞坏栏杆，使车掉到桥下。

（2）通过桥面不平桥梁的驾驶方法

桥面不平，汽车通过时上下颠簸振动力大，影响桥梁的承载能力。所以，驾驶员驾车通过时，应谨慎驾驶，当桥面没有任何物体影响汽车通过时，用低速档，轻踏加速踏板，使汽车缓慢通过。

汽车在桥上行驶时，不得换档、制动，应以等速行驶通过。

2. 通过拱形桥的驾驶方法

汽车在到达拱形桥之前，应减速、鸣喇叭、靠右侧行驶，夜间应变换远、近灯光示意，确认可以通过时要提前冲坡，将车开至桥峰。因汽车上桥时，前方的视距受影响，所以，必须随时注意对面是否有来车上桥，并做好停车的准备。估计汽车可以冲上桥峰时，就要提前抬起加速踏板，利用冲坡余速，使汽车惯性到达桥顶，如图21-7所示。

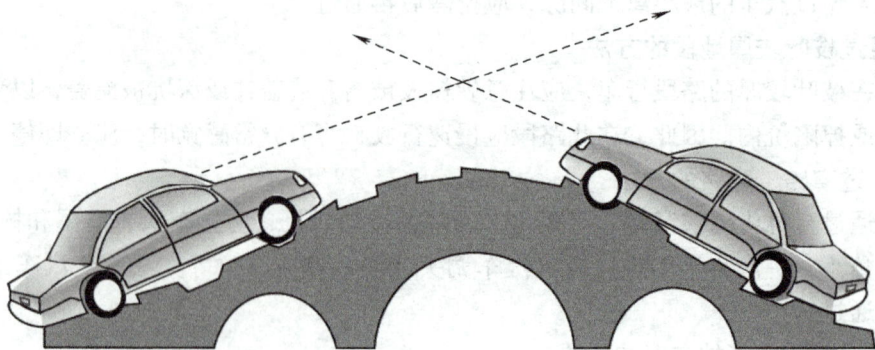

图 21-7

在上桥时，发现对面来车，应首先停车后退，将车停放在宽阔的地段，让对方车先行通过。交会后，再缓速上桥，安全通过。

下桥时，要根据拱桥的坡度，选择低档，利用发动机的牵阻作用将车开下拱桥，如遇雨雪天气，驾驶人应该下车认真查看，为防滑溜，最好提前清理积雪和泥泞，撒上沙子、干土后再行通过。

3. 通过漫水桥或漫水路的驾驶方法（见图21-8）

图　21-8

汽车通过漫水桥或漫水路时，应当停车查明水情，确认安全后，低速循固定路线匀速前进，一气通过。行驶中尽量避开水流、中途不得变速、急剧转向和停车。汛期通过漫水桥或漫水路时，应先探明路面和桥面是否损坏，重点查明靠水的一侧路面和桥面，应随时注意水情。如果水流过急、过深，不得冒险通过。若有损坏之处，应用醒目标志标明。如果任务紧急，汽车基本能通过时，必须小心谨慎驾驶，并随时做好停车的准备。

在水深淹没排气管时，为不使水浸入发动机内，应设法用胶管将排气管接触水面，然后才驾车行驶。

4. 通过吊桥、浮桥、木桥及便桥的驾驶方法

汽车到达桥头前，应提前减速，用低速档缓慢匀速行驶，不可中途变速、制动、停车和起步，以免引起对桥梁的冲击而发生意外。若桥上有守桥人员时，要听从指挥。

通过木桥应提前减速并换入低速档，缓慢行驶。若木桥年久失修，应先察看桥梁的牢固程度，根据情况采取必要的措施，在确认桥梁能够承受汽车重量的情况下，再缓缓上桥。一定要确认安全才能行驶。

通过泥泞、翻浆路面时的驾驶技巧与方法

在驶入泥泞、翻浆道路以前，应停车进行查看，查看清楚泥泞、翻浆的程度及路面长度，防止汽车陷入泥泞、翻浆路段。

1. 行驶路线的选择

汽车在泥泞路行驶中，应选择适当档位，沿着较坚实、平整、泥泞较浅的路面或循前车的车辙，均匀低速保持直线行驶。

（1）拱形泥泞路

汽车行驶在有拱度的泥泞路上，应在路中间行驶，以保持左右两侧车轮高低一致，使汽车顺利通过。

（2）形成车辙的泥泞路

有些泥泞路因汽车行走较多，泥泞路上已形成车辙，汽车经过这样的路时，应循车辙前进，可保安全通过。

（3）积水的泥泞路

泥泞路面已积水，看不清水下的路况，应停车进行察看，摸清泥泞的程度深浅与底部的坚实程度，以防陷车。

（4）泥泞路面有土堆或坑洼

汽车在泥泞路上行驶多了，将路上的泥土挤向两边，中间形成一条土堆，而车轮滚动的路已形成坑洼凹槽。当驾驶汽车通过这样的路面时，应当细心判断，提防汽车底盘碰撞土堆或车轮陷入坑内，必要时应进行铺垫。若要绕行避开泥泞路时，应确认所选路线的通过条件，确认安全后，才能行驶。

2. 车速的控制

在驶入泥泞、翻浆道路前，应及早换入适当档位，以保持足够动力顺利通过。中途尽量避免换档、制动、转向、停车。行驶中车速不可忽快忽慢，更不可急加速，以防车轮打滑，产生侧滑。在泥泞路上起步时，应稳住加速踏板，以防因加速过急造成驱动力超过附着力而发生驱动轮滑转。

3. 转向盘的运用

在泥泞、翻浆道路上行驶，转动转向盘时，不得急转或转动角度过大，回转转向盘的动作要匀顺和缓，尽量保持汽车直线行驶。汽车需要靠边时，应在路中减速或换入低档，再逐渐缓慢向右转动转向盘驶向路边。转弯时，必须提前减速，适当地调整所需要的转向角度，切不可急剧转动转向盘，以免引起汽车侧滑。

4. 在泥泞路上转弯

汽车转弯时，必须提早减速，缓和地调整所需的转向角度，切不可猛转转向盘，以防引起汽车侧滑。有时转动转向盘后，汽车并不向所转方向行驶，此时应回转转向盘设法停车，重新转向。

5. 在泥泞、翻浆路段的操作步骤

通过泥泞、翻浆路段应减速，以发动机的牵阻为主，尽量避免使用行车制动器，不可采取紧急制动。必须制动时，应采取间歇制动的方法，若发生制动引起整车滑移时，要迅速放松制动踏板，并握稳转向盘，以免发生事故。加速踏板的踏下或松抬应缓慢，不可过快，以免因突然加速或减速引起侧滑。

提醒您： 汽车发生侧滑时，应抬起加速踏板，切忌使用行车制动，应将转向盘向后轮横滑的一侧适当地缓转，使后轮摆回路中间。

1）汽车行经泥泞道路前，应先正确地估计泥泞路的程度和行驶阻力，若能通过，宜挂低档通过为好，然后起步。如是用双桥驱动的汽车用双桥驱动；装有差速器锁止的汽车，可将柄钮置于锁止位置，以提高汽车通过性；通过平坦路面时，要控制油门匀速行驶，中途不要换档、制动和停车，非停不可时，制动要缓缓加力，发现侧滑应迅速松开加速踏板，侧滑消除后再缓缓踏下；上坡路通过泥泞时，要提前冲车，一气冲上，中途最好不要停车，因停车后会更难起步；下坡路通过泥泞时，节气门供油要适量，速度控制以发动机牵阻作用为主，行车制动为辅，速度显得快要抬起加速踏板，速度显得慢要加大供油，始终将速度控制在理想的范围。

2）防止侧滑。通过泥泞路，转向盘不要猛打猛回，既要顺从路面的晃动，又不至于让方向有大的偏离；前轮侧滑要小角度调控，随调随回，保持汽车直行；后轮侧滑，要视侧滑的程度，适当向后尾侧滑的方向转动转向盘进行调整，如果经调整没有消除侧滑，就要赶快松开加速踏板，用较小力量制动，将车停驻。

侧滑大多是由发生侧滑的一方路面较低造成的，消除的方法有二：一是适当垫高路基，或将另一侧路基降低；二是求人相助，汽车起步时，只需将侧滑一侧车尾向路内推挤，侧滑便可消除。

3）行驶中途，应尽量避免换档，若必须换档，应做到动作敏捷和平稳，高速档换低速档应适当提前。泥泞路上尽量避免停车，防止起步困难。起步时，应稳住加速踏板，缓缓松抬离合器踏板，以免发生驱动轮打滑空转。在泥泞路段起步，视情况需要，可选择较高档位起步。汽车在泥泞路上行驶，主要是控制好加速踏板，脚不乱动，不使动力忽增忽减，防止了车速忽快忽慢，保证附着性能不变。若汽车在行进中，将车速提得过高，车轮滚动过快，附着系数就会急剧下降，致使车轮侧滑。

4）汽车陷入泥泞后，可以挂上倒档，将车倒出，然后调整方向另选路线通过。如若进退不能时，不要使蛮力前冲后倒，以免陷得更深，应尽快停车，处理路面。最简便的方法有：用铁锹将轮下稀泥挖出，再将硬物垫入，用锹捣实，再将胎面撒上土或沙子即可驶出；如若车轮陷得太深，路基已经挡住车体，就要设法先将车体抬高。其方法是在车上找一处能够承受撬力的地方，用砖石作为支点，使用棍棒将车撬起，将轮下路基处理坚实后再将车体落下，然后驶出。

通过海滩、河滩地段时的驾驶技巧与方法

海滩、河滩一般都是松软的沙土地段，沙土表面有一层硬皮，容易陷车，所以通过时应特别谨慎。

1. 汽车起步

海滩、河滩起步阻力较大，所以应挂低速档，并适当提高发动机转速，以克服起步阻力。车辆通过海滩、河滩时，可用中速档行驶，握稳转向盘，稳住加速踏板，一气通过，切忌汽车在海滩或河滩行驶中换档，车速不得时快时慢，或在湿润的沙土地上停车，以防车轮下陷。

提醒您：
起步时不能过快、过猛，抬离合器踏板的停顿时间要稍长一些，待汽车平稳起步后，再适当加大油门。

2. 转向盘的运用方法

在海滩或河滩上行驶，转向盘应缓打慢回，不可过急，以防转向轮偏转过多而陷入泥沙中，或转不过方向。行驶中，轮胎受阻而要减速换档时，应采取"抢档"的方法，迅速减档或加档，不使车轮有停留的机会。

3. 海滩、河滩地段行驶应注意的事项

1）在沙路中行驶尽量不要换档，如果是较短的一段沙路应使用中速、稍大油门，保持足够动力冲过。若沙路较长，中途必须换档时，应采用"一脚离合快速加档"或"高速减档"（连油档）的方法换档，之后要赶紧踩节气门踏板继续行驶。

2）行驶中由于转向轮（前轮）阻力较大，所以要双手握住转向盘，转弯时要早打、少打，不得急转或过度转向，以免前轮阻力过大，造成陷车。

3）在有车辙的道路应尽量走车辙，没有车辙的情况下，要尽可能保持直线行驶。

4）遇有浮沙较厚或出现淤泥的河床道路，通过困难时，应在车轮下铺以木板、树枝、草袋等，防止车轮打滑。

5）陷车时不要踩加速踏板，防止车轮空转使驱动轮越陷越深。应该用铁铲铲除积沙或淤泥，然后在众人推车的配合下将车开出。还可用千斤顶架起驱动轮，在轮下填充木板、石块、树枝等将车开出。

6）车队或有其他车辆同行时，应拉大车距，尤其是在容易发生打滑、陷入的路段，要等前车顺利通过后再起步，以防止中途停车。

通过易塌方地段时的驾驶技巧与方法

汽车通过易塌方的地段时，应先鸣喇叭，认真察看公路两边山坡上有无异常现象。

1. 从山坡上滚下碎石的预防办法

汽车行经易塌方地段，应将汽车停在安全地带，下车察看情况，确认无险情时，再驾车迅速通过；若险情排除不了，应将车调头，绕道从安全的路段通过。

2. 车前突遇塌方的预防方法

汽车在行进中，如果突遇车前塌方，应立即停车后倒避让；若险情发生在车后，或碎石落在车上或车旁时，切不可停车观看，应根据情况，加速前进一段路程后，确认汽车已驶到安全位置时，再停车检查汽车是否受到损坏，或将塌方落入车上的碎石清除。

提醒您：

凡是遇到可疑地段，选择安全位置停车，细心考察，在查明原因确认可以安全通过时，再加速通过，途中不得换档。

3. 塌方造成路阻的处理方法

汽车遇到塌方路段时，应根据情况采取相应的措施：坍塌严重，短时间内无法排除时，若汽车还未通过塌方地的路段，应及时将汽车调头绕道或找安全场地；如果塌方不严重，应将汽车停放在安全地点。

通过凹凸路面时的驾驶技巧与方法

汽车在凹凸路面上行驶，必须根据各种凹凸路的特点，灵活地采用不同的驾驶方法。

1. 驾驶姿势

汽车通过凹凸路面，由于振动大，驾驶员必须端正驾驶姿势，以适应这种路面的驾驶。其驾驶姿势是：上身紧贴靠背，两手紧握转向盘，不使身体随车跳动和摇摆，以保持身体与加速踏板的稳定，使汽车平稳行驶。

2. 通过较大的横向凹形路面的驾驶方法

汽车通过较大的横向凹形路面时（见图21-9），应抬起加速踏板，并使车速降到一定程度，利用汽车的惯性使前轮溜下凹坑沟底，再加油上沟，然后待后轮到凹形沟边时，再抬加速踏板，使后轮溜下沟底，再加油使后轮驶出凹形地。

3. 通过较大的横向凸形路面的驾驶方法

汽车通过较大的横向凸形路面时（见图21-10），应用低速档缓慢通过，必要时应在凸形地段前停车，重新起步通过。前轮将要上凸形地时应加油，前轮到凸形地最高点时要抬起加速踏板，使前轮溜下凸形地，然后用前轮通过的方法使后轮通过。

4. 通过搓板路面的驾驶方法

汽车通过连续的小凸凹或搓板路时（见图21-11），要适当减速，保持匀速行驶，在条件许可时，可适当提高车速，以减轻汽车的振动。使用制动器时，要做到提前、平稳。尽量避免使用紧急制动。

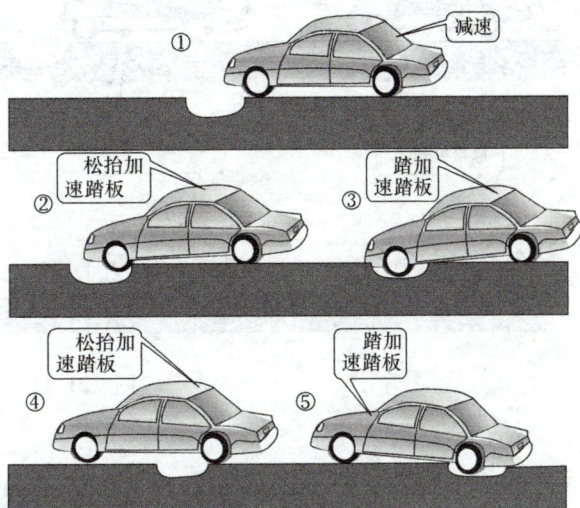

图 21-9

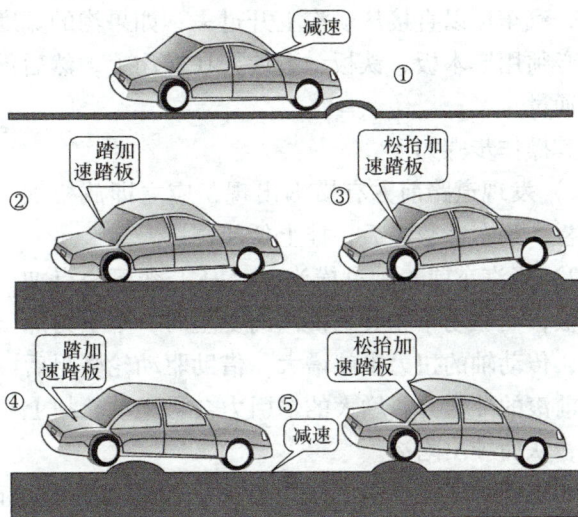

图 21-10

图 21-11

5. 突遇坑洼或凸形路面的驾驶方法

汽车在行驶中，突然遇到坑洼或凸形路面（见图21-12）时，应立即制动，让汽车尽快降速。当汽车前轮接近时，快速换档，放松制动踏板，稍许加点油通过。

采用制动
尽量减速

解除制动通过

图 21-12

通过横沟时的驾驶技巧与方法

汽车行驶中遇到横沟时，驾驶员要观察沟的宽度和深度，若沟的宽度没有超过轮胎的深度，汽车可以直接从横沟上开过去；如果沟的宽度超过轮胎的深度，就不能盲目开车通过，必须用厚木板、铁板、石块架在横沟上，然后再驾驶汽车，使轮胎从木板、铁板或石块上通过。

其操作步骤如下：

1）发现道路前方有横沟出现，应立即放松加速踏板，当车速减慢后，挂上低速档。

2）当汽车前轮驶过横沟时，马上踏下一点加速踏板，当驱动车轮驶到横沟内受阻时，牵引力加大了，传动轴的扭力也就增大，借助驱动轮受阻后退又前滚的冲击力，增大的牵引力会将驱动轮扭上路面，从而驶出陷沟。

> **提醒您**
>
> 驾车通过横沟时，不要为减小颠簸，采取以空档滑行的方法通过横沟。

如果横沟宽但不深，汽车不能直行通过。因为直线行驶过沟，汽车左右轮一齐下沟，会造成汽车上下跳动。如果跳动量过大，钢板弹簧会折断，若是客运汽车，不但会损坏钢板弹簧，而且会使乘客随着汽车的跳动而跳动，甚至会跳离座位，碰撞汽车的顶棚致使受伤。为避免这种现象发生，汽车通过这种浅而宽的横沟时，应先减速（见图21-13），前轮下沟，转向盘向右打一点，使汽车左前轮先下沟，下沟后，方向立即向左转回，使右前轮顺利下沟，同时使右前轮先上沟，当左前轮上沟后，方向又向右打一点，使左后轮先下沟，当右后轮顺利下沟后，转向盘马上向左打一点，使右后轮先上沟，当左后轮也上沟后，马上回正方向，使汽车正常行驶。

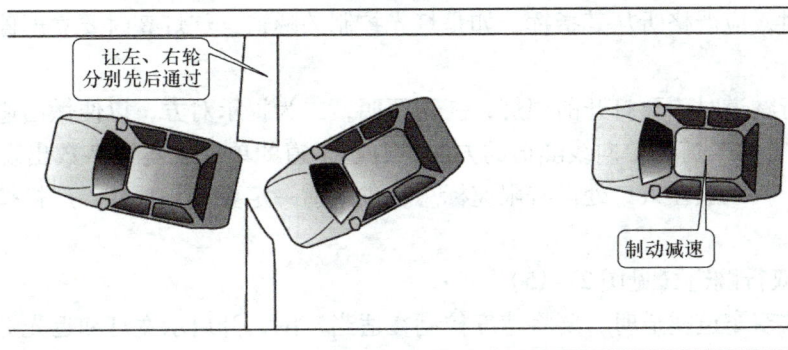

图 21-13

通过隧道时的驾驶技巧与方法

驾车通过隧道时，应提前降低车速，驶入隧道前，应注意观察指示标志和限制标志，开亮车灯，短隧道开示宽灯，较长隧道开前照近光灯。

1. 通过单行隧道

汽车在接近隧道时，应提前降低车速，观察对面有无来车，可适当鸣喇叭，开启前后灯光，缓行通过；若发现对面有来车，应及时在隧道口外靠右停车避让，待来车通过或见放行信号时，再驶入隧道；若遇有信号灯控制的隧道时，应严格遵守红灯停车，绿灯通行的原则。

> **提醒您：**
>
> 进入隧道前，应注意交通标志或交通信息板，特别是限速标志。

对面已有汽车驶入隧道或遇有红灯停车信号，应迅速在隧道口外靠右侧停车，待来车通过或见到绿灯亮放行信号后，再起步行驶；进入隧道前打开示宽灯或前照灯（近光），适当鸣喇叭，缓行通过。

单行隧道又分为无管制单行隧道和有管制单行隧道。

1）通过无管制单行隧道的方法：通过无管制单行隧道前，要将车速控制在20km/h以内。接近隧道口时，要向隧道内和隧道的另一端入口作仔细观察。如隧道内有汽车驶入，就要主动停车避让；如另一端入口也有汽车即将进入，应用远光灯相互示意，来车一旦驶入隧道，自己就应立即停车，如果对方车做出避让，自己就要抓紧时间通过。注意，双方汽车不可抢行，否则会在隧道内相遇，双方都无法通过。

2）通过有管制单行隧道的方法（见图 21-14）：通过有管制的单行隧道，如

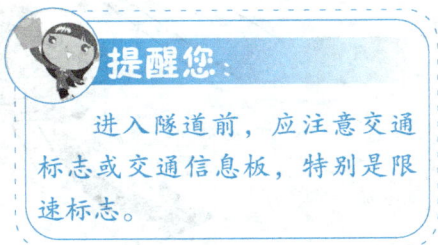

图 21-14

有指挥人员时，应严格听从其指挥；如是灯光控制的隧道，红灯亮时要立即停车，绿灯亮时才可通过。

通过单行隧道时，要打开前照灯，一为照明，二为提示对方，以便做出避让。

3）通过有超车道的单向线隧道的方法：有超车道的单向线隧道多数出现在高速公路和一级公路上，一般在入口处设有限速标志，进入前一定要注意观察，严格按照所要求的速度行驶。

2. 通过双行隧道（见图21-15）

汽车进入双车道隧道时，要将速度控制在适当范围，开启示宽灯和近光灯。会车时要放慢速度，尽量靠右行驶。不可在会车时使用远光灯，不要鸣喇叭，不要超车。

图 21-15

3. 注意事项

1）进出隧道，由于视觉存在明暗适应的变化，应减速慢行。

2）驶出隧道应注意隧道出口处两侧的视线盲区；为了防止行人、牲畜等情况，应在出口前及时鸣喇叭并做好停车的准备。驶出隧道后，应及时关闭车灯，按正常速度行驶。

3）通过一般道路的单车道隧道时，应随时观察对方有无来车，开启前后车灯，一般不宜鸣喇叭。通过高速公路上的隧道，也应开灯行驶，应适当加大汽车间的纵向安全间距，防止追尾事故。

4）一般道路的双车道隧道，应靠道路右侧以正常速度行驶，不得在洞内变换车道，更不准随意超车。

5）由于各级公路的隧道都比洞外路面窄，特别是路肩的宽度是以最小基本宽度为设计基准的。所以，隧道内严禁随意停车，以免交通阻塞。若汽车抛锚于隧道内，应设法将车辆拖出隧道，不得在洞内检修。

6）控制好汽车方向，随时注意隧道内的交通状况。驾驶员在进入前要尽量通过各种手段了解隧道内的交通状况，以确保行车安全。另外，隧道的出入口外是气流变化较大的地方，特别是在高速公路上，受侧向气流的影响，常常产生较大的侧向力，使汽车突然改变行驶方向。

驾驶员必须注意这一点的影响，在降低车速的同时，应握紧转向盘，保持好行驶方向。

7）不准在隧道内超车、停车、倒车和调头。

二十二、

山路、高原地区道路驾驶技巧

上坡时的驾驶技巧与方法

汽车通过上坡路，首先应注意观察坡道和交通情况，根据坡度、坡长选择合适的档位行驶，以保证足够的驱动力，减少油耗和机件的磨损。行驶中，觉得动力有余时，应及时换高一级档位；觉得行驶乏力时，应及时减档。

（1）通过短而不陡的上坡道

车通过短而不陡的上坡道，路面平坦，两侧无危险，预计途中不需要换档时，可在上坡前100m左右采用高速档加速冲坡，或提前换入低一级档位加速冲坡。

（2）通过连续短而小的坡道

车通过连续短小的坡道，应根据地形情况掌握车速，在将要下完坡时适当地加速，握稳转向盘，利用惯性冲上第二个坡道。在即将冲上坡顶时，放松加速踏板，让汽车以惯性通过坡顶，并做好随时停车的准备，以防坡道上出现意外情况。

（3）通过长而陡的坡道

车通过长而陡的坡道时，要利用高速冲坡，并及时减档。减档时，应提前换低速档，不可用高速档勉强行驶，也不得过分地使用低速档，使汽车保持足够的动力，稳妥地上坡。

（4）通过视距受阻的坡顶

车通过视距受到限制的坡顶，应及时减速、鸣喇叭（夜间用变换远、近光灯示意）、靠右行，并注意对面来车和行人，随时做好停车或会车的准备，以防不测。

（5）坡道会车

车上坡时，前、后车的安全距离应尽量保持在30m以上，以防前车倒退时发生危险。前方有车下坡时，应选好安全路段交会，或在较宽的路段停车，等待与来车交会。

下坡时的驾驶技巧与方法

汽车下坡时，在惯性的作用下速度往往越来越快。为了保证下坡安全，必须提前控制车速，根据坡道的具体情况，换入合适的档位，以免车速过快而发生险情。

（1）下陡而长的坡道

汽车下陡而长的坡道时，应在坡顶试踏制动踏板，若制动良好，再挂入与该坡相适应的档位下坡，同时发动机不能熄火，以利用发动机的牵阻作用为主，结合间歇地使用行车制动控制车速。在坡道上，应避免使用紧急制动或中途变速。下坡时，应事先观察前方情况，与前车保持50m以上的安全距离。在视距较短的路段，要随时鸣喇叭发出警告，在路面狭窄或险峻的路段，下坡时应做好随时停车的准备，以防发生危险。

（2）合理使用制动器控制车速

汽车下长而陡的坡道，为了控制车速，必须合理地使用行车制动器控制速度。使用制动器的时间不宜过长，如果长时间踩着制动踏板，制动鼓内温度过高，将烧坏制动摩擦片，从而使制动器失效，以致无法控制车速而发生危险。

（3）注意气压表的读数

汽车下长坡时，必须随时注意气压表的读数，始终保持有效的气压，一旦发现气压不足，立即停车，检查原因，充足气压后再下坡。液压制动的汽车下坡时，应用脚检查踏板踩下的力度，如踩下不受力而很轻快，应查出原因，当符合标准后，再行驶。

使用制动踏板不得频繁地连续不断地连踏连放，以免过多地消耗压缩空气。对于油压制动器，也不得连续不断地随踏随放，应踩着踏板按需要抬一点或压一点。

在山路转弯时的驾驶技巧与方法

山区弯道往往视线不良，汽车通过时，应适当减速、鸣喇叭，靠右行驶，并随时做好停车准备。利用转向盘合理控制汽车在弯道上转向的时机和行驶路线。

1. 进入弯道前的操纵

汽车进入弯道前，必须提前减速，间断性地鸣喇叭（夜间用变换远、近光灯示意），沿着道路右侧行驶。若尾随前车行驶，应加大纵向间距，转弯前换入低速档，尽量避免在转弯过程中换档，以免影响双手操纵转向盘。

2. 会车的操纵

在山区弯道与来车交会时，应根据双方的车型、装载、车速和道路情况，选择合理的会车地点，要顾及路面的实际情况，靠山一侧行驶的汽车应尽量让外侧车行驶。

3. 汽车转弯

应提前靠右行驶，待行驶至看清前方无来车时，才能居路中行驶；汽车右转弯时，应待汽车驶入弯道后，再逐渐靠右行驶。进弯前不宜过早靠右行驶，否则，将造成右后轮驶出路外，或者进弯后，车头在路中行驶，影响会车。当汽车首先居中转弯后，车头驶向右侧，就可以安全交会了。

通过山路时容易出现的问题及处理方法

1）上山时因长时间发动机运转容易发生高温气阻现象。遇此情况应赶快找一块宽敞的地面将车迎风停驻，停驻后不要立即熄火，怠速运转，并将机盖打开，进行自然降温。待温度降低后，再将冷却液添加盖口打开，补充冷却液。打开盖时，应在手中垫一块毛巾，并错开脸面，一边旋盖，一边用手感估量水箱内的压力，如压力过大，可再将盖旋上，直到压力消除后才可最终打开。

2）通过缓坡时，切记不可占用对方车道冒险超车，如若对方来车速度较快，很容易出现险情。

3）无论上山、下山，跟车纵距都不宜太近，上山时以防前车停车后溜；下山时以防自车控速不力造成追尾。

4）气压制动的汽车，下山时要随时关注气压储备情况，因下山时汽车轻松做功，加之制动较多，消耗气量较大，如气泵工作欠佳，往往出现气压亏竭现象。一旦发现亏竭，就要立即停车，等待气压充起后再行驶。

5）下山时不要为了节约燃油，采取踏下离合器踏板或关闭点火开关的方法进行滑行。如遇紧急情况，控速的方法比较单一，很容易引发恶性事故。

高原地区行车的驾驶技巧与方法

高原地区大气压力低，空气稀薄，气候寒冷，风沙飞雪多，且昼夜温差大，致使发动机充气量减少，混合气的浓度增大，动力性、经济性降低，冷车起动困难，上长坡冷却水易沸腾，气压制动系的制动气压下降，液压制动系易产生气阻，使汽车的制动效能降低，轮胎气压相对提高。因此，必须掌握高原地区的特点驾驶汽车。

（1）改进发动机的降温方法

高原地区大气压力降低，水的沸点也低。因此，汽车去高原地区行驶时，应结合实际改进发动机的降温方法，减少冷却水易开锅。其改进方法是：适当增加散热器盖出气阀弹簧的张力，使冷却系内的绝对压力与普通条件下的压力相当，这就减少了水的蒸发损失，又提高了冷却水的沸点。在驾车行驶中，不要拖档行驶，要根据坡度适时换档。不得加油猛冲坡，以防发动机升温过快。在车厢左前角或驾驶室内加装副水箱与散热器连通，以改善冷却系散热能力。为防止气阻，可在排气管与汽油泵之间加装石棉隔热板，或用沙袋、棉絮浸水后，捆在汽油泵与油管上，使其冷却。随车带些冷却水，以备随时添加。

（2）高原缺氧的预防

行车到高原地区，会出现不良反应，因缺氧而感到头晕、耳鸣、呼吸困难、四肢无力、极易疲劳。因此，途中应短暂休息，待身体感到逐渐适应后再行车。

（3）改善燃烧状况的方法

因空气稀薄，混合气的浓度增大，往往燃烧不完全。因此，应适当调整点火时间，以局部改善燃烧状况，提高发动机的动力性和经济性。

（4）经常检查制动效能

在高原地区行车，因空气密度小，空气压缩机的进气量减少，储气筒内的气压下降，制动效能减弱。因此，要随时注意制动器的工作效能，慎用行车制动器，发现异常应立即停车检查。

（5）突遇险情的防范措施

在高原地区行车，经常会遇到山洪、泥石流及塌方等情况。当遇到这种险情时，应迅速采取措施脱离险地，或倒车，或调头，或加速冲过。不得在险地久留，等待。

二十三、特殊气候下的驾驶技巧与方法

大风天行车的注意事项

大风天行车应放慢车速，正确地辨认风向，握稳转向盘，注意汽车的横向稳定性，尽量不要超车，鸣喇叭时应适当延长时间。行车中，应预防行人为躲避汽车行驶扬起的尘土，在汽车临近时突然跑向道路的另一边。

载货汽车，应扎紧车上篷布，固定好车上货物；装载重量轻、体积大的物资，应停车避开暴风，以免汽车被暴风吹刮而离开正常的行驶路线。

在大风天夜间行驶时，应使用防眩目近光灯，不宜使用远光灯，以免因出现眩目的光幕而影响视线，如图23-1所示。

大风天驾驶注意事项：

1）多尘道路上尾随行车，应适当加大纵向间距，以免前车扬起的尘土妨碍视线。

图 23-1

2）自行车、三轮车、摩托车等受风力作用稳定性变差，相遇时应加大安全距离。

3）岩堆地区（由风化石松散堆集成山）大风天气行驶时，应注意经常有小石块滚向道路，而损伤人员、汽车。

4）遇滑坡或落石时，应特别注意避让，前边有滑坡或落石应停车，车后有滑坡或落石应加速通过。

5）风沙天转弯，应打开前小灯，勤鸣喇叭，以引起行人、汽车的注意，缓慢行进，并随时做好制动停车的准备。

6）风沙特别大时，应将车停靠在道路上风处，车头背向风沙，并关闭百叶窗，防止细微沙粒被发动机吸入气缸而加速机件磨损。

7）沙漠地区气候异常，行车困难，对汽车机件和装载货物也会造成危害，要及时了解当地的天气情况，选择好行驶的路线和时间。

雨天行车的技巧及注意事项

雨天行车，能见度低，视距短，视线模糊，汽车、行人动态变化异常，且路面湿滑，汽车的制动性变差，容易发生侧滑、倾覆和追尾等行车事故。

雨天行车前，应检查发动机罩的封闭情况，防止雨水浸入使电器线路淋湿受潮，并检查车厢是否封闭，试踏制动踏板是否有跑偏现象，检查刮水器工作是否正常。如果正常，才能驾车上路；否则，应及时修好。

1. 大雨前行车

大雨降临前，应试看制动是否跑偏，检查刮水器工作是否正常，转向和制动装置及货物装载与覆盖情况是否保持完好；行车时，要适当控制车速，集中精力注意路况变化，遇到情况要及时采取预见性措施。

2. 雨中行车

雨中行车，车速应控制在40km/h为宜。小雨时，可适当提高车速；如遇大雨，以20km/h的速度行驶即可。遇到暴雨，落到风窗玻璃的雨水来不及刮去会严重影响视线，驾驶人应立即选择宽阔路面停驶，并开启示宽灯、报警灯，以提示前后来车注意。如发生汽车横滑或侧滑情况，切不可急转方向或紧急制动，应利用发动机牵阻减速，如图23-2所示。

> **提醒您：**
>
> 雨中上下坡时，应观察好路面情况，防止汽车行至中途发生车轮打滑造成车轮横移。

行进中，要注意各低洼路段，有较大水湾时应估计积水深度，确有把握方可用低速档缓行通过，如图23-3所示。通过大水满过的路、桥处，应充分了解路或桥面是否被水冲坏，不得盲目涉水。

图 23-2

图 23-3

尾随行车时，应严格控制车速，适当加大与前车的纵向安全距离。会车、超车、转弯时，应与汽车、行人及道路边缘保持一定的安全距离；在傍山路、堤坝路或沿河边路上，不宜沿路边缘行驶或停车。

3. 久雨天气或大雨中行车

久雨天气或大雨中行车，要注意路基是否疏松和可能出现坍塌的情况，尽量选择道路中间坚实的路面行驶；要尽量避免涉水行驶，以免造成车轮制动器失灵；在超车、会车时更需注意防止路肩坍塌造成翻车事故。

4. 雨后行车

刚刚下过雨后的道路上，由于路面上雨水与污物混合，像铺了一层润滑剂，路面与轮胎的附着力极小，空车下坡时极易横滑；行车中，密切注视道路上的交通情况，将车速控制在安全行驶范围以内；下坡时提前挂入低速档，利用发动机的牵阻作用控制车速；使用行车制动时，其强度不得超过车轮与路面的附着力。

5. 雨天驾驶注意事项

1）雨天尽量不超车。雨天超车的条件比平时要求较高，只能在视线清晰、路面宽阔、平坦无积水的条件下进行；否则，以跟行为宜。跟行时，应降低车速，适当加大与前车的纵向安全距离。

2）会车时拉大横向间距。雨天会车，来车往往因躲避积水而突然改变行驶路线，将车驶向路中，甚至占用车道。鉴于这种情况，每遇会车，要控制好车速，并将车位调整到较为宽阔的路段进行交会。交会时的横向距离应尽量拉大，防止溅起的水花泼向对方，或因制动侧滑发生侧刮事故。

3）遇有积水路面时的驾驶技巧。应沿着前车压下的轮迹通过，无轮迹可依时，应停车观察，选择积水较浅处通过。通过后要及时检查制动效果，如果制动效果不佳，证明轮毂里进水，应采用边行驶边制动的方法让轮毂升温，使制动力恢复正常。

4）路遇行人或自行车，应提前放慢速度，并鸣喇叭提示，尽量给他们留出便于行走的路面。遇到横穿公路的情况时，切不要与他们抢道。交会时，应防止甩出的水溅到他们身上。

5）雨路行驶要慎用制动。因水膜现象容易使制动时打滑，需要减速时应以加速踏板控速为主；情况紧急非用制动不可时，要缓缓加力，感觉车尾侧滑就要立即抬起踏板，待侧滑消除后再缓缓踏下。

6）行进中，前方的涵洞、桥梁、排水沟等都应做好充分估计，必要时，下车观察，切勿盲目行车。

7）遇到大暴雨或特大暴雨，能见度很低，刮水器的作用不能满足要求时，不要冒险行驶，应选择安全地点停车，并打开示宽灯，待雨小或雨停时再继续行驶。

8）在沿河堤的路上行驶，应尽量靠近公路里侧行驶。超车、会车要更加小心，不要太靠近边缘，以防因河堤土方疏松而发生塌陷。

9）在连续多雨季节，从安全考虑，可采用排水力强的轮胎，且避免因胎压过低与地面接触的胎纹挤成一团，从而削弱排水效果。

10）发生"水滑"时，不要急着踏制动踏板或转动转向盘，应握稳转向盘，逐渐松抬加速踏板，让车速自然减缓，即待"水滑"消失，再缓缓前行。

雾天行车技巧与方法

1. 雾天行车的方法

汽车在大雾天气行车，视线模糊，视距变短，应低速行驶并打开防雾灯及示宽灯，严格根据能见度控制车速，适时鸣喇叭，以引起行人和汽车注意；并根据视距严密观察，注视前方一切交通情况；严格遵循靠右侧通行的原则缓慢行驶，汽车之间及行人之间都要保持充分的安全距离，以免发生碰撞和刮擦。

雾较大时，可间歇使用刮水器，以便把风窗玻璃上因雾气凝成的小水珠刮干净，以改善视线；驾驶室内的热气在风窗玻璃内侧凝成的小水珠，可用风窗玻璃除霜功能清除或用干毛巾擦干，如图23-4所示。进入浓雾区前，应谨慎行驶，必须把车速控制在能及时停车的范围内。

图 23-4

雾天能见度很低时，应先将车开到路边安全地带或停车场，等能见度好转时再上路行驶。如果一定要在雾中行车，就要根据雾天的能见度情况，选择遇到情况时能迅速停车的行驶速度（视距必须大于制动停车距离）。

2. 确定雾天行车速度

雾天行车速度的快慢，应以雾的浓度和视线距离为准，一般能见度在30m以内时的最高车速不得超过20km/h，能见度在15m以内时，车速不得超过5km/h，能见度在15m以下，应选择适当地点靠边停车，并开亮小灯和尾灯以引起来往汽车和行人注意。

3. 雾中会车

雾中会车尽量选择宽阔的路段和地点会车；会车时，应关闭防雾灯，以免给对方造成眩目；适当鸣喇叭提醒来车和行人注意，当听到对方来车的喇叭声时，应鸣短声喇叭回应，以示礼貌，同时也引起来车驾驶员注意。对异常的鸣喇叭声要立即靠边停车察看。会车时，除要相互鸣喇叭反应外，还应亮、灭灯光示意，以免发生相互刮、擦、碰撞。必要时，应停车相让，以免对雾中汽车相互横向间距估计不足而发生事故，发现可疑情况，应立即停车让行。

发现对面来车车速较快，没有让道意图时，应主动减速让行，必要时靠边停车；前方有障碍物时会车，要留出提前量和安全间距；会车后打开防雾灯。

4. 雾天超车

雾天严禁超越正在行驶的汽车；发现前方汽车靠右边行驶时，不可盲目绕行，要考虑到此车是否在避让对面来车；超越路边停放的汽车时，要在确认其没有起步的意图而对面确无来车后，适时鸣喇叭，从左侧低速绕过。

5. 通过交叉路口或弯道的驾驶方法

汽车雾天行经交叉路口或弯道时，应谨慎小心。因雾天看不清交通信号、交通标志，不易发现横向来车和行人，尤其是执行紧急任务的汽车和对道路状况不熟的驾驶员驾驶的长途车出现在弯道或交叉路口时，自己的车速若快了，未按雾天行车的要求操作，是最容易发生安全事故的。

6. 利用车上装置扫除风窗玻璃上的雾珠

雾天行车，雾珠沾上风窗玻璃，影响驾驶员的视线，可视情况使用刮水器刮去风窗玻璃上的雾珠，有喷水器的应使用喷水器清除风窗玻璃上的雾珠和污尘，以改善驾驶员的视线。

7. 雾天行车应尽量避免紧急制动

雾珠落在路面上，尤其是沥青路面上潮湿后，轮胎与路面的附着系数减小，汽车制动时，不仅制动距离增长，而且易使车辆侧滑，所以应尽量避免紧急制动，以"行车制动"和辅以"驻车制动"为宜。

雾天霜地行车注意事项及防范措施

1. 雾天行车注意事项

1）注意路面及地理环境，尤其是通过村庄、路口、车站及行驶于山路转弯处时，应仔细观察周围情况，做好避让停车的准备。

2）能见度在30m以内时，车速不得超过20km/h。

3）浓雾能见度减至5m以内时，应及时靠边选择安全地点停车，并打开小灯、尾灯和示宽灯，待浓雾散后再继续行驶。

4）雾天尾随行车时，应密切注意前车动态，保持较大的跟车距离，适当控制车速，切不可急转转向盘、猛踏或快松加速踏板，以防侧滑。

5）雾中避免开前照灯行驶，强光照在雾上会引起散射，影响视线，造成视距缩短，甚至看不清前方的路面和交通情况。

6）雾中行车发生道路堵塞时，应立即停车，打开危险报警灯。

7）减速或停车时不可过急，防止尾随汽车措手不及而相撞。

8）雾中发生事故时，应保护好事故现场，立即抢救伤员，并及时报警。

2. 雾天行车防范措施

1）发现对方来车亮着前照灯（俗称"大灯"）驶来，应想到前方可能有雾。

2）驶入起雾路段，应立即开启前后雾灯、示宽灯、小灯和报警闪光灯，并将左侧门窗玻璃落下 2/3，减速慢行。行进中注意观察前后两方的来车，并多用喇叭提示对方。

3）雾中行驶，在没有十分把握时，不要超车，非超不可时，一定要在前车让超、前方可视距离足以满足超车时，再迅速超越。

4）遇有会车时，应开启前照灯，用远近光灯互换的方法提示对方。能见度太低时，可以鸣喇叭互相提示，用声音信息弥补视觉信息的不足。

5）需要停车时，应向后方的跟行车发出信号。其方法是，在抬起加速踏板汽车自动减速的同时，用右脚连续不断地轻踏制动踏板，使制动灯连续闪亮来提醒跟行汽车，停车过程要放慢，制动的距离要拉长，停车后不要立即熄火，应继续开启灯光设备，以防跟行车追尾。

6）需要停车排除故障时，最好将车驶离公路。可选择路侧的饭店、旅馆和加油站停车。如在高速公路行车时，可将车开入紧急避车道、生活服务区等场所进行停泊。雾中谨防长时间在公路上停车，非停不可时，车上人员应下车远离。

7）雾天跟行较为省力，但跟行车距要保持适中。跟行纵距太远便失去了跟行的意义；跟行距离太近，当前车减速、制动发现较晚时，容易发生追尾。跟行时应关闭前照灯，以防前车眩目，前车有与自己换位的意图时，自己应主动引领，感觉疲劳时再作换位，能这样互相引领，效果最佳。

8）在有划线的路段，应以路中或路缘白线作为参照，但不要跨线行驶。行驶速度应按能见度大小酌情而定，能见度越低，车速越要放慢，当能见度低于 10m 以下时，应赶快找一个可以驶离公路的地点停车，待雾气减轻后，再驾车上路。

冰雪天行车技巧与方法

在冰雪路面上行车时，应根据道路的情况、汽车的技术状况和自己的技术熟练程度掌握好车速，合理使用变速器。上坡时，应根据坡度使用稍低一级的档位，需要减档时，时间应较平时稍提前一些，避免发生脱档现象，以保证有足够的动力不使汽车向后滑溜；下坡时，要依靠发动机牵阻作用控制车速，避免使用行车制动，必须使用制动时，只能间歇轻踩。

1. 行驶路线的选择

汽车在冰雪路上行驶时，应根据道路两旁的树木、电杆等参照物判断行驶路线，控制车速，低速行驶；有车辙的路段应循车辙行驶，转向盘不可急打急回，以防汽车侧滑偏出道路。

在弯路、坡道及河谷等危险地段行驶时，更应注意选择好行驶路线；路况稍有可疑应立即停车，待察看清楚确认安全后再继续行驶。

2. 行驶速度的掌握

汽车在冰雪路上行车时，必须保持均匀的行驶速度。轻踏加速踏板，握牢转向盘，保持汽车行驶的平顺性，要防止轮胎在坎坷的冰块上颠簸而引起转向盘晃动和转向轮自行转向。需要提高车速时，应逐渐缓和地踩下加速踏板，不得加油过多，使汽车加速过猛，以防驱动轮因突然增加转速而打滑，或左右轮在急加速中因阻力不同而产生急骤横滑。

当汽车行至弯道、坡道及河谷等危险地段时，要提前缓抬加速踏板，平稳降速，适当加大转弯半径，转向盘不可猛打猛回，做到早转或少转，以防车轮侧滑。

在有积雪的坡道上行驶，应提前换入低速档，加速时不可过急，中途避免换档。

3. 汽车起步

在雪地行车时，没有安装防滑链的汽车起步时，可采用比平时高一级档位，利用离合器半联动和轻踏加速踏板的办法实现平稳起步；起步困难时，可在驱动轮下铺垫干草、炉渣、沙子等物辅助起步。

> **提醒您：**
> 切忌将行车制动器一脚踏到底或使用驻车制动过急、过猛。

4. 怎样使用制动

冰雪路面行车中如遇紧急情况，可强行减档，快摘准挂，采用间歇制动和一拉一松驻车制动杆的方法减速停车，避免使用紧急制动，防止汽车的侧滑、翻车等事故。若因制动引起侧滑，应立即松开制动（使车轮保持滚动），稳住或稍收节气门，把前轮转向侧滑方向，待车尾恢复直线时，再把方向回正，并控制好车速，使汽车驶入正常路线。

在冰雪路上减速或停车时，应尽量使用预见性制动，并尽可能地运用发动机的牵制作用制动。灵活地运用手制动，尽量避免行车制动，以免发生侧滑。

气压制动的汽车，在行驶中要加强例行检查，防止储气筒、控制阀和空气管路结冰而导致制动失效。

液压制动的汽车，在行车中要检查制动主缸里的制动液的流动性是否良好，出车时，应踩踏制动踏板两次。若感到制动有效时，才能出车，途中也要检查，以保证制动的效果。

5. 转弯时的驾驶

汽车行经弯道时，要提前缓抬加速踏板，平稳降速。转弯时，只要不妨碍对面来车，转弯半径可以增大，使用转向盘时，不可急转猛回，做到早转或少转，以防车轮侧滑。

6. 尾随行驶的方法

尾随行驶应与前车保持较大的纵向距离；一般为正常道路条件的 1.5 ~ 3 倍，即最小在 50m 以上。遇有前车放慢速度，后车需要减速时，采用间歇缓踏制动踏板辅以驻车制动的方法，切忌将制动踏板一脚踏到底或使用驻车制动过急过猛。

7. 会车

在冰雪路面上会车，要注意选择积雪少、路面宽的地段，最好两车不要在行驶过程中会车，应一车靠边停住，另一车低速通过。会车时若对路面无把握，应下车观察，确认路面安全后，才可靠边慢行进行会车。

会车时，应提前减速，选择安全地段（即宽敞、平坦地点），交会时，汽车不要太靠路边，尽量增大两车间的横向间距。若两车到达地路面窄，不宜会车，应根据道路情况，由一方后退让路，不得冒险交会。在狭窄的冰雪路上会车时，侧向安全距离很小，应设法清除交会地段的冰雪，然后缓行交会。

8. 超车

冰雪路面原则上不允许超车，如需超车，必须选择路面宽敞、平坦、冰雪较少的路段，并得到前车让路让速后方可超越。切忌高速强超，以免发生意外。

9. 厚雪地的驾驶

雪厚度超过车轴，又无车辙时，不能勉强行驶。遇有较大雪堆，要清除后才能前进，切不可冒险通过。如果路面由于大雪覆盖不易辨别路线，路边又无参照物时，应谨慎驾驶，车前必须有人引路。

10. 停车的方法

冰雪路面行车途中，应尽量少停车以防撞车、溜滑。如需停车，应提前换入低速档，选择好安全地点，减速、靠边、慢拉驻车制动停车。若汽车是在有雪的坡道上打滑，不要马上停车，应稳住加速门踏板（让车轮在雪地上刨坑），然后再停车。

（1）长时间停放

汽车在冰雪路上长时间停放，又不宜放掉冷却水时，应适时起动发动机，以保持冷却水有一定的温度，以防止冷却水结冰，冻坏机件；同时还应在轮胎下面垫上沙土、煤渣、灰草等物，防止轮胎冻结在地面上。

（2）停驶

汽车到达目的地后，将车停驶时，应先将水箱和发动机内的冷却水放净，然后起动发动机5分钟，将发动机内的余水排净，再驶入停车位置停放。

冰雪天气行车注意事项

1）冰雪地区行车，必须携带防滑链、三角木、绳索、铁锹等防滑物品和必要的防寒用品，并注意发动机防冻。

2）出车前，应加强对汽车的检查，保证车况良好，特别是转向系统、制动系统应有效、可靠，不得有行驶跑偏和制动跑偏现象。此外，还应携带必要的防滑设备和取暖用品。

3）起步时离合器可半联动，轻踩加速踏板使发动机在不致熄火的情况下输出较小动力，以适应冰雪路面，避免驱动轮滑转。若驱动轮打滑，应铲除车轮下的冰雪，并在驱动轮下撒上干沙、煤渣、柴草等物，或用铁镐将路面刨成"X"形或"Y"形槽，以提高附着性能，使汽车再起步。

4）在结冰的山路上行驶，必须安装防滑链；通过结冰路段后应及时拆除，以免损坏路面和轮胎。

5）大地被积雪覆盖后白茫茫一片，行车时驾驶员往往搞不清楚道路、沟坎及路面状况。这时应根据行道、树、路标、水渠等仔细观察，判明行车路线，沿着道路中心或积雪较浅处通过。

6）在冰雪路上行车一定要控制好车速，一般不超过30km/h。特别是在转弯或下坡时，必须将车速控制在能随时停车为好。需要加速或减速时，应缓缓踏下或松开加速踏板，以防驱动轮因突然增速或减速而打滑，甚至发生侧滑、甩尾。

7）驾驶员应根据地形、车速等情况，与前车拉开距离。一般应该拉开正常行驶距离的 2 倍以上（一般不得小于 50m）。

8）傍山险路降雪结冰后，应根据冰雪厚度、坡道大小、弯道急缓及路面宽窄等情况，决定能否通过，必要时停车勘察，不可盲目冒险行驶。

9）雪地长时间行车，应佩戴有色眼镜，以防造成眩目而影响行车安全。

10）气压制动的汽车，应预防储气筒控制阀和制动管路中产生结冰而致使制动失效。

11）在冰雪道路上尽可能避免超车，若确有必要非超车不可，一定要选择宽敞、平坦、冰雪较少的路段进行，不得强行超车。会车时，应选择平坦宽阔的路段，并保持两车旁边有足够的侧向安全距离。

12）需转向时，一定要提前最大限度地放低车速，把稳转向盘，慢转慢回。在不影响对面来车的情况下，可尽量加大转弯半径。

13）行车时应集中精力，尽量采用预见性制动并利用发动机的牵制作用减速，多用驻车制动、发动机制动，少用行车制动，避免使用紧急制动。

14）需要在冰雪路面上停车时，应选择朝阳、避风、平坦干燥处停放，不得紧靠建筑物、电线杆或其他汽车，以防侧滑时碰撞。在潮湿、冰雪路面停车，可在车轮下铺垫沙石、树枝、柴草等物。

15）行车中雪花纷飞时，应降低车速，使用刮水器改善视线，多鸣喇叭。雪后行车过久，由于雪对阳光的反射，易使驾驶员双目畏光、流泪、视力下降，因此，行车中可佩戴有色防护眼镜，并注意休息。

严寒气候条件下的驾驶技巧与防范性措施

1. 低温对汽车技术状况的影响

低温条件下，润滑油（脂）粘度增大，各机件转动阻力增大，润滑条件变差；燃油的汽化性能降低，不利于燃油与空气的混合，致使发动机起动困难；金属、塑料、橡胶等材料易变脆，汽车检修、维护不便，机械故障增多；发动机升温慢，长时间停车需进行防冻、预热和保温。由于路面易结冰，轮胎附着系数减小，制动性能下降，制动距离增长，易发生侧滑。

2. 低温和严寒气候条件下的防冻措施

使用防冻液时，应选用防冻液的冰点，应低于使用地区最低气温 5℃，不同类型的防冻液不可混用。

没有使用防冻液的汽车，应将发动机熄火后，打开散热器盖及发动机和散热器的放水开关，将水放净；起动发动机，急速转 1~2min，待余水全排净后，再关闭放水开关；不要盖散热器盖，以防溢水导管有余水冻结，或冷却系温度降低后产生负压，翌日不易打开。

3. 低温和严寒气候条件下汽车的预热、起动

（1）加热水预热

打开发动机水套放水开关，将散热器加注沸水，随放随加；机体温度升至 30~40℃时，关闭放水开关，停留 10~15min 后，再起动发动机。

（2）蒸气预热

将水蒸气用导管引入散热器加水口，打开放水开关，使冷气排出；向散热器内充蒸气，直至发动机体温适度为止。

（3）起动发动机

预热过程中，有手摇柄装置的汽车，要用手摇柄摇转曲轴，使发动机得到充分润滑；拉出阻风门拉钮，适量踏下加速踏板，起动发动机；发动机起动后，用怠速运转升温。

4. 低温和严寒气候条件下的驾驶方法

起步前应对汽车进行预热升温，待发动机温度达到50℃以上时，再起步；露天停放的汽车，润滑油黏度大，起步后应低速行驶一段距离，待温度升高时，再逐渐提高车速。

临时停车，应选择干燥、避风和朝阳处，停留时间较长时，未加防冻液的汽车应间断起动发动机，以防冷却水结冰而冻裂机体、散热器等机件；收车后停车，务必排净散热器和发动机水套内的冷却水（未加防冻液的汽车）；气压制动的汽车应放净储气筒内存留的油水混合物，以免结冰而影响制动效能。

行车中应选择平坦路面，保持中速行驶，避免剧烈振动和紧急制动。由于驾驶室内外温差较大，风窗玻璃上易形成冰霜，应及时进行擦拭，不可勉强行驶。

5. 针对以上情况，应实施以下防范性措施

1）入冬后应及时进行换季保养。换季保养的主要项目有：更换发动机机油；检查节温器工作情况，并润滑各放水开关和百叶窗的各机械关节，保养除霜、预热、取暖设备，将冷却液更换为防冻液；气压制动的汽车要保养充气泵，清理储气筒，排除输气管内的积垢与积水；保养各轮毂轴承并充分润滑，清理制动毂内的油污，润滑毂内制动机械件的各连接关节，检查分泵工作情况；调高化油器油面，提高怠速供油；适当调大白金间隙和火花塞间隙；给发动机盖安装保温罩；清理蓄电池极柱，调浓电解液浓度等。

2）起动时要充分预热。配置有预热装置的汽车，应根据气候情况，至少进行3～5次预热方可起动发动机，没有预热装置的汽车，可用开水、蒸汽进行预热，其方法是，将散热器注水开关和发动机体上的放水开关同时打开，将开水或蒸汽从注水口注入，再通过发动机体上的放水开关将液体或气体从发动机排出，如此反复进行，直至可以轻松地起动发动机。在没有开水和蒸汽的条件下，可以用喷灯烘烤，但如底盘油污过厚时，一定要注意小心引发火灾。

3）起动后要充分升温。发动机起动后不宜立即起步，还应在怠速状态下使发动机自动升温，一般要求升高到40℃～50℃时起步才较为妥当。

4）汽车起步后要低速行驶一段路程，待各部件润滑充分后再加速行进。

5）客车起步后要注意除霜。因车内人员较多，呼出的热气很容易附着在前风窗玻璃上。消除的方法是，将汽车两侧靠前的玻璃窗打开一些，使空气形成对流。有除霜设备的汽车，可起动除霜设备，如霜气仍难去除时，可在前风窗玻璃朝里的一面涂抹酒精或防冻液，霜气便可消除。

6）野外停车时间较长时，应间歇性起动发动机，间隔时间的长短应以气温情况而定。气温越低，间隔时间就越短；气温在-20℃以下时，应每隔1小时起动一次发动机。

7）在有冰雪或水湿的路面上停车，且停车时间较长时，应在轮胎下面垫一些沙土、

茅草、麻袋片等，以防胎面与地面冻在一起。

8）使用标号较高的汽油和燃点较低的柴油。汽油汽车进入冬季后，宜用93#、97#汽油；柴油汽车，气温降到 −14℃ ～ −5℃时，宜用 −20#柴油，气温下降至 −29℃ ～ −14℃时，可用 −35#柴油。

9）放慢行驶速度。冬季行车，汽车的不确定性因素较多，对途中的速度掌握应持保守态度，以备万一汽车出现机械故障，在处理时能够赢得较大的回旋余地。

10）密切注意仪表盘上的故障显示信号。行驶中，一旦发现仪表盘上有故障显示信号出现，就要赶快择地停车，待排除故障后才可轻松上路。

炎热天气的驾驶技巧与方法

炎热天气主要是指夏季特别是热带地区的夏季，因气温高，雷雨多，昼长夜短，给安全行车带来诸多不便。

1. 高温气候条件下的驾驶方法

高温气候条件下行车，驾驶人要休息好，保证精力充沛；出车前和行驶中要认真检查汽车，做到不缺水、不缺油，风扇皮带保持正常的张力；检查蓄电池电解液的高度，不足时应适量添加蒸馏水进行补充，并保持蓄电池盖通气孔畅通。

夏季午后天气炎热，行车中容易瞌睡，若感到视线逐渐变得模糊、思维变得迟钝时，应停车休息；供油系统出现气阻时，应停车降温，待油路恢复正常时再行驶。

随时注意胎温和胎压变化，发现胎温、胎压过高时，应选择荫凉处停息，使胎温自然恢复正常，不可用放气或浇水的方法进行降温，若行驶中突遇轮胎爆裂时，应当握稳转向盘，迅速平稳地停车。

收车后要及时做好汽车的检查和维护，使汽车保持良好的技术状况，以保证第二天的正常运行。

2. 防止发动机过热

行车中要随时察看水温表，当水温表指针超过95℃时，应及时选择荫凉处停车降温，打开发动机罩进行通风散热，或对散热器内的冷却水进行换水降温。燃料系发生气阻时，应停车降温，打开发动机罩，用湿布将汽油泵包住，使汽化汽油变为液体，恢复正常供油。

经常检查冷却水的数量，缺水时应及时补充。在行车中，当发现冷却水开锅时，应立即停车，但不可熄灭发动机，应让其运转，用湿布包住散热器盖，然后将盖打开，加水时，人要站在保险杠的一端，以防水汽冲出烫伤手脸；发动机运转时，冷却水在进行循环，冷水加进后，与热水均匀混合，水汽冲出力量小，一般较安全。

汽车在行驶中，百叶窗的开度应保持最大的开度。冷却水要清洁，换水时，不可将热水全部放出后再加冷水，以免气缸体因冷却不均而发生破裂。

3. 制动性能的掌握

在行车中，要掌握制动器在高温下的工作性能以及在炎热条件下各种路面附着系数的变化。液压制动的汽车，要注意制动皮碗的膨胀和制动液因蒸发后造成制动失灵，驾驶时，应随时试踏制动踏板，若感到软弱无力或制动效能变化时，要想到是受热过高的因素，应及时停车降温，还应检查制动总泵制动液的数量，按规定补充，必要时应排放空气。制动毂温度过高时，不得浇泼冷水，以免制动毂裂损。在山区行驶的汽车，应安装制动毂滴水装置，以保持制动毂的散热条件。

4. 高温气候条件下的驾驶注意事项

1）行车中驾驶人要随时注意发动机温度，发现水温直线上升或冷却水沸腾时，应立即停车，待温度适当下降后再补充冷却液。

2）在融化的渣油路面上行驶要尽量提前利用发动机牵阻作用减速，以防止紧急制动引起汽车打滑而发生事故。

3）在融化的沥青路面上行驶，应适当降低车速，以防紧急转向或制动引起汽车侧滑。

提醒您：

发现胎温、胎压过高时，应选择荫凉处停车休息，使其自然恢复正常。不可用放气或浇冷水的方法进行降压降温，以防轮胎爆裂。

4）为防止轮胎爆破，行车时，车速不易过高，并要经常检查轮胎的温度与气压。

5）高温气候，尽量避免在阳光强、气温高的时间内行车，要注意休息，保持充沛的精力。

6）夜间行车，应注意因高温在路边荫凉处休息或散步的人员。

7）长途行车，应携带必要的（水桶、水壶、毛巾、防雨布、遮光眼镜以及防暑药物等）用品，以供途中使用。

特殊时段的驾驶技巧与方法

黄昏时的行车技巧与方法

黄昏行路难，是多数驾驶人的同感，其原因主要有两个：一个是明暗两种光线交接，即远方、低空明亮，车前道路发暗。不开前照灯感觉模糊，打开前照灯但也收不到明显效果；二是夜幕降临，许多赶路人回家心切，行色匆匆而不顾其他。因此，黄昏时的道路交通事故，多数属于高性能机动车与低性能机动车及非机动车、行人之间发生的碰撞事故。

1. 对行人动态的观察、判断、处理

黄昏时间里，道路上行人的视线同样受到制约，应提前开灯提醒行人；及时观察行人动态，视情况提前鸣喇叭，引起行人注意；根据黄昏时间段行人的特点，时刻注意行人动态，做到观察全面、判断准确、处理得当。

2. 对自行车的观察、判断、处理

超越同方向行驶的自行车时，应适当加大横向距离，随时注意自行车的动向，做好应急准备；发现骑车者不断地回头观望时，应判断自行车可能要转弯，做好降速让车准备；注意自行车成群结队，勾肩搭背以及驼带重物的骑乘者，防止他们相互碰撞歪倒而发生事故。

提醒您：

进入黄昏时段，可开小灯引起过往汽车对自车的注意。需要打开前照灯时先开小灯。

3. 超、会车

会车前关闭前照灯，改用示宽灯；会车时，适当加大横向间距，减速慢行进行交会；若对方不关前照灯时，应变换灯光示意，若对方仍不关灯，可视情况减速靠边或停车让行，不可斗气。

超车时，用断续灯光告知前车，但应考虑到灯光的效果，可适当鸣喇叭，待确认前车让超后，再加速超越。

与摩托车超、会时，要留出足够的横向距离，防止摩托车处理前方紧急情况时而造成剐碰事故。

4. 一般道路驾驶

黄昏时间行车，如感觉视线模糊，观察判断困难时，应及时打开灯光进行照明；由于视线不好，发现情况较晚，在处理情况时应留有较大提前量；尽量避免超车，确需超车时，应选择道路宽阔的地段，在确保安全的前提下超越。

发现后方有车要求超越时，在确保自己行车安全的情况下，尽可能寻找宽阔的地段让车，必要时降低车速，将灯光变为近光让超车。

车速的控制以中、低速为主，不良的视线及复杂的交通情况下，车速过快，很容易发生事故。

5. 城市道路驾驶

在城市道路上行驶，应及早打开小灯或近光灯，认真观察街道两侧汽车及行人的动态，提前做好突然情况的应急准备。

遇有人行横道线，应提前减速，注意横过街道的行人和非机动车，必要时停车让行；发现道路两侧有行人或非机动车准备横过街道时，应提前用断续灯光或鸣喇叭示意，以便引起他们的注意，待其动态稳定后再加速行驶。

在无机动车分道线的混合交通地段，超车、会车均应留出足够的横向距离；转弯时，注意交通信号灯的指示，提前或按导向线变换车道。

6. 其他道路驾驶

上、下长坡时，应将车速控制在安全范围之内，确保制动停车距离小于视距，发现险情及时停车；遇傍山险路、便桥时，停车确认安全后再通过。

雨、雪、雾天驾驶，在注意观察、合理运用灯光的同时，要注意路面的选择，路基不好的路段，要防止道路坍塌。

夜间安全行车技巧与方法

夜间行车，驾驶员极易产生视觉障碍和疲劳，必须严格遵守交通法规的有关规定，控制车速，选择适当的行驶路线，精心驾驶，确保行车安全。

1. 行车路面的选择

夜间行驶中，应根据情况选择合适的路面。一般道路上行驶，应靠近中心线右侧行驶。

在碎石路面上行驶时，应选择较平整的路面行驶。

雨后道路驾驶，注意路面的积水湾，准确判断是否能够通行；遇有较大的积水湾时，应根据前车通过的情况判断自己的汽车是否能够通过。情况不明时应下车查明虚实，确认安全后通过。

2. 夜间起步

汽车在夜间起步，应先打开示宽灯、后尾灯、牌照灯和仪表灯；当看不清前方100m处物体时，打开前照灯进行观察，确认安全后，开近光灯和左转向指示灯，方可起步。

在无照明条件的路段，在不影响对方汽车驾驶人视线的情况下，尽量使用远光灯；行驶速度在30km/h以内时，灯光须照出30m以外；车速在30km/h以上时，应使用远光灯，灯光须照出100m以外。

通过进入有路灯照明的市区或繁华街道时，不准使用远光灯；进入市区和居民区，不准鸣喇叭或猛踏加速踏板，以免造成噪声污染。

3. 夜间通过交叉路口或转弯、车道变换

汽车夜间通过交叉路口或转弯、车道变换，应在距离路100～30m处关闭远光灯，改

用近光灯，根据需要使用转向灯；通过没有指挥的交叉路口时，可用变换远近光灯示意其他汽车和行人注意。

4. 在没有路灯或照明不良的道路上会车

在没有路灯或照明不良的道路上会车，应在距离对面来车150m以外两车交替使用远、近光灯。开远光灯时，观察自己一侧道路上的交通情况；开近光灯时，让对方汽车开远光灯观察道路上的交通情况；两车相距150m以内时，互闭远光灯，改用近光灯。

在照明条件好的道路上，关闭远光灯，改用近光灯；会车时关闭近光灯，只开小灯或示宽灯。

5. 夜间会车

夜间会车，在距对面来车150m以内，将远光灯改用近光灯，根据道路条件控制车速，使汽车靠道路右侧保持直线行进；眼睛不宜直视对方来车的灯光，可以注视路面的右侧，以避开对方来车的直射灯光的干扰；遇对方不关闭远光灯时，应立即减速并连续交替使用远、近光灯，示意对方关闭远光灯；如对方仍不关闭，应及时减速靠道路右侧让路，必要时停车让行。同时，关闭大灯，防止发生危险，切忌用远光灯对射。

6. 夜间超车

应尽量避免夜间超车。若必须超车时，应在前车后面连续变换远、近光灯，以灯光的远近射程变换告知前车驾驶员，待前车让路让速后，从前车的左侧超越。

（1）一般道路超车

在道路交通条件允许时，打开左转向指示灯；连续闪烁远、近灯光，确认前车让超的情况下，开远光灯加速超越；超越后，给被超汽车留出必要的安全距离，开右转向灯，逐渐驶回原车道，关闭转向指示灯，根据道路情况使用灯光。

（2）城市道路夜间超车

城市道路夜间超车，应提前打开左转向指示灯，观察左侧车道无来车时，变更车道；变换远、近灯光示意被超汽车，确认被超车辆让车后，开近光灯，加速超越；超越后，在不影响被超汽车行驶的前提下，打右转向指示灯逐渐变回行驶车道。

7. 夜间倒车或调头

夜间倒车或调头，必须下车观察路面情况，留出足够的安全空间；在道路旁临时停车时，应开示宽灯、尾灯，示意其他驾驶人员和行人注意。

夜间需在道路上调头、倒车时，应选择较宽的路段，看清进、退的地形，要特别注意安全，必要时应有人辅助指挥。在一边是山坎，一边是悬崖的山区，汽车的尾部应对着山坎，汽车的头部朝向危险的悬崖，倒车时，应较白天多留余地。

8. 夜间雨雾天行车

夜间雨雾天行车时，应使用防雾灯或防眩目近光灯，不宜使用远光灯，以免出现眩目的光幕而影响视线；同时，密切注意道路上的各种动态，以防出现意外情况。

9. 夜间因故停车

夜间因故需在路边停车，必须开启示宽灯和尾灯，必要时，应设置明显的标志以示来车提高警惕。

10. 谨防暗沟的方法

汽车在行驶中，应谨防暗沟、暗坑或松软的路基。以防发生陷车或翻车，其方法就是：行驶中，尽量避免车轮驶入路边的草地，始终保持车轮在坚实的路面上滚动。

11. 避免尘土扬起影响视线的方法

夜间行车，在久晴的路面上，若前面有汽车行驶，车轮在多尘的路面上会扬起一股灰尘在车后翻滚，后车跟随前车行驶时，翻滚的灰尘遮挡了后车驾驶员的视线，给安全行车带来极大的危害。预防的方法是：在多尘的道路上跟随前车行驶时，应拉长尾随的距离，以免前车扬起的尘土妨碍视线。

12. 夏季夜间行车注意的问题

夏季蚊虫多，到公路边乘凉的人多，这些都给行车安全带来危害。因此，驾驶员在夏季夜间行车，必须关闭风窗玻璃，防止昆虫飞进驾驶室刺伤驾驶员的眼睛。汽车行经村镇附近或通过桥梁时，应注意道路两侧及路边和桥梁上休息的人员，谨防人员伤亡事故发生。

13. 夜间行车灯光熄灭后应采取的措施

夜间行车，突遇全车灯光熄灭，必须沉着果断，稳住转向盘，及时制动停车，查找原因，排除故障后再行驶。停车时注意：汽车必须靠路边停车，然后再查找原因和排除故障，不得影响过往汽车的通行。

夜间行车时灯光的运用

夜间驾驶灯光的正确使用，是夜间安全行车的关键。严格按照交通法律、法规的规定正确地使用灯光，是每一个驾驶人必须遵守的。

1. 夜间开灯的时机

在驾驶汽车当中，遇阴暗天气视线不良时，应提前开启示宽灯、尾灯、牌照灯和仪表灯；当看不清前方100m处的物体时，应开启前照灯；车速在30km/h以内，可使用近光灯，灯光应照出30m以外，对30m以内的物体能看得清楚；车速超过30km/h，应使用远光灯，灯光应照出100m以外，100m以内的物体能看得清楚。凌晨应推迟闭灯。

2. 城市道路行车中灯光的使用

由于城市道路具备较好的照明条件，进入城市道路之后，应关闭远光灯，使用近光灯行驶；时刻注意灯光下面黑暗处的动态，提防有汽车和行人突然出现，造成危险；汽车交会应关闭近光灯，只打开小灯或示宽灯；转弯、车道变换时，应提前打开转向指示灯，并开、闭近光灯示意来往汽车及行人注意。

3. 通过交叉路口时灯光的使用

通过一般道路的交叉路口时，距交叉路口150m以外，进行远、近光变换，示意路口左右方向来往的汽车和行人；右侧路口有来车时，应根据来车灯光的远近，确定是先行还是避让；转弯时，应距路口来车30～100m打开转向指示灯示意，进入路口前应降低车速，注意暗中的行人和非机动汽车。

通过城市交叉路口时，距交叉路口100m，用变换灯光提醒来往汽车行人；提前进行车道的变换，按交通信号的提示选择是否通过，即便是深夜也必须遵守。

4. 通过坡道时灯光的使用

上坡时，提前冲速，进行远、近灯光的变换，提醒对面来车注意；将近坡顶时，要合理地控制车速，将远光灯转换为近光灯，以防对面来车眩目而造成汽车失控。

下坡时，因灯光照射范围近，应使用远光灯，以增大视线范围；会车时，按夜间会车的要领互闭远光灯交会。

5. 通过弯道时灯光的使用

通过慢弯时，灯光照射距离逐渐变远，应提前变换远、近光灯示意；按正常的夜间驾驶操作进行。

通过较急的转弯，应距转弯处150m，关闭远光灯，打开近光灯；降低车速，靠右侧行驶，并随时准备停车，预防突发事件的发生。

通过连续弯道时，应加强远、近灯光的变换使用；视线注意到弯道尽头，适时调整行驶方向，确保安全。

6. 停车时灯光的使用

夜间停车时，打开右转向指示灯，变换远、近光灯，选择停车地点；按交通法规的要求在安全地点停车后，打开小灯和尾灯；有遇险报警灯的汽车，将遇险报警灯打开，以提示前后来往的汽车、行人及非机动汽车。若在路边临时停放，应开亮小灯和尾灯，开启示宽灯指引其他汽车看清路面，以引起其他汽车注意。

7. 在雨、雪、雾天的夜间灯光的使用

应使用防雾灯或不炫目的近光灯，以免出现炫目的光幕妨碍视线。

5 种条件下路面的识别和判断方法

夜间行车应该谨慎小心，特别是行驶在地形不熟悉的路段上时，除了注意道路标志和路旁地形外，一般识别与判断道路路面的方法如下：

1. 根据汽车行驶的力量变化判断路形

上坡或驶近松软路面时（见图24-1），行车速度逐渐减慢，发动机声音变沉闷，动力

图　24-1

不足；下坡或驶出松软路面时（见图24-2），车速自动变快或声音变得轻松。

2. 根据汽车前方出现的黑影变化程度判断

前方路面出现黑影，汽车驶近时黑影逐渐消失，表明路面有浅小坑洼；驶近时黑影不消失，表明路面有大的坑洼，如图24-3所示。

图 24-2

图 24-3

3. 根据汽车灯光投射距离变化判断路况

当灯光投射距离由远变近时，表明汽车驶近或驶入上坡道、驶近急弯或将要到达起伏坡的低谷地段；当灯光投射距离由近变远时，表明汽车由陡坡进入缓坡或由弯道驶入直线；当灯光离开路面时，应当注意前方可能出现急弯或面临大坑或正驶上坡顶；当灯光由路中移向路侧时，表明前方出现一般弯道，转弯方向与灯光所照方向相反，如图24-4所示，灯光从道路的一侧移向另一侧，表示汽车驶入连续弯道，如图24-5所示。

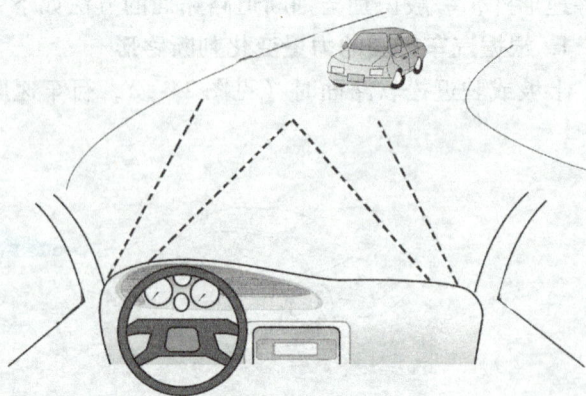

图 24-4

4. 根据灯光强弱判断路面

灯光照到路面感到光线不强，表明是沥青路面；若感到路面发光，光线又明快，则表示是沙砾路面。

图 24-5

5. 根据颜色判断路面

（1）月光下路面的识别判断方法（见图24-6）

图 24-6

月夜时，土路呈白色。干燥平坦的柏油路面呈土灰色，土堆土坎路两边颜色发黑。如果路面出现褐色斑块，说明有低洼不平之处，如褐斑较多且零散，说明路面严重不平。如果路面出现褐色横线，说明有洼沟横陈路面；褐色较暗，说明坑洼较深。如果路面出现发白横线，则可能有突坎横陈路面。

行车途中，若发现前面突然变黑，就可能有障碍或急转弯地方，应减速或停车察明情况后通过。

（2）无月光下路面的识别判断

土路一段呈白色，两边沟渠是黑线。柏油路面随季变，冬秋发白夏发暗。心中要是无把握，应及时停车察看路面。

（3）雨夜路面的识别判断

平坦的雨湿路面，呈黑色，较低洼的地方呈白灰色；较深、较大的洼坑则有积水，水面发出镜片一样的反光；突起较高的路面，呈土灰色，有发亮感觉。

（4）雪夜路面的识别判断（见图24-7）

图 24-7

路面被雪覆盖后，要以路边的树木为参照，找到路面的大体位置。如有压下的轮迹呈灰白色，通过较多车后为灰黑色。要顺轮迹行进，没有轮迹可依，则要在道路中间行驶。

夜间行驶注意事项

夜间长时间驾驶，容易造成疲劳、瞌睡，尤其是凌晨1：00～4：00这段时间，若感觉疲劳，应就地停车休息，待精神和体力得到适当调整再行驶。

夜间行车时，要随时注意观察仪表工作状况，如果有异常响声或异常气味及灯光照明系统有故障，应立即停车检查，排除故障后方可继续行驶。

夜间行车遇到突发事件时，应沉着冷静，准确地判断情况，迅速地做出处理。

夜间行车遇到全车灯光突然熄灭时，应稳住转向盘，利用灯光熄灭前观察的最后印象，在最短的时间内将车安全停住，查明原因，排除故障。

在行驶中，遇到道路施工信号或特别警示时，应减速慢行，路况不明或地势险要地段应将情况观察清楚后，再安全通过。

在多尘道路上尾随行驶时，应与前车保持较大的距离，以免前车扬起的尘土妨碍视线，造成判断失误，发生危险。

夜间行车或停车，应尽量避免车轮驶入路边草地，要谨防暗沟、暗坑或因路基松软而发生陷车事故。

夜间需要倒车或进行调头时，必须下车看清进退地形、上下及四周的安全界限，或请人在车外进行指挥，进退中应留出较大的余地。

汽车防雾灯采用散射能力强的色光——黄光，这种色光能使对方来车驾驶人眩目，会车时易造成两车相撞的危险；因此，规定夜间会车时严禁使用防雾灯。

夏季行驶时，有空调的汽车要注意通风，通风条件差会使人神志疲劳，影响正常行驶。

夜间停车时，要选择坚实、安全的地方，最好是人员较多的村镇、城镇。

从街道、停车场、加油站等灯光明亮的区域驶入黑暗道路时，应降低车速，以保证眼睛有较好的暗适应过程，待视觉适应后再加速行驶。

与行人在同一路段时的驾驶技巧与方法

与老人在同一路段时的驾驶技巧与方法

白天遇老人在路右侧行走时，应减速慢行，提前按压喇叭（切不可到其跟前突然鸣喇叭），并增加按压喇叭的次数，以防老年人突然走向公路左侧，如图 25-1 所示。

图 25-1

夜间、黄昏、黎明遇老人在路上行走时，应提前用远近光灯交替变换的方法来引起他们的注意，以防其突然走向路中。

遇老年人从路左侧横穿公路时，其行进为止还没到达路中，离自车道还有一段距离时，应加速从自车道通过；如果已经跨过道路中心线进入自车道时，则应立即减速，等待老人穿过公路后，再从其后侧通过。

如果在路右侧行走的老人不顾汽车发出的信号，突然向路中或路左侧横穿时，应迅速制动减速，等待老人走出自车道后，再加速前进。

与小孩在同一路段时的驾驶技巧与方法

遇儿童在道路上玩耍时，应提前减速，必要时停车避让；不能用鸣响喇叭的方法驱赶。待儿童的情绪稳定，方向明确后，再低速通过。

遇儿童与成年人分别在道路的两侧时，必须先减速，再观察儿童的动向，预防其突然横穿公路奔向成年人；也必须注意成年人，观察成年人的动向，预防其突然横穿道路去保护儿童。谨防酿成事故。

遇有小孩率先横穿公路时，要提防其他小孩跟着横穿。

遇几个小孩在一起玩耍时，应大幅减速，并做好停车准备。

遇儿童追赶玩物横穿道路时，应立即停车，切勿冒险抢行。

遇有球类或玩具滚进路中时，要提防小孩追进路中捡拾，如图25-2所示。

图　25-2

与女性在同一路段时的驾驶技巧与方法

女性行走方向存在不确定性。通过时，应以制动、减速、停车的措施来应对，以防其突然改变行走方向时，措手不及。

遇女性拉手结伴横穿公路时，应迅速将车速减至最低，并有意放宽与她们之间的横向距离，使她们前行或后退都有较大的余地，如图25-3所示。

如果发现女性行人观察失误，根本没有发现自车已经驶来，应立即制动，鸣喇叭提醒，切不可与其默默抢道，否则双方都会躲闪不及。

图　25-3

与奔跑乱窜公路的人在同一路段时的驾驶技巧与方法

距奔跑横穿公路的行人距离较远时，应按响喇叭，催促其尽快通过；如距离较近，则应迅速减速避让，待其横穿后再行通过，如图25-4所示。

暴雨来临行人乱窜时，应减速慢行，注意公路两边的人乱窜上公路，也要注意在公路上行走的行人为找避雨的地方而乱跑，以免酿成交通事故，不要为了自己快速到达目的地而开快车，应该慢速行驶，观察细微，安全行车，如图25-5所示。

紧急制动并鸣喇叭

图　25-4

图　25-5

与特殊行人在同一路段时的驾驶技巧与方法

1. 与低头沉思的行人在同一路段的驾驶

驾驶员在行车中，见到一边看书或低头打手机一边在公路上行走的人，应减速，距较远的地段就应鸣喇叭，缓行通过，细心观察他们的动态，并尽可能保持较大的安全距离。不得临近沉思的人再鸣响喇叭，喇叭声猛然惊醒沉思的行人，他们会不知所措而突然横道，易造成危险。

2. 与麻痹大意的行人在同一路段的驾驶

汽车在公路上行驶，经常看到一些胆大妄为的行人，根本不注意汽车。这些人中，一种是麻痹大意，认为汽车不敢撞人，汽车临近时，熟视无睹，抱着无所谓的态度，根本不考虑设法避让。另一种是交通意识淡薄，面对驶来的汽车，认为驾驶员定会躲避自己，无需给汽车让路，如图 25-6 所示。

图　25-6

汽车在行进中，遇到这些行人，应减速并急促鸣喇叭，耐心地设法避让，必要时可停车等待时机通过，切不可加速强行绕过，以免发生事故。

3. 与集体行走公路的行人在同一路段的驾驶

行车当中，遇到集体行走或结伴而行的行人（见图25-7），驾驶员要特别注意领头的人和那些表现比较犹豫的人。尤其在同行人大都已穿越公路还剩少数人在另一边时，要特别注意这少数人的行动，防止他们因横穿公路发生危险，另外还要注意这些人因打闹玩笑而跑到公路中间。对于列队而行的团体，只需稍鸣喇叭提示，按正常速度通行即可。当队列正在横穿公路时，应停车等候队列过完，不可鸣喇叭催促，更不可抢行冲断队列。

4. 与雨天在公路上行走的行人在同一路段的驾驶

雨天行车，遇行人混乱时，要提前减速、鸣喇叭，严禁争道强行，不要从行人身边绕过，以免发生事故。

遇到撑伞或穿雨衣的行人（见图25-8），要考虑到他们的视线和听觉都会受到伞或雨衣的妨碍，故在离行人很远的地段，就应鸣喇叭，提示行人汽车来了，注意安全，喇叭声发出后，注意行人的动向，做好随时停车的准备。

图 25-7

图 25-8

同时，还应观察路坑，如果行人在坑洼的路段行走，首先应选择没有坑洼的路面行驶，实在避不开坑洼路面，就应降低车速。再鸣喇叭，观察行人的动态，做好随时停车的准备；若确认行人无横穿道路的迹象，才慢慢开过去，不要将汽车快速驶过，不然会溅得行人一身泥，若有横路迹象，应立即停车，让行人跑到安全地点后，再前进。

5. 与冬天戴棉帽或穿大衣的人在同一路段的驾驶

冬天戴棉帽或穿大衣的人，视线受限，听觉下降，不能及时发现驶来的车辆。应鸣喇叭，提示行人汽车来了，注意安全，喇叭声发出后，注意行人动向，做好随时停车的准备，如图25-9所示。

6. 与赶畜人在同一路段的驾驶

驾驶员在行车当中，发现前方有牲畜，应预防其在汽车临近时，引起骚动后乱跑，赶畜人不顾自身安全冲向路中保护牲畜，尤其是幼畜，更要注意。应待牲畜离开了公路后，赶畜人已避到路边再慢慢地将汽车开过去，绝不能猛按喇叭，不减速，要预防幼畜再次乱窜重新窜入公路上，如图 25-10 所示。

7. 与肩负重物的行人在同一路段的驾驶

图　25-9

汽车在行驶中，遇到肩挑重物的人在公路上行走，汽车应首先减速，当车与人接触前，正确判断汽车能否通过，防止汽车刮到重物。待挑担人到路宽地段后缓缓通过，千万不能勉强通行，如图 25-11 所示。

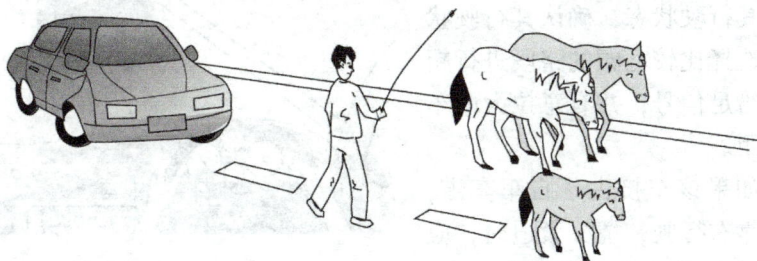

图　25-10

图　25-11

二十六、
与机动车在同一路段时的驾驶技巧与方法

与农用车、三轮车在同一路段时的驾驶技巧与方法

发现前方道路有农用车、三轮车行驶时，要提前放慢车速，跟行一段路程。注意：纵向间距不宜太近，以防其突然制动停车。

注意观察其行驶状态，确认其行驶状态稳定时，再选择比较宽阔的路段进行超越。超越时要给足信号，并有意拉大两车之间的横向间距。

会车时，如果该车挤占了自车车道，应主动减速，靠右行驶，情况紧迫时，应主动停车，等待其通过后，再起步行车，如图 26-1 所示。

图 26-1

与超宽车、超长车在同一路段时的驾驶技巧与方法

与超宽车相会时，必须根据超宽车的占道情况来确定自己的行进方向。如超宽车占道严重，自车应主动将车停靠路右，让超宽车先行通过。

与超长车在弯道相会，自己车道又被全部或部分占用时，应立即制动停车，如果停车后，超长车仍然难以通过弯道时，自己应主动倒车，让其转弯后再行。

超越超宽车、超长车时，一定要有耐心，可以缓行或跟驶一段路程，选择比较开阔的路段，且距对面来车保持足够的安全距离时，再行超越。

超越时，要给足被超车信号，待其做出让超表示后，才可迅速加速超越。

夜间行车如发现有示宽灯闪亮，应立即减速慢行，发现占用自车道路时，应迅速停车，并关闭远光灯，开启示宽灯，必要时，下车指挥通过。

与拖拉机在同一路段时的驾驶技巧与方法

拖拉机在行驶中抢道时，汽车驾驶员应将汽车减速，待拖拉机行驶到较宽的地段时，然后再以正常的速度超越行驶。

对于道路旁有岔路口的，汽车绝对不能从岔路口的岔路这边超车，预防其突然转弯或停车。

汽车在乡村的道路上行驶，要仔细观察岔路上的情况，如有拖拉机的响声发出，应及时减速，预防拖拉机从岔路上突然驶上公路，避免碰车事故的发生。

转向盘式拖拉机以一个机头，挂上一个拖斗，行驶中的拖斗左右甩动量大，因此与拖拉机会车或超越拖拉机时，应加宽与拖拉机的横向间距，绝对不能在窄路上超车或会车，以避免拖拉机拖斗甩向汽车。手扶拖拉机因用手控制方向，再加上路面不平，致使手扶拖拉机跳动，而突窜占住整个公路路面，如果驾驶员没有做好准备，会导致事故。所以，汽车驾驶员遇到手扶拖拉机，应观察好路面和宽度的情况，采取灵活的方式会车或超车。

与摩托车在同一路段时的驾驶技巧与方法

与摩托车同向或相向行驶，应迅速抬起加速踏板让汽车自动减速，同时将右脚置于制动踏板，做好制动应急准备，并按压喇叭提示。

与摩托车相会时，要拉大与摩托车之间的横向间距，在会车的瞬间，要有防范意识和应急准备，应密切注意摩托车的行驶状态，发现其偏向和摇摆时，应立即减速避让。

超越摩托车行驶时，应先鸣喇叭，发出超车信号，当摩托车靠右行驶了，就立即超越摩托车。如果路面宽度不够，必须与摩托车操持足够跟车间距。但跟车时间不能过长，以防其突然制动或摔倒。

若遇摩托车争速、抢道时，应主动做出避让，以防其突然摔倒，发生交通事故。

载人载物的摩托车，其稳定性较差，通过时要格外小心。

避让摩托车时，一定要"靠右行驶"，从摩托车的车后绕行。

与非机动车在同一路段时的驾驶技巧与方法

与人力车在同一路段时的驾驶技巧与方法

汽车在道路上行驶时，若发现道路前方有人拖着板车或骑三轮车。为防止人力车不让道，或者当汽车临近时板车横转，应提前鸣喇叭示意，同时观察拖车人的动态，若拖车人拖着板车靠路边正常行走，并无异样，汽车可低速或中速通过板车路段。若拖车人出现异样，应立即采取可行的避让措施。

汽车与人力车会车或汽车超越人力车时，汽车驾驶员应做好一切准备，为防止人力车横转，必须首先增大横向间距，谨慎驾驶汽车顺利通过。

汽车下坡时，发现有人力车下坡，汽车不要超越人力车下坡，应跟随或停让人力车，当人力车到达较安全的平路后，汽车再谨慎超越通过；若汽车下坡时，发现有人力车上坡，汽车应停让，当人力车爬完坡后，再起步行驶。因人力车直行上坡困难，往往以"s"形上坡，如图27-1所示。汽车上坡时，若遇人力车高速溜坡（见图27-2），应将汽车停在宽敞的路边，让人力车下坡；若遇人力车上坡成"s"形前进时，汽车不允许加速冲坡，应将车停让在路边，以防人力车上坡力量不够，而造成人力车后退造成事故。

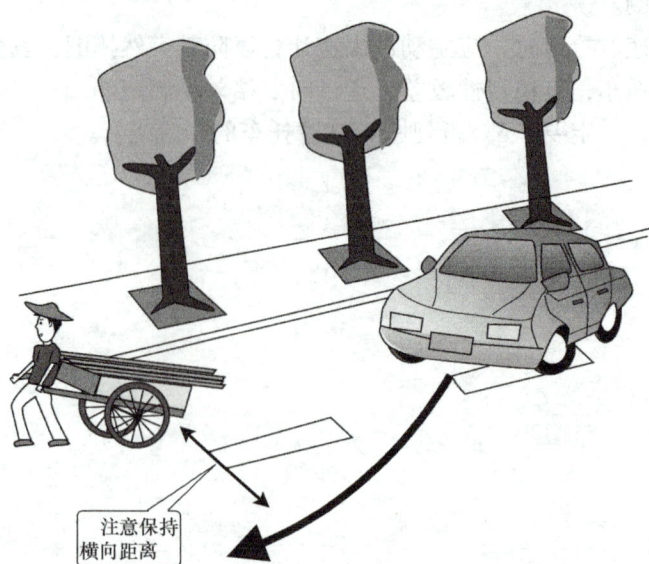

注意保持
横向距离

图　27-1

注意不要
紧急制动

图　27-2

与畜力车在同一路段时的驾驶技巧与方法

尽量少鸣喇叭，观察赶车人的动向。赶车或赶牲畜的人如果及时稳住了牲畜，行走正常时，汽车可减速谨慎通过；若发现牲畜两耳直立，行走犹豫时，应立即减速并做好停车的准备。切不可以临近牲畜时鸣喇叭，以防牲畜受惊而乱窜造成事故，如图27-3所示。

鸣喇叭

图　27-3

超越顺行成队的畜力车时，应观察路面的宽窄，看对方有无来车，是否有足够的间距等，方可超越。若条件不允许一次性超越时，应逐辆超越，但超越畜力车队时必须注意安全，如图27-4所示。

在路口遇有畜力车正在转弯时，应提前减速，观察畜力车占据的位置和去向，切不可抢行或强行超越。确需通过时，应观察分析各畜力车之间的距离和速度，鸣喇叭示意，待畜力车让道后才能通过，如图27-5所示。

对于跟随畜力车行走的幼畜，要认真观察其动向，适当降低车速，与幼畜保持较大的安全距离，以防其乱窜，确认安全后，谨慎通过。

不能
鸣喇叭

图　27-4

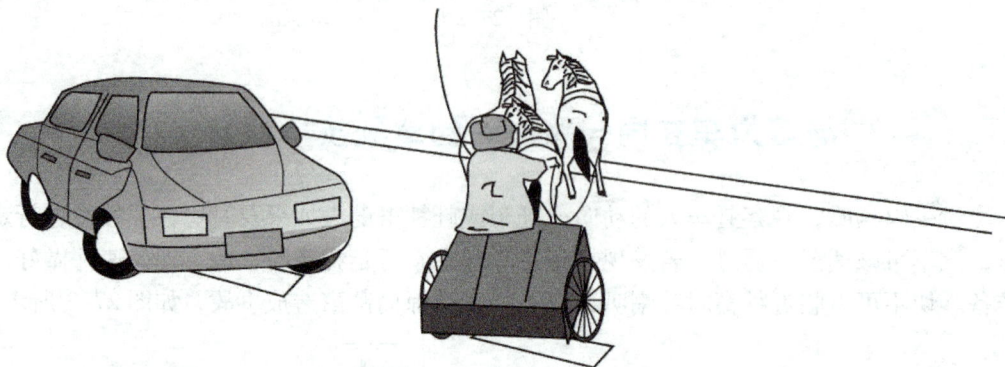

图　27-5

二十八、

与自行车在同一路段时的驾驶技巧与方法

与儿童骑自行车在同一路段时的驾驶技巧与方法

汽车在行进中，发现儿童在道路前方骑着自行车（见图28-1），首先鸣喇叭，观察儿童骑自行车的动向，若自行车东倒西歪地前行，汽车驾驶员就要做好及时停车的准备，降低行车速度，若前方没有来车，应将汽车稍微靠左一点行驶，以增大汽车与自行车的横向安全距离，顺利地通过自行车；若前方有来车，这时，应采取减速，保持与自行车的安全间距跟随自行车行驶，当与对方来车交会后，再采取措施超越自行车。千万不能将汽车开到与自行车并排时与来车交会，以免使儿童骑车受惊吓。因儿童车技本就不高，加之汽车同自行车并排与来车交会时，自行车又没有行走的地方，故致使自行车摔倒肇事。

图　28-1

与妇女骑自行车在同一路段时的驾驶技巧与方法

汽车在行进中，见到妇女骑自行车，应首先鸣喇叭向骑车者发出信号，以观察骑车者的动向。若骑车者立即下车，并将自行车推到路的右边，这时汽车可按正常速度行驶。若骑车者想下又不想下，这时汽车驾驶员应立即减速慢行，并观察道路左侧的情况。如果道路左侧无障碍物又无来车，就可以稍微靠左点行驶，与自行车的横向距离拉大；若有障碍物或来车，这时应慢行，当汽车驶过障碍物或会车后，再采取措施通过骑自行车的人。注意不要在有障碍物或会车当中与自行车交会在一点。如果集中在一点会车，会造成骑车者心中恐慌而下车，如果骑车者这时下车，她的左脚可能会跨入路面上，自行车也会随着左脚落地而向左边歪斜，易造成汽车挂上骑车人而造成事故。

与载人的自行车在同一路段时的驾驶技巧与方法

发现道路前方有载人的自行车时（见图28-2），应提前鸣喇叭示意，同时放慢车速，注意观察自行车的行驶状态，确认状态稳定时，从其左侧慢速通过。

通过观察发现自行车前方道路有障碍时，要小心自行车突然拐向路中，或拐入路中后，乘坐人突然跳车。

超越载人的自行车时，应避免会车，以便在超越时获得路左较大空间，好与自行车拉大彼此间的横向间距。

临近载人的自行车时，不要按压喇

图　28-2

叭，以防乘坐人恐慌时跳车，造成自行车方向倾斜，甚至其摔倒在自己的车轮下。

在冰雪路面或下坡路段相遇载人的自行车时，要特别注意。假如自行车一旦摔倒，人、车将滑出去很远，如躲闪不及，很容易造成恶性事故。因此，应该缓慢行驶，耐心跟随；选择宽阔路面，拉大与自行车的横向间距，并随时做好制动停车的应急准备。

与载物的自行车在同一路段时的驾驶技巧与方法

行驶途中遇到载物的自行车（见图28-3），要多观察，看自行车所载货物是否超宽、超长、超高；同时还要观察骑车人的技术情况，以及路面宽度。

如果骑车人技术熟练，路面宽，应鸣喇叭示意，加大与自行车的横向间距通过。

如果骑车人技术较生疏，应等待其下车后或到较宽的路面让车，才能通过，绝对不能盲目绕行或挤线行驶，不然，就会发生事故。

通过载物自行车较多的路段，保持中速行驶为宜。

发现载物自行车时，应提前鸣喇叭，以引起对方注意。

超越载物自行车时，应拉大与其之间的横向间距，并做好制动停车准备。在超越的过程中应避免会车，以防自行车摔倒，发生事故。

载物自行车横穿公路，骑车人往往很难顾及前后左右，从而影响

图　28-3

机动汽车正常通行。遇此情况，机动汽车应当多宽容、多体谅，主动停车避让，让载物自行车优先通过。如果与自行车抢道，情况危急时，自行车很难立即停驶。

与学骑自行车的人在同一路段时的驾驶技巧与方法

发现前方道路有学骑自行车的人时，应距其较远时按响喇叭，以警示其暂停学骑自行车，如图 28-4 所示。

如遇不顾来车的学骑者时，机动汽车应该率先做出避让，即在减速的同时，试探性地接近，待其空出足以宽松超越的路面时，再行超越。

发现自行车速度较慢、且学骑者向后观望时，骑车人极有可能是想下车、转向或调头。遇此情况，机动汽车应做好制动停车准备，以防其摔倒时发生意外。

学骑自行车的人横穿公路现象较为普遍。遇其横穿时，不要从其前方抢道通过，可行的方法是，应稍作缓行，待其驶离自己的车道时，再从其后方通过。

图　28-4

与相互追逐的自行车在同一路段时的驾驶技巧与方法

先观察骑车者所骑路面的位置，是否影响汽车通行，若路面宽，骑车者靠近公路右边骑行，这时应加大横向间距，与其错开通过；若路面窄，路况又不好，汽车应鸣喇叭示意，在自行车后面慢行，以防自行车遇到障碍，失去身体平衡或横滑而摔倒，造成汽车驾驶员措手不及。鸣喇叭后，骑车者速度慢下来了，或靠路边让车了，就可通过，不要与自行车并排行驶，应与自行车错开行驶。

1）发现有自行车在前方道路互相追逐时，应及时鸣响喇叭、制动减速。

2）若遇自行车与机动汽车争速抢道时，应靠路边让车，不要与自行车并排行驶，应错开行驶。

3）自行车在机动车前方突然斜插、横穿时，机动车应率先制动避让。

4）互相追逐的自行车拉扯在一起（见图 28-5），机动车应提前

图　28-5

做好防范准备，即将右脚置于制动踏板，随时准备踏下，同时急鸣喇叭，警告其停止拉扯。

与双手脱把的自行车在同一路段时的驾驶技巧与方法

路遇双手脱把的自行车时（见图28-6），应提前鸣喇叭，减速跟行，并注意观察自行车前方的道路情况，做好自行车突然摔倒的防范准备。

图　28-6

超越双手脱把的自行车时，应选择较宽阔的路面，超越时，尽可能拉大与其之间的横向间距。

在超越的过程中，不要再按喇叭，以防骑车人恐慌突然倾斜或摔倒。

与并行的自行车在同一路段时的驾驶技巧与方法

发现前方有自行车并行，应在距其较远时就鸣响喇叭，如自行车没有做出避让反应，也就不要再指望其避让，应立即减速慢行，等待机会从其左侧超越。

超越前，应用后视镜对车后交通情况进行观察，后方没有跟行欲超的汽车时，应打开左转向灯，做好超越并行自行车的准备。超越时，尽量拉大与靠路中的一辆自行车的横向间距，并再次按喇叭加以提醒。

超越并行的自行车时，最忌讳在超越的过程中会车，这样会使机动车和自行车形成多车横陈于同一路面的局势。遇此情况，机动车应立即减速，停止超越，主动退回到并行自行车后面，等待对方通过后再超。

与攀扶汽车的骑自行车者在同一路段时的驾驶技巧与方法

有些骑自行车的人，为了省力气，当过往汽车经过时，一只手扶住自行车龙头，一只手攀扶汽车，利用汽车前进的力量带动他行走。发生这种现象，一般是汽车上坡时出现，因汽车上坡速度减慢，攀扶者才有机会攀扶，如图28-7所示。

　　汽车上坡时，要多看后视镜，发现有攀扶者，应立即平稳停车，下车后，告诫攀扶者攀扶的危险性，制止这种危险行为。切不可与其斗气或采取制动进行惩治。如果猛然制动，汽车前进的力就会产生反作用力，致使攀扶者扶汽车的手立即弹开，造成摔倒受伤。

图　28-7

与躲避风沙和泥水的自行车在同一路段时的驾驶技巧与方法

　　汽车驾驶员在雨天和风沙天气行车，遇到公路上有自行车时，首先应观看路面的情况，若路边有水坑，风向骑车者一边刮去，首先应减速行驶，鸣响喇叭，告诉骑车者汽车来了，以预防自行车避风沙和泥水突然猛拐横道。当一切正常后，再慢速通过泥水路段，确保安全行车。

与夜间骑自行车者在同一路段时的驾驶技巧与方法

　　由于标志性很差，与车辆同向行驶时，不容易被发现；与车辆对向行驶时，由于车辆的灯光会使骑车人眩目，自行车可能左右摇晃甚至摔倒，如图28-8所示。

图　28-8

与特殊车辆在同一路段时的
驾驶技巧与方法

与新手驾驶的汽车在同一路段时的驾驶技巧与方法

1. 与占线行车者在同一路段行车的驾驶方法

汽车在道路上行驶，驾驶技术生疏的驾驶员因对汽车车轮行走的路面估计不足，造成长时间跨线行车，侵占对方来车的行驶路线，如图 29-1 所示。

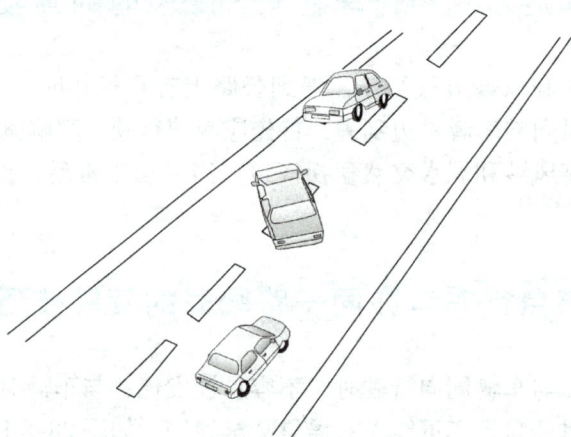

图　29-1

遇到技术生疏的驾驶员驾车跨线行驶时，首先鸣喇叭，向跨线行车的驾驶员发出警告，观察行车的动向，如果这时跨线车向右靠，让出了行车道会车，汽车就可以以正常速度与其会车；若跨线车出现方向不稳，听到鸣喇叭声虽然靠右让车，但立即又驶到跨线上，这时，汽车驾驶员应观察道路右侧的情况，若右侧较宽，又没有障碍物或行人行走，

提醒您

超越新手驾驶的汽车要选择宽阔路面，认准时机，有意拉大两车之间的横向间距，提高速度，迅速超越。

就可以靠右一点，将左边的间距留宽点，让技术生疏的驾驶员占线行驶；若右边较窄或右前方有障碍物或有人行走，就应选择路面稍宽点的地方停让，当跨线车通过后，再继续向前行驶。

2. 与蛇行行车者在同一路段行车的驾驶方法

有的驾驶员握转向盘不稳，手握着转向盘左右搓动，致使汽车不能成直线前行，像蛇一样扭着行驶，汽车在路面上画出一条蛇行的线路，毫无规律性。

遇到方向不稳的驾驶员在道路上行车像蛇一样前行时，无论会车还是超越，都应小心谨慎，稍不注意就会造成车祸。预防的方法是：不得鸣喇叭催促其让车，当遇到这样生疏的驾驶员，听到鸣喇叭声后，心情会更加紧张，恐惧、害怕，不但不能掌稳方向，反而越来越晃，侵占路面会更多、更厉害。所以，不鸣喇叭，首先观察道路的情况，选择较宽的路面，按超车规定超越，若是会车，也应选择路面较宽的地点，多留一点横向间距与其交会，确保安全。

3. 超车后迅速驶向右侧的避让方法

汽车在道路上行驶中，经常见到一些技术生疏的驾驶员，在超越前方行驶的汽车时，当汽车超越后，不给被超车留有余地，而是猛地驶向右侧，造成被超车措手不及，惊吓不已。

遇到这种技术生疏的驾驶员超车，在让其超越前，就应做好一些准备。当听到后方汽车鸣喇叭要超车时，就应立即减速，靠右行驶。因为对于超车驾驶员在超车后行走多远才能向右行驶不好估计，也许他还会立即驶向道路右侧。因此自车在驾驶时一定要心中有所准备，此时虽然降了速，但当超越汽车违反超车规定，立即向右驶来危及安全时，只要稍踩制动踏板，就可以解除危险性。

与教练车在同一路段时的驾驶技巧与方法

超越教练车车队时，应选择直行距离较长、路面较宽的路段，超越时的车速不宜太快，应做好分段、分批超越的思想准备。超越车队发现对面来车时，应迅速放慢车速，并打开右转向灯，做好临时插入车队的准备。插入车队时，向右转动转向盘不要过于急促，应取"渐入"的方式，尽量保持汽车的直行状态，避免对跟驶的教练车形成威胁。待来车通过后，再打开左转向灯，驶出车队队列，继续超越。

教练车停驶后，要注意车与车之间有学员跑向路中，或跑向公路另一侧。通过停驶的教练车队时，要特别小心，应放慢车速，多按喇叭。学员有冒失行为时，应迅速停车，做出避让。

超越单行的教练车要多操一份心，超越时多用喇叭提醒，要等待其减速、靠边，做出避让和让超表示后才可超越。超越时，应拉大两车间的横向间距。超越后，驶离被超车有足够的安全距离时，再缓缓驶回到正常车道。

与执行紧急任务车辆在同一路段时的驾驶技巧与方法

《道路交通安全法》第四十三条明确规定，前车为执行紧急任务的警车、消防车、救护车、工程救险车的，同车道行驶的机动车，不得超车。

《道路交通安全法》第五十三条还规定，警车、消防车、救护车、工程救险车执行紧急任务时，其他汽车或行人应当让行。

路遇执行紧急任务的汽车，如与自车交会，应提前缓行于公路右侧；如是要超越自己，则应迅速减速，靠右行驶，并做出让超表示。无论是会车还是被超，都要积极主动地为执行紧急任务的汽车提供交通方便。

在交叉路口，绿灯开启，自车可以通行，当遇横向驶来的执行紧急任务的汽车时，自己仍要立即停驶，等待他们通过后，才可重新起步。

发现车后警笛鸣响、标志灯闪亮时，应立即打消驶向路左道口的意图，并靠路右停车避让，等待执行紧急任务的汽车通过后，再起步左转。

与装载危险物品的汽车在同一路段时的驾驶技巧与方法

与装载危险物品汽车会车时，别指望其让出多宽的路面，因为此类车越是靠近路边（见图29-2），车身的偏倾度也就越大，其危险性也就越大。

图　29-2

不要冒险超越装载危险物品的汽车，特别是在窄路、路面倾斜的弯道处、沙石路面以及存在较大坎坷的路段时，应尽量避免超车。

装载存在危险的汽车在前方停驶后，自车应迅速放慢车速，加强观察，视道路交通情况分析判断，确认没有危险时再通过。

在道路平坦、宽阔的路段超越这类汽车时，超越时的横向间距应尽量拉大，超越的时间应尽量缩短。

路遇风天，超车、会车处于这类汽车的下风头时，其时机的把握十分重要，为避免遭受伤害，应尽量在风速较小时超车。会车时，如路面条件允许，可以快速通过。

与抛锚车在同一路段时的驾驶技巧与方法

汽车在混合交通路况下抛锚，无论汽车坏在道路中间还是移至道路右侧，只要维修就需要一定的时间，而交警与交通部门又不能将其及时移走，这样就会因一车抛锚造成长时间交通堵塞，驾驶人遇此情况务必正确驾驶，并注意做好以下几点：

1）抛锚汽车如是坏在道路中间，汽车从其两侧可以勉强通过时，应提前减速，选择较为便利的一侧通过，如果通过的路面有较大的坑洼，应做铺垫后再行通过，以防汽车偏倾发生碰剐。

2）抛锚汽车如果已经移至道路右侧，占据了自车的行驶路面，在通过时又遇对面来车时，应迅速停车，等待对面来车先行通过后，自车再行通过；如果对面来车的队列较长，应依次排队耐心等待，后来的汽车不得抢占对方车道，或强行插入队列。

3）抛锚汽车实施维修时，无疑又加大了抛锚车的占路面积，通过时还需顾及维修人员的动态，通过时应持蠕行的方法，尽量拉大横向间距，并用喇叭做间歇性提示，以防人员从车前或车后突然冲出。

4）如果抛锚汽车停放在对方车道，且对方来车正在列队绕行时，自车应在距抛锚车50m左右的距离（使对面来车顺利绕行的距离）主动停车，等待对面排队的汽车全部通过后，自车再行通过。切不可与来车抢占通道，否则会造成交通堵塞，双方都不得通过。

与对面违章装载车在同一路段时的驾驶技巧与方法

遇到对方汽车装载违章（超长、超宽）或装载货物捆扎不结实，造成严重的车身倾斜，扭曲的现象时，立即找路面宽敞的地方将车停在路边，让出足够的与违章汽车的横向间距，预防其方向失控或货物倒落而将自己的汽车撞坏，也要预防其倾斜的货物刮坏自己的汽车。横向安全间距留宽了，就保证了自车的安全。当遇到这样的汽车驶来，绝对不能快速行驶抢道。

参 考 文 献

[1] 郭建强. 新手上路驾车技巧百分百 [M]. 北京：机械工业出版社，2008.

[2] 徐昭，高锡祥，舒小平. 双色图解安全驾车行 [M]. 北京：人民交通出版社，2006.

[3] 中华人民共和国交通部. 安全驾驶从这里开始 [M]. 北京：人民交通出版社，2005.

[4] 仇俊陵. 汽车驾驶新手必读：入门、提高与熟练 [M]. 北京：人民邮电出版社，2005.

[5] 郭遵义. 汽车驾驶：从入门到高手 [M]. 郑州：河南科学技术出版社，2006.

[6] 李东江，张大成. 汽车驾驶禁、忌、防 [M]. 北京：机械工业出版社，2006.

[7] 姚时俊. 汽车驾驶技巧、经验与禁忌 [M]. 北京：人民交通出版社，2004.

[8] 范立. 汽车安全驾驶必读 [M]. 北京：人民交通出版社，2004.